111 GRÜNDE, BULGARIEN ZU LIEBEN

Sibila Tasheva

# 111 Gründe, Bulgarien zu lieben

Eine Liebeserklärung an das schönste Land der Welt

SCHWARZKOPF & SCHWARZKOPF

# Inhalt

# 1. Kapitel

# Allgemeines über Bulgarien

### *1. Grund*

## *Weil Bulgarien in Europa liegt, aber kaum touristisch bekannt ist*

Ich lebte viele Jahre in Deutschland, und immer wieder habe ich folgende Situation erlebt: Ich lernte jemanden kennen, sei es auf einer Feier in München, im Zug nach Berlin oder auf einer Hochzeit in einem bayerischen Dorf.

Schnell hörte ich die Frage: »Woher kommst du?« Ich lächelte glücklich zurück und antwortete mit möglichst viel Enthusiasmus in der Stimme: »Aus dem schönsten Land der Welt!« Dann gönnte ich meinem Gesprächspartner eine kurze Denkpause und fügte freudestrahlend hinzu: »Aus Bulgarien!«. Danach folgte erst einmal Stille – ein vollkommen verwirrtes und überraschtes Gesicht blickte mir (fast) immer entgegen.

Die wenigsten konnten mit Bulgarien etwas anfangen. Manche haben ihr Geografiewissen auf Probe gestellt: »Bukarest, oder?« Andere blieben auf der sicheren Seite: »Ah, Bulgarien – sehr interessant.« Dritte wiederum wagten sogar zu antworten: »Ich kenn da jemanden, der mit einer Bulgarin verheiratet ist ...« Dieser harmlose

Versuch, die Kurve der netten Unterhaltung noch zu kriegen, ist leider in 90% der Fälle gescheitert, weil sich schnell herausstellte, dass derjenige, der mit einer Bulgarin verheiratet gewesen sein sollte, nichts mit dem Land am Hut hatte, sondern in Rumänien oder in Ungarn unterwegs war.

Wie oft ich nur im Laufe der Jahre auf Rumänien angesprochen wurde! Nicht nur von neuen Bekannten, sondern selbst von guten Freunden: Wie lebt es sich in Rumänien, wie geht es meinen Eltern in Rumänien, wann fahre ich wieder nach Bukarest, ich soll Grüße nach Rumänien ausrichten ... Dass Rumänien und Bulgarien in den Köpfen der Deutschen eng nebeneinander liegen, wurde mir relativ schnell klar. Obwohl ich die Antwort bereits ahnte, stellte ich meinen neuen Freunden immer die Gegenfrage: »Warst du schon einmal in Bulgarien?« Die positiven Antworten, die ich darauf innerhalb von 18 Jahren erhielt, kann ich an zwei Händen abzählen. Wäre ich damals zum Studieren nicht nach München, sondern zum Beispiel nach Leipzig gegangen, wäre das sicher anders gewesen. Selbst in der Hauptstadt Bayerns kamen die bejahenden Reaktionen fast ausschließlich von Ostdeutschen, die als Kinder mit ihren Eltern Strandurlaub am bulgarischen Schwarzen Meer gemacht hatten. Als Erwachsene haben sich aber die allerwenigsten von ihnen wieder an das Land im Südosten Europas gewagt.

Als ich nach Deutschland kam, war Bulgarien die ganze Welt für mich. Es war eine verblüffende Entdeckung, dass kaum jemand in Deutschland von dieser Welt weiß. Dabei ist Bulgarien nicht mal so klein. Das Land ist zum Beispiel größer als Österreich, Belgien, Portugal, Ungarn, Dänemark oder Holland (von der Schweiz ganz zu schweigen). Von der Fläche her ist Bulgarien ungefähr so groß wie die ehemalige DDR. Oder wenn wir in der Gegenwart bleiben: Man nehme den Süden Deutschlands – Bayern und Baden-Württemberg – und kommt auf die Größe Bulgariens.

Dass man als Deutscher nicht so oft auf einen Bulgaren trifft, das konnte ich schon eher nachvollziehen – während ich mit 80 Millionen Deutschen neue Freundschaften hätte schließen können, kann ein Deutscher in Bulgarien gerade mal 7 Millionen Bulgaren kennenlernen. Und noch ein Vergleich – in Süddeutschland leben circa dreimal mehr Menschen auf derselben Fläche wie in Bulgarien. Das erklärt, warum die Bulgaren von ihrer unberührten Natur und den kleinen, verlassenen Dörfern schwärmen.

Die Tatsache, dass es sich in Deutschland noch nicht herumgesprochen hatte, dass Bulgarien das schönste Land der Welt ist, ließ mein bulgarisches Herz nicht in Ruhe. Es vergingen Jahre, aber letztendlich folgte ich dem Antrieb, Aufklärungsarbeit zu leisten und Bulgarien-Propaganda zu betreiben. Ich begann Reisen nach Bulgarien zu organisieren. Darüber aber später mehr.

Was das alles für Sie bedeutet? Es gibt ein Land, nicht irgendein Land, sondern das schönste Land der Welt, wohin sich kaum jemand verirrt. Wenn es unter den Touristen, Weltenbummlern, Reisenden und Abenteurern noch ein letztes Geheimnis in Europa gibt, dann ist es dieses Land. Es wundert mich immer wieder, dass sich in diesem Teil der Welt noch ein Örtchen versteckt, das so wunderschön ist und zugleich so wenig von Touristen besucht wird!

Wenn Sie noch nie in Bulgarien waren, denken Sie jetzt bestimmt, dass ich übertreibe. Wenn Sie das Land abseits der großen Touristenburgen am Schwarzen Meer kennen, werden Sie schmunzeln, mir recht geben und schönen Erinnerungen verfallen. Als ich vorletztes Jahr in Myanmar war, einem Land, das jahrzehntelang von einem Militärregime von der Außenwelt abgeschottet gehalten wurde und wo erst seit wenigen Jahren Touristen einreisen dürfen, hatte ich oft den Eindruck, mehr Reisende zu treffen als vielerorts in Bulgarien. Wenn Sie also den großen Touristenschwärmen entfliehen möchten, dann kommen Sie lieber bald nach Bulgarien! Ich kann Ihnen nämlich nicht versprechen, wie lange das Geheimnis noch gehütet wird.

Sie werden staunen, wie herzlich, bodenständig und unaufgeregt die Menschen hierzulande sind. Keiner wird Ihnen hinterherrennen, um Ihnen Sonnenbrille und Halsschmuck zu verkaufen (mehr dazu bei Grund 45). Dafür wird man Sie freundlich empfangen (über die Gastfreundschaft der Bulgaren bei Grund 23) und Ihnen einen selbst gebrannten Rakija (Grund 86) oder Wein (Grund 88) einschenken. Sie werden den besten Salat (Grund 84) in Ihrem Leben beim stundenlangen Abendessen (Grund 94) essen und als Nachtisch die leckersten Früchte (Grund 90) bekommen. Später fordert man Sie vielleicht sogar zum Horo-Tanz auf (Grund 54) oder zeigt Ihnen am nächsten Tag ein verstecktes Thermalbad (Grund 67) oder Kloster (Grund 78) in der Umgebung. Solange Sie die Touristenburgen verlassen und das Hinterland erkunden, werden Sie höchstwahrscheinlich der einzige Ausländer weit und breit sein. Falls Sie sich wieder mit anderen Reisenden austauschen möchten, dann reicht ein Besuch in der europäischen Kulturhauptstadt 2019 Plowdiw (Grund 11), Weliko Tarnowo oder Sofia – dort treffen Sie sicherlich andere Gleichgesinnte. Und wenn Sie Naturliebhaber sind – ah, dann kaufen Sie am besten gleich Ihr Flugticket nach Bulgarien und lesen Sie hier weiter.

*2. Grund*

## *Weil Bulgarien unglaublich vielseitig ist*

Wenn Sie mich fragen, welches Wort am besten Bulgarien beschreibt, dann wird mir die Entscheidung zwischen »Vielseitigkeit« und »Herzlichkeit« schwerfallen. Fangen wir mit der Vielseitigkeit an. In Deutschland habe ich gelernt, strukturiert zu arbeiten und jetzt möchte ich Ihnen meine ganz persönliche Liste zum Thema bulgarische Vielseitigkeit zeigen:

**Natur:** Ich stelle meinen Kunden, die in Bulgarien reisen, immer die Frage, was sie in Bulgarien überraschte. Und ich bekomme sehr oft die gleiche Antwort: »Die Vielseitigkeit der Natur.« Zu Recht, finde ich! Auf einer Fläche von ca. 111.000 Quadratkilometern finden Sie eine außergewöhnlich abwechslungsreiche Natur.

Wenn Sie zum Beispiel von Sofia nach Norden durch die Iskar-Schlucht fahren, werden Sie innerhalb von ein bis zwei Stunden Autofahrt die unglaublichsten Felsformationen, Schluchten, Türme und Zinnen aus Stein sowie steile und zerklüftete Felswände sehen. Im Nordwesten des Landes (Sie fahren nur noch eine Stunde weiter) überraschen Sie die roten Sandsteinfelsen bei Belogradtschik, verstreut auf mehrere Kilometer grüne Wälder (hier werden sich die Sachsen unter Ihnen sicher zu Hause fühlen – die Gegend erinnert an das Elbsandsteingebirge). Nehmen Sie die gegenseitige Richtung und fahren Sie von Sofia nach Süden. Nach ein bis zwei Stunden Autofahrt stehen Sie mitten in wunderschöner Alpinlandschaft in den oberen Bereichen von Rila- oder Pirin-Gebirge, mehr als 300 Bergseen inklusive. Nach einer weiteren Stunde Autofahrt nach Süden gelangen Sie zu den beeindruckenden orangenen Sandsteinpyramiden bei Melnik.

Östlich von Sofia erwarten Sie mehrere Täler – das Rosental (welches man Ende Juni auch Lavendeltal nennen könnte), die Oberthrakische Tiefebene, das Donautal, zwischendrin viele Höhlen, Wiesen und Felder. Und natürlich das Balkan-Gebirge, oder Stara Planina (Alter Berg), wie die Bulgaren es nennen, das vom Norden bis zum Schwarzen Meer quer durch das gesamte Land läuft und Bulgarien in zwei fast gleich große Teile teilt – Nord- und Süd-Bulgarien.

Ganz im Osten liegen die weiten Sandstrände am Schwarzen Meer und die schroffen Felsen bei Kaliakra im Norden. Weizenfelder, so weit der Blick reicht, finden Sie in Dobrudscha, im Nordosten Bulgariens. Rhodopen-Gebirge und Balkan-Gebirge beheimaten jahrhundertealte Wälder. Im Südosten des Landes ist die Landschaft etwas trockener und erinnert eher an Indianerfilme aus der Kindheit. In Sakar-Gebirge wurden bis zur Mitte des 20. Jahrhunderts sogar Kamele für wirtschaftliche Zwecke gezüchtet.

Und damit das Bild vollkommen ist, fehlt es in Bulgarien auch nicht an einem großen Fluss und zwar nicht irgendeinem, sondern dem zweitgrößten und längsten in Europa – die Donau.

**Architektur:** In Bulgarien treffen antike Gebäude auf kommunistische Plattenbauten, Bauernsteinhäuser auf moderne Villen, Holzbaracken auf mehrstöckige Familienhäuser. Diese große Vielfalt ist nicht nur durch das Land verstreut, sondern oft in einer einzigen Straße zu finden. Römische Überreste und thrakische Tempel sind dabei die Sahnehäubchen.

**Menschen:** Schicke Altbauwohnungen, bewohnt von den alten Aristokraten oder jungen Software-Entwicklern in der Hauptstadt, Roma-Viertel mit kinderreichen, aber armen Familien, alte Großeltern im Dorf, junge Leute in der Tourismusbranche am Goldstrand: Die bulgarische Gesellschaft ist bunt und vielseitig – von sehr reich bis sehr arm kann man alle Schichten ganz nah beieinander erleben. Was sie vereint, ist die Offenheit und Aufgeschlossenheit Touristen gegenüber. Von Reisenden hörte ich Geschichten, wie sie innerhalb von wenigen Wochen verschiedenste Bevölkerungsschichten in Bulgarien kennenlernen konnten: Von Luxus-Partys im VIP-Bereich einer angesagten Tschalga[1]-Disco in Sofia beispielsweise, auf die man vom Disco-Betreiber höchstpersönlich eingeladen wurde, der wiederum beim Abendessen im Restaurant davor zufällig am Nachbartisch saß und den unbekannten Deutschen eine gute bulgarische Party zeigen wollte. Oder auch Geschichten von unvergesslichen Roma-Hochzeiten, auf der die Deutschen spontan eingeladen wurden und bis spät in der Nacht mitgetanzt und gefeiert haben. Man erzählte mir auch, wie man in einem bulgarischen Dorf neue Freunde fand, ganz ohne eine gemeinsame Sprache zu sprechen. Junge Studenten, Arbeitende, Künstler, Rentner, Mafiabosse, Eltern, Beamte – Sie können Vertreter jeder Schicht der vielseitigen bulgarischen Gesellschaft täglich auf der Straße treffen und mit ihnen leicht in Kontakt treten.

**Kultur:** Bulgarien ist voller alter Traditionen. Für jeden Feiertag gibt es verschiedene Bräuche, die heute noch gepflegt werden. Selbst ein und derselbe Brauch wird in unterschiedlichen Orten anders gehandhabt. Vor allem im Sommer finden unzählige Volksfeste und Festivals statt. Jede Stadt und viele Dörfer haben ihre Tschitalischte (siehe Grund 79). Klassische Konzerte, Tschalga, Graffiti (Grund 108), Volkstänze (Grund 54) und moderne Kunst-Performances leben in den Großstädten eng nebeneinander.

**Alltag:** Vielseitigkeit herrscht auch im bulgarischen Alltag, wobei auch hier gilt – je größer die Stadt, desto reicher die Auswahl: Oft wohnen die Bulgaren mit Eltern und/oder Großeltern zusammen und genießen traditionelles hausgemachtes Essen zu Hause, nachmittags gehen sie auf eine Ausstellung moderner Kunst, auf dem Weg zum Abendessen in einem Hipster-Restaurant für vietnamesisches Street Food machen sie vielleicht einen kurzen Abstecher auf dem Hauptplatz, tanzen bei einem Horo-Tanz mit und schließen den Abend in einem angesagten Club mit elektronischer Musik ab.

*3. Grund*

## *Weil man sich unbeschwert in der Natur bewegen kann*

»Die Touristen sagen immer, wir hätten so schöne Natur in Bulgarien«, meinte meine Oma Gina eines Abends zu mir, »ich höre das auch im Radio und im Fernsehen. Und ich frage mich, ob sie keine Berge zu Hause haben oder warum es ihnen hier so gut gefällt, es ist doch nichts Besonderes.« Ich dachte sofort an die Natur in Westeuropa, so wie ich sie kennengelernt habe. Die hügelige Landschaft in Bayern, wo überall kleine Dörfer mit schön bemalten Häusern und großen Kirchentürmen zu sehen sind, finde ich wunderschön. Die grünen Wiesen in der Schweiz, wie aus einer Milka-Werbung, und die imposanten Berge rufen immer ein verträumtes Lächeln auf meinem Gesicht hervor. Die schönen Bergseen und Felsen und der atemberaubende Ausblick aus dem Schleier-Wasserfall in Österreich beeindrucken mich sehr. Trotz großen Patriotismus musste ich vor mir selbst zugeben, dass auch andere Länder wunderschöne Natur haben. Und dennoch gibt es etwas Einzigartiges, was in Bulgarien mein Herz voller Glück erfüllt. Es sind die Ursprünglichkeit und Wildnis der Natur und das Gefühl, ungestört und frei zu sein, die ich so nirgendwo sonst in Westeuropa fand.

Wie ich Ihnen bereits verraten habe, arbeite ich seit einigen Jahren als Reiseveranstalterin für Bulgarien – mein Traumjob, da ich zwei Sachen, die ich liebe – Reisen und Bulgarien – kombinieren kann. Ich fahre sehr oft durch das Land und entdecke meine Heimat immer wieder aufs Neue. Jedes Frühjahr, wenn ich mit weit geöffneten Fenstern durch die kleinen Landstraßen in Bulgarien fahre, kann ich die Unterschiede zum vertrauten Deutschland sofort erkennen. In Bulgarien sehen Sie zum Beispiel fast nie Zäune oder Schilder, die privates Eigentum markieren. Sie dürfen die Natur überall betreten, wo Sie nur wollen. Alles ist hierzulande viel wilder, ungepflegter und sich selbst überlassen. Die Wiesen sind oft nicht bewirtschaftet und übersät mit unzähligen hochgewachsenen Blumenarten (dazu mehr bei Grund 118). Sie werden große, durcheinandergewachsene Büsche und riesige Bäume sehen, deren Äste tief auf den Boden herunterfallen. Was Sie kaum finden werden, sind Wege, Zäune, Ordnung. Während in Westeuropa alles schön gepflegt aussieht, ist in Bulgarien alles wild. Na gut, auch die Bulgaren kennen Wanderwege, Wanderkarten und Wander-Hinweisschilder. Aber die finden Sie eben nicht immer und überall. Um genauer zu sein, hauptsächlich auf den bekanntesten Bergsteigerrouten, aber auf keinen Fall in der Masse wie in den Alpen. Die bulgarischen Wanderwege sind weder so gut ausgebaut und gepflegt wie im Westen, noch sind sie so voll.

Dort begegnen Sie vermutlich öfter Schafen oder Ziegen als Touristen. In Bayern hatte ich oft das Gefühl, dass ich alle 10 Minuten auf Menschen oder zumindest auf ihre Häuser treffe. In Bulgarien dagegen fühle ich mich vollkommen frei und allein.

Nicht nur mir geht es so. Beim Wandern von Hütte zu Hütte im Pirin-Gebirge traf ich eines Tages einen tschechischen Fotografen. Er erzählte mir, dass er sehr viel in den Bergen Europas und Asiens unterwegs sei und die höchsten Berge der Welt mehrmals bestiegen habe. »Nirgendwo fühle ich mich aber so frei und so sorgenlos wie in Bulgarien«, verriet er mir. »Deshalb versuche ich jedes Jahr, nach Bulgarien zu kommen, in die Berge, denn hier fühle ich mich am meisten frei und lebendig!«

Nicht nur die Tatsache, dass die bulgarischen Berge im Vergleich zu den Alpen viel weniger urbanisiert sind, macht sie so besonders. Hierzulande finden Sie immer noch Leute, die sehr wenig Kontakt zur Zivilisation haben. Erst letzte Woche traf ich im Rhodopen-Gebirge eine alte Frau, die wie aus einem Märchen den Berg herunterkam – mit Schürze und Kopftuch (kein muslimisches Kopftuch, sondern ein solches, wie alte Omas es haben) und einem Bündel Äste auf dem Rücken. Auf dem Land wird vielerorts noch Holz eigenhändig gehackt und im Winter zum Heizen benutzt.

Unbeschwertes Bewegen in der freien Natur bedeutet natürlich auch das sorgenfreie Übernachten unter freiem Himmel. Bis vor ein, zwei Jahren war das wilde Zelten nicht einmal ein Thema in Bulgarien. Erst seit Kurzem wird diese Frage öffentlich diskutiert und politisiert. Auslöser der hitzigen Auseinandersetzungen ist das Zelten am Strand im Sommer. Heute streiten Regierung und Naturliebhaber darüber, ob man es einschränken oder so lassen soll.

Für eine besondere Gruppe von Menschen, die im August seit Jahrzehnten in einer der schönsten Gegenden in Rila-Gebirge wild zeltet, wird eine Ausnahme gemacht. Ich meine die »Weiße Bruderschaft« – eine religiöse Gemeinschaft, die Anfang des 20. Jahrhunderts von dem bulgarischen Meister Petar Danow gegründet wurde. Jedes Jahr im Sommer bauen Hunderte weiß gekleidete Bruderschaftsmitglieder ihre Zelte auf über 2.000 Metern Höhe in der Umgebung der Sieben Rila-Seen auf und tanzen beim Sonnenaufgang den besonderen Tanz »Paneurhythmie«. Sollten Sie im August in Bulgarien sein – besuchen Sie diese wunderschöne Ortschaft, es lohnt sich, die weißen Gläubigen zu sehen, vor allem wenn sie große Menschenkreise auf der grünen Wiese mit dem herrlichsten Panorama bilden.

Sie suchen einen intensiveren Kontakt mit der Natur, ohne Elemente der Urbanisation oder Zivilisation? Bulgarien ist das perfekte Land für Sie. In einem verlassenen bulgarischen Dorf traf ich zum Beispiel auf eine deutsche Gemeinschaft, die sich fast ausschließlich selbst versorgt – mit Feldarbeit und Tieren. Sie stellen ihre Textilien größtenteils selbst her und setzen sich ein naturnahes Leben mit Respekt und Liebe als Ziel. Die Kommune hatte einige Jahre lang in Afrika gelebt, vertrug das Klima dort aber nicht und suchte nach einem anderen geeigneten Ort, um sich niederzulassen. Fündig wurden sie in dem verlassenen bulgarischen Dorf mit nur einem Einwohner, weit weg von dem Wirtschaftsmodell einer westlichen Gesellschaft, umgeben von Pferden, Kühen, Ziegen, Hühnern und Schafen. Die »Deutschen«, wie sie in den Nachbardörfern genannt werden, wurden von den Bulgaren zuerst misstrauisch empfangen (mehr über das Misstrauen der Bulgaren bei Grund 19). Als sie aber begannen, die alten Bauernhäuser zu renovieren und die brachliegenden Ackerflächen zu bearbeiten, gewannen sie den Respekt und das Vertrauen der Bauern aus der Umgebung. Die Mitglieder der Gemeinschaft, die ich traf, strahlten Gesundheit und Zufriedenheit aus. Eine blonde Frau Mitte 40 erzählte mir, dass ein solches Leben sehr viel harte Arbeit bedeute, aber gleichzeitig sehr erfüllend sei und dass sie sich sehr glücklich schätzten, in diesem wunderschönen Ort leben zu dürfen. Irgendwie musste ich bei der Gemeinde an die Amischen in der USA denken, allerdings hatten die Deutschen in Bulgarien eine viel schönere Umgebung zum Wohnen.

Eins kann ich Ihnen versprechen: In Bulgarien wird es Ihnen sehr leichtfallen, ein naturnahes Leben zu finden, auf unberührten Wiesen zu laufen und durch Urwälder zu streifen.

*4. Grund*

## *Weil die Sonne (fast) immer scheint*

Was ich am meisten vermisst habe, während ich in Deutschland lebte? Die Sonne (und die Tomaten, Wassermelonen, Pfirsiche etc. aber dazu mehr bei Grund 90). Als ich mit 18 Jahren nach Deutschland zog, ahnte ich nicht, welches Glück die Bulgaren mit ihrem Wetter haben! In München machte ich mich erst mal lustig über Gespräche solcher Art: »Ja, Frau Müller, ich erinnere mich ganz genau, vorletzte Woche hatten wir zwei wunderschöne sonnige Tage! Warm und ausgesprochen angenehm!« Noch nie hatte ich in Bulgarien jemanden gehört, der über die Sonne als großes Gut sprach. Im Land im südöstlichen Europa ist gutes Wetter eine Selbstverständlichkeit, und wenn es einmal Wettergespräche gibt, dann hofft man eher auf Regen.

Lange Sommertage mit viel Sonne, warme Abende im Frühling und Herbst, sonnige Wintertage – in Bulgarien werden Sie oft in den Genuss der Sonne kommen. Lange dachte ich sogar, dass in diesem schönen Land die Sonne immer scheint. So ganz stimmt das nicht, wie meine Freundin Miriam bei ihrem Besuch im Mai vor ein paar Jahren am eigenem Leib erfuhr. Nur mit Sommerkleidern im Gepäck fror sie zehn Tage lang bei Regen und kühlem Wetter auf unserer gemeinsamen Bulgarien-Rundreise. Jahre später stellte ich fest, dass sich die meisten Bulgaren an diesen Mai erinnern und immer wieder davon erzählen: »Weißt du, damals, als wir einen heißen April hatten, und dann kam der Mai und es war kalt und es hat tagelang nur geregnet?« Das war genauso, wie man sich in Deutschland erzählt:

»Kannst du dich daran erinnern, an diesen Sommer, als es so heiß war? So ein Glück, dass genau dann die Fußballweltmeisterschaft in Deutschland stattfand.« Später drehte man sogar einen Film darüber und nannte ihn *Deutschland. Ein Sommermärchen*, und obwohl ich weiß, dass es um einen Fußball-Dokumentarfilm geht, denke ich immer, dass er insgeheim eine Ode an das gute Sommerwetter im Jahr 2006 ist.

Aber zurück zum bulgarischen Wetter. Seit Miriams Besuch mache ich immer eine kleine Einschränkung, wenn es um das traumhafte Wetter hierzulande geht: Im Frühjahr (April, manchmal Mai und recht selten Juni) und im Herbst (vor allem Ende Oktober, November) regnet es in Bulgarien immer wieder. Als ich der Sache mit dem Wetter etwas wissenschaftlicher nachging, bestätigten Fachberichte der Meteorologen, dass April und Mai mit ca. 15 Regentagen tatsächlich die regenreichsten Monate des Jahres in Bulgarien sind.

Seien Sie jetzt bitte nicht enttäuscht, falls Sie ausgerechnet im Mai nach Bulgarien kommen (schon deshalb nicht, weil dann die Rosenerntezeit ist – siehe Grund 64). Selbst dann brauchen Sie keine Angst zu haben, dass Sie tagelang die Sonne nicht sehen. Nein, wochenlange Zeiten voller Wolken und Nebel, wie ich sie aus Deutschland kenne, gibt es in Bulgarien nicht (in der Regel – aufgrund des Klimawandels will ich mittlerweile nichts mehr versprechen). Nach ein, zwei, allerspätestens drei Tagen ist sie wieder da, die gute, warme Sonne, und bringt fröhliche Stimmung und Lächeln zurück.

Wenn Sie sich richtig viel Sonne und heißes Wetter wünschen, dann sollten Sie Bulgarien im Juli oder im August besuchen. Die Durchschnittstemperatur liegt dann in den meisten Städten bei 28–31 Grad. Ich warne Sie aber – in Ausnahmefällen kann es auch mal über 40 Grad heiß sein. An solchen Tagen wird die Nacht zum Tag – abends füllen sich Straßen, Kneipen und Restaurants, Kinder spielen bis spät in der Nacht draußen und schlafen erschöpft im Schoß ihrer Eltern, während diese kühles Bier in einer Biraria trinken. Spätestens dann denken Sie nicht mehr, in einem Ostblock-, sondern in einem südländischen Land zu sein. Sollte es Ihnen im Hochsommer doch zu heiß werden, gibt es wieder mal eine praktische Lösung (über die Fähigkeit der Bulgaren, immer Lösungen zu finden, bei Grund 26). Machen Sie es wie die Bulgaren – gehen Sie in die Berge und genießen Sie das Leben bei Trigrad in Rhodopen-Gebirge oder in der Hütte Bezbog in Pirin-Gebirge, oder beim Wasserfall Raisko praskalo in Stara Planina bei angenehmen 25 Grad. Vergessen Sie dabei bitte nicht, eine Jacke mitzunehmen, denn abends wird es frisch.

Neben der Frühlings- finde ich die Oktobersonne in Bulgarien besonders schön. Sie ist weicher und milder, brennt nicht so heiß, wärmt aber dennoch angenehm auf. Gegen Abend fallen die Sonnenstrahlen ganz niedrig, anders als in Deutschland, und es entsteht ein schönes rötliches Licht. Und da im Oktober Bäume und Felder eine goldene Farbe bekommen, ist eine Reise durch Bulgarien tatsächlich Gold wert.

An dieser Stelle kann ich den bulgarischen Winter nicht auslassen (obwohl Sie mehr dazu auch bei Grund 66 erfahren). Er ist so sonnenreich und schön, vor allem, wenn Sie oben in den Bergen sind! Kalt – ja, aber auch sonnig! Egal, wann Sie Bulgarien besuchen, wenn Sie mehr als ein paar Tage bleiben, verspreche ich Ihnen, dass Sie in den Genuss der bulgarischen Sonne kommen!

*5. Grund*

## *Weil Bulgarien einen immer wieder überrascht*

In Bulgarien kann es einem nicht langweilig werden. Dafür sorgen die Menschen, die Orte, der Alltag. Fangen wir mit den Orten an. Ich habe Ihnen von der Vielseitigkeit der bulgarischen Natur bereits erzählt: schneebedeckte alpine Berglandschaften, Rosenwiesen, tiefe Schluchten, Sonnenblumenfelder, Höhlen, dampfende Thermalquellen, Strände, felsige Berge. Um das alles zu sehen, brauchen Sie nicht

Wochen oder Tage – in wenigen Stunden Autofahrt können Sie die verschiedenste Natur erleben. Wem soll bei so viel Abwechslung langweilig werden?

Sie wollen nicht viel rumfahren und ziehen es vor, an einem einzigen Ort zu bleiben? Keine Angst, auch die Städte sind voller Überraschungen! Nehmen wir Sofia: Egal wohin Sie sich umdrehen, Sie werden die unterschiedlichste Architektur entdecken. Große Häuser im Wienerstil, daneben ein modernes Glasgebäude, weiter hinten einen massiven stalinistischen Marmorkomplex, daneben ein kleines Haus aus der Zeit zwischen den Weltkriegen, dann ein Plattenbau und in der Unterführung die römische Hauptstraße von Asien nach Europa.

Falls Sie Sofia nicht für ein repräsentatives Beispiel Bulgariens halten (da wären Sie übrigens nicht allein, auch viele Bulgaren sagen: »Sofia ist nicht Bulgarien«), so gehen Sie in ein Plattenbauviertel irgendwo in Bulgarien. Was auf den ersten Blick grau und verwüstet aussieht, erweist sich beim genaueren Hinsehen als spannendes Fotomotiv: Wie bei einem Lego-Spiel sieht man wechselnde Fassadenfarben an vielen Stellen – Orange, Rot, Rosa neben Grau und Weiß. Manche Fenster sind verglast, andere wiederum nicht. Hier hat jemand eine Treppe zu seiner Erdgeschosswohnung gebaut und diese in einen kleinen Friseursalon umgewandelt, dort teilt sich ein anderer die Wäscheleine mit dem Nachbarn. Wenn Sie sich diese Individualität tötenden Blockhäuser eine Zeit lang in Ruhe anschauen, werden Sie feststellen, dass sie voller Individualismus sind und Überraschungen bereithalten.

Nächstes Beispiel: ein Dorf irgendwo in Bulgarien. Wenn Sie durch ein bayrisches Dorf fahren, können Sie den einheitlichen Baustil und die wunderschönen Wandmalereien bewundern. Einheit ist in vielen bulgarischen Dörfern das Letzte, was Sie finden. Hierzulande sehen Sie die alten Bauernhäuser, die zugegebenermaßen ein gewisses Einheitsbild haben, aber sich in der genauen Ausführung doch stark voneinander unterscheiden. Daneben erheben sich aber oft auch Häuser in jedem denkbaren Stil. Architektonisch gilt oft: Jeder macht, was er will. Der Spaziergang durch bulgarische Dörfer erweist sich dann als eine wahre Schatzsuche: Welches ist das schönste Haus, welches das hässlichste und welches das skurrilste? Bei so viel Auswahl wird es Ihnen bestimmt nicht langweilig.

Auch der Alltag in Bulgarien bringt viele Überraschungen mit sich und lässt Sie nicht gähnen. Es kann passieren, dass Sie so wie jeden Tag zur Bushaltestelle gehen, um zur Arbeit zu fahren. In einem Land voller Überraschungen sollte man allerdings achtsam bleiben. Wartet man dreimal länger als üblich auf den Bus und sind dort viele andere Wartende, dann ist das ein Zeichen für eine Überraschung. Es passiert immer wieder, dass der Busfahrplan aufgrund einer Straßensanierung geändert wird, ohne dass darüber an der Bushaltestelle informiert würde. Als sich Plowdiw zum Beispiel auf die Eröffnungsfeier zur europäischen Kulturhauptstadt 2019 vorbereitete und etliche Boulevards im Zentrum der Stadt für den Bau der Hauptbühne geschlossen wurden, vergaß man, die Stadtbewohner über die Änderungen der Buslinien zu informieren.

Solche Überraschungen fördern ein aufgewecktes Verhalten der Bürger, so wie ihre Geschicktheit und ihr Improvisationstalent. Das alleine wäre aber natürlich kein Grund, Bulgarien zu lieben. Die gute Nachricht ist: Neben einigen negativen Überraschungen hält das Land sicherlich doppelt so viele positive bereit. (Wobei ich zugeben muss, eine gewisse Fähigkeit, auch Negatives positiv zu sehen, ist hierfür sehr hilfreich und bei Bulgaren oft etwas stärker ausgeprägt. Kein Wunder, dass dieses Volk den Spruch hat: »Alles Schlechte ist für etwas gut«, mehr dazu bei Grund 16).

Als ich gestern Abend nach Hause kam, überraschten mich meine Nachbarn mit einer Abendparty. Sie standen draußen zwischen den zwei Wohnblöcken, hatten einen improvisierten Grill und laute Musik aus dem Auto und feierten einen mir unbekannten Namenstag. Sofort luden Sie mich zu der Feier ein, wo mir gleich Steak, Kjufte, Rakija und Wein in die Hände gedrückt wurden. Obwohl es noch

Winter und richtig kalt war, herrschte vor dem Plattenbauwohnhaus Wärme und eine freundliche und offene Atmosphäre. Natürlich wurden auch Lieder gesungen und später sogar noch ein bisschen getanzt. Von Überraschungen anderer Art erzählte mir mein Freund Iwan. Wie die meisten Autos wird auch seines immer dann kaputt, wenn es Wochenende oder Feiertag ist. Was in Deutschland mit viel Ärger verbunden wäre, funktioniert hier meist reibungslos – er ruft seinen Automechaniker an, und dieser nimmt sich die Zeit, das Auto zu reparieren, unabhängig davon, dass es Sonntag ist.

Sicherlich werden Sie überrascht sein, dass Sie überall in Bulgarien Internet-Empfang haben. Ich staunte sehr, als ich einmal mitten auf einer Skipiste, auf über 2.500 Meter Höhe, zwischen hohen Tannenbäumen, einen Skype-Anruf von meiner guten Freundin Krasi bekam, die in Australien lebt. In Sachen Internet zählt Bulgarien übrigens zu den weltweiten Spitzenreitern, das Netz ist modern und – man glaubt es oder nicht – besser ausgebaut als in Deutschland. Hierzulande hat man gleich Glasfaserleitungen verlegt, während in Deutschland größtenteils noch die alten Kupferkabel in Gebrauch sind. Ich bin sicher, dass jeder, der einmal einen Internet-Anschluss in Deutschland beantragt hat, am liebsten sofort nach Bulgarien umziehen würde, wenn er wüsste, wie unkompliziert und schnell das in Bulgarien funktioniert! Sie rufen an, hören sofort auf der anderen Seite der Leitung eine menschliche Stimme, und am nächsten Tag stehen zwei Elektriker in Ihrer Wohnung und lassen Sie Teil der virtuellen Welt werden.

Richtig erstaunt war ich, als ich beim bulgarischen Finanzamt eine Steuernummer beantragte. Von Deutschland kannte ich das bereits: Man füllt seitenlange Formulare aus, gibt sie ab und wartet mehrere Wochen oder (je nach Glück) Monate auf die ersehnte Nummer. So ähnlich ging es erst einmal bei der bulgarischen Behörde los, allerdings hatte der Antrag einen mindestens dreimal kleineren Umfang. Als ich dann mit schüchterner Stimme die ältere Dame an dem Abgabeschalter fragte, wann ich mit der Erteilung der Steuernummer zu rechnen habe, meinte sie, dass das aus technischen Gründen leider nicht sofort geht und dass ich mich ca. 20 Minuten gedulden müsse.

Übrigens, wenn wir bei Unterlagen sind – überraschend wenig Formulare müssen Sie auch bei Ihrem Arztbesuch in Bulgarien ausfüllen. Überhaupt legt man hierzulande (noch) mehr Wert auf schnelles Handeln und weniger auf Dokumentation.

Aber das, was in Bulgarien vielleicht am meisten überrascht, sind die Menschen: die sich Zeit füreinander nehmen (dazu mehr bei Grund 15), das Leben genießen (siehe Grund 33), schnell Freundschaften schließen (Grund 19) und viel und gern feiern (Grund 95).

*6. Grund*

## *Weil Bulgarien das Land der unbegrenzten Möglichkeiten ist*

Was die USA früher waren, ist heute Bulgarien! Das behaupte ich jetzt einmal nach einem ca. eineinhalbjährigen Aufenthalt in Bulgarien. Als ich in der 10. Klasse nur schlechte Noten in Physik nach Hause brachte, erklärte mir mein Vater, mein Wissen sei wie ein leeres Blatt. Das sei aber ganz gut, weil ich jetzt anfangen könne, das Blatt vollzuschreiben. So ähnlich scheint es mir mit Bulgarien zu sein. Wenn man fleißig ist und etwas im Kopf hat, kann man in Bulgarien viel erreichen und bewegen. Oft reicht sogar nur eine dieser Eigenschaften.

Die Wende und der EU-Beitritt haben Bulgarien zwar neben allen Vorteilen auch volle Busse (in den 90ern) beziehungsweise Flüge (nach dem Markteintritt billiger Airlines) mit Auswanderern und Studenten Richtung Westen beschert. Viele junge Bulgaren zogen ins Ausland, und ihre Plätze sind größtenteils immer noch unbesetzt. Wer Tatendrang verspürt, der kann sich in Bulgarien gut austoben.

Jeder, der aus dem (westlichen) Ausland kommt, ist auf dem bulgarischen Arbeitsmarkt hoch begehrt und kann beruflich so schnell aufsteigen, wie es im Westen kaum denkbar ist.

Vieles, was es in Deutschland bereits längst gibt, kennt man in Bulgarien noch nicht, und wenn schon, dann steckt es entweder in der Anfangsphase oder ist konkurrenzlos. So hat man die einmalige Chance, mitzubestimmen und mitzugestalten. Darüber kann ich Ihnen einige Erfolgsgeschichten erzählen.

Ein Bekannter von mir, der in Deutschland studierte und dann nach Sofia zurückging, vermisste in seiner Heimatstadt die kostenlosen Stadtführungen, die er in anderen europäischen Städten bereits zu schätzen gelernt hatte. Voller Tatendrang begann er, täglich um 18 Uhr vor dem Justizpalast in Sofia auf Touristen zu warten, denen er seine Lieblingsstadt zeigte. Bei Regen oder Sonne, an Weihnachten oder in den Sommerferien – er stand jeden Tag dort, unabhängig davon, ob und wie viele Gäste seine Führungen besuchten. Heute ist daraus eine Organisation mit 35 Guides und 100.000 Gästen jährlich entstanden.

Auch meine Freundin Michaela hat ihre eigene Erfolgsgeschichte in Bulgarien geschrieben. In der Schule malte sie gerne auf der Rückseite der Schulhefte kleine Zeichnungen. Diese Leidenschaft war so groß, dass sie bald begann, auf allen Dingen um sich herum zu zeichnen – Stoff, Steine, Muscheln, kleine Ohrringe oder Halsketten. Ihre Zeichnungen auf Schmuck wurden bei den Mitschülern, aber auch bei ihr Unbekannten immer beliebter. Familie und Freunde sagten ihr allerdings, das sei zwar ein schönes Hobby, sie solle aber fleißig studieren, um später einen vernünftigen Job haben zu können. An dieser Stelle stoßen Realität und Tradition in Bulgarien oft aufeinander – in den Köpfen vieler Bulgaren (vor allem der älteren Generation) ist die Vorstellung, dass ein fester, lebenslanger Job von 9 bis 18 Uhr, wie man ihn im Kommunismus hatte, das einzig Wahre ist. Die Realität zeigte wieder einmal, dass es auch andere Wege gibt. Zunächst folgte Michaela dem allzu häufig gehörten Rat: Sie schloss die Schule ab, studierte in Sofia, verbrachte mehrere Auslandsaufenthalte in Spanien und Südamerika. Danach arbeitete sie als Spanischlehrerin in zwei renommierten Sprachschulen in Sofia und verkaufte ihren Schmuck nebenbei. Das Geschäft mit den Zeichnungen entwickelte sich so gut, dass sie eines Tages ausrechnete, dass sie mehr Geld mit dem verkauften Schmuck verdiente als als private Spanischlehrerin. Nicht nur mit Zeichnen konnte Michaela gute Geschäfte machen. Ähnliche Erfahrungen machte sie, als sie sich zur Thai-Masseurin ausbilden ließ. In Plowdiw, wo sie später wohnte, waren Massagen und vor allem Thai-Massagen etwas Exotisches, sodass sie schnell wieder in der Position war, keine Konkurrenz zu haben und einen treuen Kundenstamm aufbauen zu können. »Damals war ich die Einzige in ganz Bulgarien, die auf kleine Steinchen oder Medaillons zeichnete. Es war eigentlich kein Wunder, dass das Geschäft gut lief. Ich war absolut ohne Konkurrenz. Wenn du hier in Bulgarien irgendwas machst, was niemand vor dir gemacht hat (und davon gibt es genug), dann wirst du Erfolg haben – so einfach ist es«, erzählte sie mir ein paar Jahre später.

Solche Äußerungen kannte ich von vielen Geschäftsleuten aus der Zeit nach der Wende. »Nach dem Kommunismus war Bulgarien wie ein fruchtbarer Boden – egal, was du säst, alles wird aufblühen und reiche Ernte geben«, verrieten mir Unternehmer der ersten Stunde. Was Anfang der 90er-Jahre galt, verlor allerdings nicht an Gültigkeit zur Zeit von Michaelas Erfolgsgeschichte Ende 2010 und entsprach wiederum auch meinen eigenen Beobachtungen im Jahr 2021.

Dass man in Bulgarien viel erreichen kann, wundert mich persönlich eigentlich nicht. Die Bulgaren sind sehr hilfsbereit (siehe dazu Grund 24). Wenn sie einmal überzeugt sind, dass etwas gut ist, helfen sie einem mit allen Mitteln. Die Gesellschaft ist vereint und das Beziehungsnetz kann Wunder schaffen. Jeder kennt jemanden, der jemanden kennt, der wieder jemanden kennt – man bekommt schnell Unterstützung, Bekanntheit und erste Kundschaft. Anders als in Deutschland fällt man in Bulgarien oft nicht weit, wenn man erfolglos bleibt. So hat man wenig Angst, ein neues Geschäft anzufangen, weil man nicht viel zu verlieren hat. Während es in Deutschland bereits (fast) alles gibt und es sogar frustrierend werden kann, wie wenig man selbst entscheiden oder ändern darf, hat man in Bulgarien die einmalige Chance, ein Land mit aufzubauen und Spuren zu hinterlassen. Vor allem Ausländer mit viel Erfahrung aus anderen Ländern finden in Bulgarien schnell einen erfolgreichen Weg.

Wer also voller Geschäftsideen und Tatendrang ist, dem kann ich Bulgarien als ein Land unbegrenzter Möglichkeiten und voller Chancen nur empfehlen! Wer es nicht glaubt, traut vielleicht eher der Statistik der deutschen Auslandshandelskammer in Bulgarien: Der Gesamtwarenumsatz zwischen Deutschland und Bulgarien wuchs innerhalb von 18 Jahren (2001–2018) jährlich durchschnittlich um 10 %, wobei er allein in den letzten zehn Jahren um das Zweieinhalbfache gewachsen ist.[2]

*7. Grund*

## *Weil Bulgarien zu der Europäischen Union gehört*

Mein deutsches Jura-Studium brachte mich 2007 nach Straßburg – als Praktikantin beim Europarat. Als solche hatte ich einen freien Zugang nicht nur überall im Europarat, sondern auch im naheliegenden Gebäude des Europäischen Parlaments und konnte EU-Politik aus erster Hand erleben. Eines Tages war ein großes Ereignis angekündigt – Nicolas Sarkozy, damals noch französischer Präsident, sollte eine Rede vor dem Europäischen Parlament halten. Ich erinnere mich gut an Sarkozys flammende Stimme und seine Vision über die Europäische Union und ihre Zukunft. Und auch an das stolze Gefühl, seit Kurzem ein Teil der großen europäischen Familie zu sein. Ein gutes halbes Jahr davor war Bulgarien (zusammen mit Rumänien) nämlich der Europäischen Union beigetreten.

Auch dieses Ereignis wollte ich live miterleben. Ich verlängerte meinen Weihnachtsaufenthalt in Bulgarien und stand am 31. Dezember 2006 brav auf dem Hauptplatz in Sofia, vor einer Bühne mit wichtigen Rednern und lauter Musik. »Drei, zwei, eins, Tschestita Nova Godina«, schrien um Mitternacht alle aus voller Kehle und gratulierten sich zum Neujahr und EU-Beitritt. Sektflaschen wurden geöffnet und Donau-Horo gespielt – eine tanzende Menschenkette aus Tausenden Leuten bildete sich schnell.

Was danach folgte, war auf dem ersten Blick nicht so weltverändernd. Die Preise stiegen schnell, die Gehälter recht langsam. Viele wurden von den trägen Verbesserungsschritten enttäuscht, andere nahmen gleich (wie im Westen befürchtet) den Bus oder Flug nach Berlin, London oder Paris, um in den reicheren EU-Ländern ihr Glück zu versuchen, Dritte wiederum bekamen dringend nötige Finanzierung und konnten ihr Geschäft aufbauen oder vergrößern und neue Arbeitsplätze schaffen. Die bulgarischen Studenten durften an Erasmus-Austauschprogrammen teilnehmen, und Reisen war endlich EU-weit visumfrei für alle möglich.

Wenn ich heute durch Bulgarien reise, merke ich viele positive Unterschiede zu den 90er-Jahren. Die Straßen sind besser, viele Häuser sind verschönert, die Leute kleiden sich besser, die Geschäfte glänzen voller Waren, man trifft immer mehr Ausländer und hört immer häufiger fremde Sprachen, die Bulgaren machen Städtetrips nach Spanien, Italien oder Frankreich. Als Deutscher braucht man nur seinen Personalausweis, um in Bulgarien einzureisen, selbst ein internationaler Führerschein ist nicht mehr nötig. In den bulgarischen Krankenhäusern wird man mit der deutschen/österreichischen Krankenversicherungskarte versorgt. Die Gesetzeslage wurde dem EU-Recht angeglichen, in Bulgarien gilt der Europäische Haftbefehl, und die bulgarische Polizei arbeitet eng mit den EU-Polizisten zusammen.

In Deutschland werde ich immer wieder gefragt, was die Bulgaren über die EU denken. Was in Bulgarien verständlicherweise begrüßt wird, sind die EU-Subventionen, die dem Land neue Straßen, Kinderspielplätze und sanierte Gebäude bescheren. Überall werden Sie große Schilder sehen, die Ihnen erklären, wie viel Geld die EU für das jeweilige Projekt beigesteuert hat. Wundern Sie sich aber bitte nicht, wenn Sie im Gespräch mit Bulgaren auch kritische Stimmen hören. So wurde mir immer wieder von Einheimischen erklärt, man sehe heute keinen Unterschied zu früher. Mein Bekannter Borislav, Mitte 50, erzählte mir: »Als wir im Ostblock waren, in dem Rat der Gegenseitigen Wirtschaftshilfe, war es genauso wie jetzt – wir bekamen Unterstützung aus dem Ausland. Aber nicht jeder, sondern nur diejenigen, die politisch konform waren. Heute ist es das Gleiche, der Geldgeber heißt allerdings nicht mehr UdSSR, sondern Europäische Union. Wieder bekommen wir Geld vom außen, aber nur die Regierungsnahen gewinnen die Auswahlverfahren für Straßenbau oder Sanierung. Für uns normale Bürger ändert sich nichts. Schlimmer noch, die Korruption und das Geld aus dem Ausland verzerren den Markt und hindern alle tüchtigen Bulgaren ohne Beziehungen an ihrer Wettbewerbsfähigkeit. Wir haben gehofft, dass die EU mehr darauf schauen und die Korruption nicht dulden wird, aber sie macht die Augen zu. Denen ist nur wichtig, dass die Regierung stabil ist und nach ihrer Pfeife tanzt, nicht so wie die Polen. Die EU verfolgt ihre eigenen Interessen, und es kümmert niemanden, dass die Korruption nicht bekämpft, sondern größer wird und das europäische Geld oft in die eigene Tasche Ausgewählter fließt. Ich hatte gehofft, sie werden strikter sein und für mehr Ordnung bei unseren Politikern sorgen, sie tun aber nichts.«

Wie sehr ich mein Land auch liebe, so kann ich an dieser Stelle leider auch nicht unkritisch bleiben – Korruption gibt es überall in der EU, nicht weniger in Bulgarien. Viele Bulgaren sind enttäuscht, dass die EU die einheimischen Probleme nicht löst. Während viele auf die Rettung von außen warten, bildet sich nur langsam eine kritische Zivilgesellschaft. Oft sind es gerade die Leute, die im EU-Ausland studierten und danach ihr Leben in Bulgarien aufbauten, die

Nichtregierungsorganisationen gründen. Manchmal beginnt alles recht harmlos mit einer Facebook-Gruppe wie »Rette Sofia«. Mit mittlerweile über 100.000 Followern ist die Gruppe eine der größten Organisationen, die die Probleme der Hauptstadt aufdeckt und bekämpft. Nach jahrelangen Kampagnen konnte sie zum Beispiel die Schaffung eines öffentlichen Nacht-Transports in der Hauptstadt durchsetzen. Heute sitzt einer der Organisatoren im Gemeinderat und arbeitet auf politischer Ebene für die Verbesserung seiner Stadt.

Es wäre aber zu einseitig, nur die problematischen EU-Entwicklungen anzusprechen. Zum Glück gibt es in Bulgarien auch viele positive Beispiele für die Hilfe europäischer Projekte. »Eine Freundin von mir« – erzählte mir meine Tante Vanja – »bewarb sich für EU-Mittel und konnte dank der Finanzierung ihren Traum verwirklichen. Sie ist ein sehr schüchternes und zartes Mädchen, und ich hätte nie gedacht, dass ausgerechnet sie so viel Kraft hat und die Finanzierung bekommt, aber sie hat es geschafft – sie hat eine kleine Galerie eröffnet, die sich gut entwickelte, sie konnte die Kredite zurückzahlen, und mittlerweile hat sie sogar einen Namen und lebt von dem Geschäft.«

Ein anderes Beispiel aus dem Freundeskreis: Der Vater einer guten Freundin war acht Jahre lang Geschäftsführer einer kleinen Fabrik auf dem Land. »Damals hatten wir leider keinen Zugang zum Geld, die Banken gaben uns nichts, obwohl wir dringend eine Finanzierung für neue Investitionen brauchten. So waren einfach die Zeiten am Anfang des Jahrhunderts. Wir mussten letztendlich Insolvenz anmelden. Letzte Woche war ich wieder dort in der Gegend, zum ersten Mal seit fünf Jahren, und mein Herz sprang vor Freude – die Fabrik wurde mit EU-Mitteln gefördert und scheint jetzt ganz gut zu laufen«, erzählte er mir. Eine andere Bekannte vertraute mir ihre Geschichte an – sie lebt auf dem Land und ist Bäuerin. Als in der Landwirtschaft viele europäische Projekte angeboten wurden, nahm sie ihren Mut zusammen und machte sich mit Unterstützung von Freunden daran, Business-Pläne zu schreiben und an einem Auswahlverfahren teilzunehmen. Alles lief gut, und seit ein paar Jahren bewirtschaftet sie mehrere Äcker fruchtbaren Boden, wo Paprika und Tomaten angebaut werden. Mehrere Leute arbeiten heute für sie, das Geschäft entwickelt sich gut, und sie ist in der ganzen Umgebung angesehen.

Ich habe viele solche Geschichten gehört – von Leuten mit und ohne Ausbildung, aber voller Tatendrang, die aktiv waren und jetzt neue Arbeitsplätze schaffen. Wie Sie bereits wissen, ist Bulgarien ein Land voller Möglichkeiten, und der Beitritt in die Europäische Union hat vieles einfacher gemacht. Trotz aller Kritik – selbst mein Freund Borislav findet es für sein Land besser, ein Teil der Europäischen Gemeinschaft zu sein. Kein Wunder also, dass die Bulgaren europaweit zu den größten Optimisten zählen und eine noch engere Zusammenarbeit mit der EU anstreben.

## 2. Kapitel

# Geschichte

*8. Grund*

### *Weil Bulgarien voller Geschichte ist*

Eines Tages saß ich in einem Café im Kapana-Viertel in Plowdiw und arbeitete von dort aus bei einem frisch gepressten Orangensaft im Homeoffice. Am Nebentisch saßen zwei ca. 50-jährige Männer und unterhielten sich lebhaft. Der eine erklärte dem anderen, wie die Römer im 1. Jahrhundert hierzulande lebten und welche Kriege sie mit wem führten. Wenn Sie Bulgarisch verstehen, werden Sie solche Gespräche häufig hören. Selbst ohne Sprachkenntnisse werden Sie jedoch merken, dass Bulgarien voller Geschichte ist. Selbst in der entferntesten, kleinsten Stadt, in der man das Gefühl hat, nie würde sich ein Mensch dorthin verirren, steht ein Museum. Mich wundert das nicht, denn das Land ist so überfüllt von Spuren der Vergangenheit, dass alle Exponate in der jeweiligen Umgebung ihren eigenen Ausstellungsort verlangen.

Damit Sie bei Gesprächen mit Ihren bulgarischen Freunden mitreden können, möchte ich Ihnen etwas mehr davon erzählen.

Während in Westeuropa noch Kälte herrschte, entwickelten sich auf dem Balkan bereits die ersten Hochkulturen in Europa. Um 4.000 v. Chr., in einer Zeit, bevor die ägyptischen Pyramiden gebaut wurden und noch vor dem ersten Reich der Sumerer an den

Flüssen Euphrat und Tigris, lebte in Bulgarien bereits ein Volk, das hochentwickelt war und mehr als 117 Gräber mit Goldschmuck in der Umgebung von Warna hinterließ. In der Wissenschaft spricht man von »Warna-Volk«.

In der Schule lernen bulgarische Kinder, dass Bulgarien im Jahr 681 entstanden ist. Davor gab es die Thraker (4.000 v. Chr. – 1. Jh. n. Chr.), die schöne Tempel und Grabstätten in ganz Bulgarien errichteten und die Römer (1. Jh. n. Chr. – 4. Jh. n. Chr.), die große römischen Städte mit Theater, Stadien und Aquädukt (in Plowdiw) bauten. Im 5./6. Jh. n. Chr. kamen die Slawen und ließen sich hier nieder. Ca. ein Jahrhundert später – im 7. Jh. – kamen die Bulgaren (auch Protobulgaren oder Urbulgaren genannt). Diese verbündeten sich mit den Slawen und kämpften zusammen gegen das Byzantinische Reich, das sich damals bis zum heutigen Südbulgarien erstreckte. Das Jahr 681 wird als Entstehungsjahr des Ersten Bulgarischen Reiches angesehen, da aus diesem Jahr die erste schriftliche Urkunde Bulgariens existiert – ein Friedensvertrag zwischen dem Byzantinischen Reich und Bulgarien. Das sog. Erste Bulgarische Reich erstreckte sich auf den Gebieten des heutigen Nord-Bulgariens (zwischen Donau und Balkan-Gebirge), südöstlichen Rumäniens und des Donau-Deltas.

Den Kindern wird in der Schule außerdem beigebracht, dass die kyrillische Schrift in Bulgarien entstanden ist und von den Schülern der Brüder Kyrill und Method im 9. Jh. n. Chr. (ab 886) verbreitet wurde (siehe auch Grund 76). Im Jahr 864 traf König Boris I. die politische Entscheidung, das Christentum zur Staatsreligion zu erklären, was in den darauffolgenden Jahren (teilweise gewaltsam) vollzogen wurde (siehe Grund 77). Damit verfolgte er mehrere Ziele: einerseits eine komplette Einheit zwischen Bulgaren und Slawen und die vollständige Verschmelzung in ein Volk der Bulgaren, andererseits die Annäherung an die europäischen Länder. Relativ kurze Zeit später erlangte Bulgarien als erstes Volk die Unabhängigkeit der Kirche im Jahr 927.

In der Schule lernt man auch, dass Bulgarien zweimal unter fremder Herrschaft stand – ca. 170 Jahre lang unter byzantinischer Herrschaft (1018–1185), und ca. 500 Jahre lang unter osmanischer Herrschaft (1396–1878). In den ca. 200 Jahren dazwischen entstand das Zweite Bulgarische Reich mit der Hauptstadt Weliko Tarnowo, wo Kunst und Kultur florierten. In der ersten Hälfte des 13. Jahrhunderts erstreckte sich Bulgarien beinahe über die ganze Balkan-Halbinsel. Darauf folgten 500 Jahre osmanische Herrschaft.

Die Befreiung erfolgte 1878 im Russisch-Osmanischen Krieg. Bereits davor, im 19. Jh., erlebten die Bulgaren die sog. »Wiedergeburtszeit«. Als Grundbaustein für das Erwachen eines bulgarischen Bewusstseins wird das Buch *Slawo-bulgarische Geschichte* gesehen, 1764 von einem bulgarischen Mönch (Païssi von Hilandar) geschrieben, das in pathetischem Ton von der glorreichen Zeit des Ersten und Zweiten Bulgarischen Reichs erzählt. Während der Wiedergeburtszeit wurde ein breites Netz von Revolutionskomitees von Volksheld Vassil Lewski (1837–1873) mit dem Ziel gegründet, einen großen bulgarischen Aufstand zu organisieren und sich von der osmanischen Herrschaft zu befreien (mehr über Lewski bei Grund 37). Im April 1876 war es so weit: Das Volk erhob sich (teilweise), um seine Freiheit zu erlangen. Der April-Aufstand wurde allerdings brutal niedergeschlagen. Mehrere Tausend Bulgaren, darunter auch viele Frauen und Kinder, wurden ermordet. Die Grausamkeit der osmanischen Armee löste Entsetzen und eine breite Empörung in Westeuropa aus, bekannte Persönlichkeiten (unter anderem Viktor Hugo, Oscar Wilde, Giuseppe Garibaldi) riefen zur Unterstützung der christlichen Bevölkerung im Osmanischen Reich auf. Für Russland war das ein günstiger Zeitpunkt, seinen politischen Einfluss auf dem Balkan zu vergrößern, und 1877 erklärte Russland dem Osmanischen Reich den Krieg. Die westlichen Länder nahmen dies stillschweigend hin. Die russische Armee wurde von der Bevölkerung unterstützt (vor allem die Kämpfe beim Schipka-Pass haben sich im Nationalbewusstsein der Bulgaren besonders eingeprägt) und überall in Bulgarien feierlich empfangen. Als sich die russische Armee Istanbul näherte, willigte der osmanische Sultan in den Frieden ein.

Den sogenannten Vertrag von San Stefano kennt jeder Bulgare und trauert ihm hinterher. Denn nach ihm sollten alle Gebiete, in denen die bulgarische Bevölkerung die Mehrheit darstellte, in einem Bulgarischen Reich vereinigt werden, insgesamt ca. 164.000 $km^2$ (Bulgarien heute: 111.000 $km^2$), darunter auch Mazedonien und ein Teil Nordgriechenlands (zwischen dem Rhodopen-Gebirge und dem Ägäischen Meer). Die Freude der Bulgaren dauerte allerdings nicht lange an, da die anderen Großmächte einen steigenden Einfluss Russlands auf dem Balkan verhindern wollten. Nach dem darauffolgenden Berliner Kongress (1878) wurden die Staatsgrenzen auf dem Balkan neu ausgehandelt. Deutschland bot eine vermittelnde Rolle an, hatte selbst aber keine politischen Interessen auf dem Balkan. Eingeladen auf dem Berliner Kongress waren Vertreter Rumäniens, Griechenlands und Serbiens, nicht aber Bulgariens.

Das Ergebnis des Kongresses war für die bulgarische Bevölkerung eine wahre Katastrophe – während die Souveränität Montenegros, Serbiens und Rumäniens vollumfänglich bestätigt wurde, wurde nur ein kleiner Teil Bulgariens für unabhängig erklärt – 64.000 $km^2$ (nördlich vom Balkan-Gebirge und südlich der Donau, inkl. Sofia und dem Rila-Gebirge). Alle Gebiete südlich des Balkan-Gebirges (darunter auch Plowdiw, Pirin- und Rhodopen-Gebirge) blieben eine autonome Provinz innerhalb des Osmanischen Reiches und wurden Ostrumelien genannt. Auch Mazedonien – ein Gebiet, wo laut bulgarischer Statistiken überwiegend Bulgaren lebten – blieb Teil des Osmanischen Reiches.

Nicht nur damals, auch heute noch empfindet fast jeder Bulgare dies als äußerst unfair und fühlt sich als Opfer politischer Kämpfe der europäischen Großmächte, die über sein Schicksal entschieden, ohne dass er einen Einfluss darauf nehmen konnte. Wenige Monate nach dem Berliner Kongress, als Reaktion auf die ungerechte Verteilung brach der bulgarische Aufstand in Mazedonien (Kresna-Razlog-

Aufstand) aus, der schnell von der osmanischen Armee unterdrückt wurde. Im Jahr 1885 kam es zu der Vereinigung zwischen Bulgarien und Ostrumelien, die mazedonischen Gebiete wurden nicht Teil von Bulgarien.

In allen darauffolgenden Kriegen versuchte Bulgarien die Gebiete, die im Vertrag von San Stefano den Bulgaren zugesprochen wurden, zurückzuerlangen. Im Ersten Balkankrieg (1912) kämpften Bulgarien, Griechenland und Serbien gegen das Osmanische Reich, und die junge bulgarische Armee konnte einige Erfolge erlangen. Kurz darauf kam es zu einem Streit zwischen Serbien und Bulgarien über die Gebiete in Mazedonien, sodass Bulgarien im Zweiten Balkankrieg (1913) allein gegen alle Nachbarn - Rumänien, Serbien, Griechenland und Osmanisches Reich - kämpfte. Das Ergebnis wundert niemanden - fast alle Eroberungen aus dem Ersten Balkankrieg mussten zurückgegeben werden, und Mazedonien wurde zwischen Serbien und Griechenland aufgeteilt. Im Ersten und im Zweiten Weltkrieg kämpfte Bulgarien immer an der Seite desjenigen, der den Bulgaren die Gebiete mit bulgarischer Bevölkerung (vor allem Mazedonien) versprach - beide Male war das Deutschland, sodass Bulgarien in beiden Weltkriegen zu den Verlierern gehörte.

Kommunistische und sozialistische Bewegungen gab es in Bulgarien bereits seit dem Ende des 19. Jahrhunderts. In der Zeit des Zweiten Weltkriegs wurden die bulgarischen Partisanen insgeheim von Russland unterstützt, und 1944 besetzte die Rote Armee das Land. Bis 1989 war Bulgarien ein kommunistischer Satellitenstaat der UdSSR. Die 90er-Jahre des politischen Umbruchs waren recht turbulent. Nur langsam erholte sich das Land, und Ordnung und Sicherheit kehrten ein. 2004 wurde Bulgarien in die NATO aufgenommen und 2007 in die Europäische Union.

Heute sind die Bulgaren stolz auf ihre reiche Geschichte und erzählen jedem gerne über die glorreichen alten Zeiten. Vor einem Thema allerdings muss ich warnen: Wenn es um Mazedonien geht, müssen Sie sich auf hitzige Gespräche einstellen. Viele Bulgaren sind der festen Überzeugung, dass Mazedonien ein Teil Bulgariens ist und nur wegen schlechter politischer Entscheidungen heute nicht dazugehört. Ganz anders denkt allerdings der Mazedonier von heute – sofort fängt er an, über Alexander den Großen und das Makedonien-Reich vom 4. Jh. v. Chr. zu sprechen, und will nichts davon hören, er sei ein Bulgare. Der EU-Beitritt Bulgariens erhöhte allerdings die Anzahl der Mazedonier mit bulgarischem Pass. In der Tat gibt es kaum zwei andere Völker, die ähnlicher sind als die Bulgaren und die Mazedonier: Die Sprache ist beinahe die gleiche (Interviews mazedonischer Politiker werden im bulgarischen Radio und Fernsehen nicht übersetzt), Lieder, Trachten und Kultur sind sehr ähnlich. Die heutige Meinung der Mazedonier erklärt sich der Bulgare mit jahrzehntelanger Gehirnwäsche und Propaganda. Noch interessanter wird es allerdings, wenn man sich einige Untersuchungen der Bevölkerung des osmanischen Makedoniens ansieht: Laut bulgarischer Statistik aus dem Jahr 1900 lebten in Mazedonien 1,5 Mio. Bulgaren, 500.000 Türken, 230.000 Griechen und 700 Serben. Die griechische Statistik (1904) zählt 650.000 Griechen, fast genauso viele Türken und nur 330.000 Bulgaren. Laut serbischer Statistik (1889) lebten in Mazedonien 2 Mio. Serben, 230.000 Türken und fast genauso viele Griechen und 57.000 Bulgaren.[3] Trotz aller Statistiken und Streite sind Bulgaren und Mazedonier im Ausland meist beste Freunde und feiern gerne zusammen. Das habe ich auch in Deutschland mehrmals erlebt. Und auch wenn die Geschichte heute noch zu heftigen Diskussionen führt, so behalten die Bulgaren einen kühlen Kopf und legen mehr Wert auf Verständigung und gutes Zusammenleben als auf alte Streitigkeiten.

*9. Grund*

## Weil hier die älteste Stadt Europas liegt

Sie denken, die älteste Stadt in Europa liege in Griechenland oder in Italien? Von wegen! Wenn Sie die Bulgaren fragen, dann liegt die älteste Stadt des europäischen Kontinents in Bulgarien. Das Land hat sogar das unglaubliche Glück, nicht nur mit einem, sondern mit zwei ältesten Städten beschert zu sein: Plowdiw und Sofia (ja, Sie haben recht, das ist widersprüchlich, aber die Geschichte gibt nicht immer eindeutige Antworten).

Im Plattenbauviertel Slatina in der Hauptstadt Sofia (nur wenige Kilometer vom Zentrum entfernt) wurde die älteste Siedlung der Stadt gefunden – errichtet 6.000 Jahre v. Chr. Dort wurden keramische Behälter, Reste von Öfen, Ritualgegenstände und verbrannte Getreide ausgegraben – alle ca. 8.000 Jahre alt. Noch erstaunlicher sind aber die Häuser, die ans Licht kamen. Denn diese sind die größten, die bisher aus dieser Epoche in Europa gefunden wurden – das eine ca. 150 Quadratmeter und ein zweites sogar 300 Quadratmeter groß. Zum Vergleich – andere Häuser aus der Jungsteinzeit haben eine Größe von lediglich ca. 30 Quadratmetern. Um das Jahr 5.500 v. Chr. wurde die Siedlung aufgegeben. Die Forscher vermuten, dass eine Flut und eine Klimaänderung die damaligen Bewohner dazu bewegte, wegzuziehen. Die nächsten Spuren vom menschlichen Leben in Sofia sind aus dem Jahr 2.000 v. Chr. Diesmal ließ man sich in der Umgebung der Thermalquellen nieder, und verständlicherweise verließ man diese Gegend nie wieder. Heute kommen die Sofioter hierher, um ihre Wasserflaschen mit Mineralwasser aufzufüllen, und Brautpaare, um Hochzeitsfotos mit den römischen Thermalbädern im Hintergrund zu schießen. In den 4.000 Jahren zwischen diesen zwei Siedlungsperioden hat man bis jetzt keine menschlichen Spuren entdeckt, und solange das nicht der Fall ist, würde ich den Titel der ältesten Stadt einer anderen Stadt verleihen.

Als älteste immer bewohnte Stadt Europas gilt nämlich Plowdiw. Die ersten menschlichen Spuren fanden die Archäologen auf dem Neben-Tepe – dem hübschen Hügel in der Altstadt, den Sie unbedingt besuchen sollten. Oben angekommen, werden Sie den bulgarischen Vorfahren aus dem Jahr 6.000 v. Chr. zu ihrer Wohnortswahl gratulieren. Die Aussicht ist wunderschön, auch wenn man damals kein buntes Bild von Häusern und Plattenbauvierteln betrachten konnte, sondern vermutlich grüne Wiesen, Wälder und den Fluss Mariza. Dort oben stand ich vor ein paar Jahren an einem Sommerabend kurz vor Sonnenuntergang (diese Tageszeit kann ich übrigens für Ihren Besuch wärmstens empfehlen), als ich beschloss: In dieser Stadt will ich einmal leben. Ein paar Jahre später war ich so weit. Auf der Suche nach dem Bulgarien von heute zog ich für ca. 1,5 Jahre nach Plowdiw, und obwohl ich nicht dachte, das sei für jemanden aus Sofia (die Hauptrivalin Plowdiws) möglich, verliebte ich mich total in die Stadt. Was alles so toll an Plowdiw ist, erzähle ich Ihnen in Kapitel 9 und 11, an dieser Stelle nur meinen Tipp – was auch immer Sie machen, verpassen Sie bei Ihrer Bulgarienreise Plowdiw nicht! Es gibt nicht viele Städte in der Welt, in denen Sie täglich auf uralte Geschichte treffen und die von sich behaupten können, die älteste auf dem Kontinent zu sein.

*10. Grund*

## *Weil es eine kaum bekannte Zivilisation gibt – die Thraker*

Meistens fiel es mir schwer, meinen deutschen Freunden von den Thrakern zu erzählen. In der Regel konnte niemand etwas mit ihnen anfangen. Bei den wenigen, die glaubten, von den Thrakern gehört zu haben, stellte sich später heraus, dass sie sie mit den Dakern verwechselt hatten. So begann ich meine Einführung meist mit Asterix, den französischen Comics, in denen die Thraker immer wieder auftauchen (ein Thraker wird zum Beispiel mit einem Wortspiel aufs Kreuz gelegt, der dann bei Cäsar um Gnade bettelt, an einer anderen Stelle werden Thraker noch weniger ruhmreich auf dem Sklavenmarkt verkauft). Danach spielte ich meinen größten Trumpf aus: Es gibt einen Thraker, den jeder kennt – Spartakus. Als Gladiator wurde Spartakus Anführer eines großen Sklavenaufstands, der zwischen den Jahren 73 und 71 v. Chr. den Bestand des Römischen Reichs infrage stellte. Ca. 2.000 Jahre später brachte er es zu einem der erfolgreichsten Hollywoodfilme. Ein paar Jahrhunderte vor Spartakus lebte ein anderer Thraker, der eine über Tausende von Jahren verbleibende Bekanntheit erreichte: Orpheus, der beste Sänger aller Zeiten.

Über die Thraker weiß man wenig, da diese im Gegensatz zu ihren südlichen Nachbarn – den Griechen – keine Schrift hatten. Für die heutigen Bulgaren, die gerne nach Spuren einer glorreichen Vergangenheit suchen, ein doppeltes Unglück: Erstens kann man über ihr Leben nichts aus erster Hand erfahren, und zweitens muss man sich mit den Schriftstücken der Griechen zufriedengeben, die die Thraker für Barbaren hielten und sich nur sehr selten lobend über das Nachbarvolk äußerten. Somit wird die Suche nach diesem geheimnisvollen Volk, einem der ältesten in Europa, zu einem Puzzlespiel. Über einige Puzzleteile, die ich gefunden habe, möchte ich Ihnen gleich erzählen:

Thrakische Stämme bewohnen das Territorium des heutigen Bulgariens etwa ab dem Jahr 4.000 v. Chr. Nur zur Erinnerung: Die ägyptische Zivilisation begann im 3.000 v. Chr., die griechische um die 2.100 v. Chr. und die römische um die 750 v. Chr.

Homer, der antike griechische Autor der *Ilias* und der *Odyssee*, schrieb im 8. Jh. v. Chr., dass die Thraker am Trojanischen Krieg (der vermutlich im 12. Jh. v. Chr. ausbrach) beteiligt waren.

Herodot, ein anderer griechischer Geschichtsschreiber, diesmal aus dem 5. Jh. v. Chr., schrieb über die Thraker, dass nach dem indischen das thrakische Volk das größte auf der Erde sei. Herodot berichtete weiter über sie: »Wenn die Thraker von einem einzigen Herrscher regiert und vereinigt wurden, sie würden, meiner Meinung nach, unbesiegbar, unbesiegbar und viel stärker als andere Nationen, aber dazu kann es nicht kommen, und es ist unmöglich, dass sie je eins werden.« Bekannt waren die Thraker für ihren Wein, den sie unverdünnt tranken, und für ihre Vorliebe zum Feiern.

Da die Thraker schon so lange auf dem Balkan lebten, haben sie natürlich auch die Kulturen Griechenlands und Roms maßgeblich beeinflusst. Manche behaupten, dass viele griechische Mythen und der Kult der Götter, den sowohl Griechen als auch Römer pflegten, eines thrakischen Ursprungs sind. Der Gott der Freude und des Weins Dionysos war zum Beispiel ursprünglich ein thrakischer Gott. Jahrtausendelang lebten Thraker und Griechen eng nebeneinander, sodass sie kulturell im ständigen Austausch waren.

Ich habe Ihnen erzählt, dass die Thraker kaum Spuren hinterlassen haben. So ganz stimmt das aber zum Glück nicht. Wunderschöne Goldstücke und ein geheimnisvolles Objekt, dessen Zweck den Wissenschaftlern noch unbekannt ist, sind Teile des Schatzes von Valchitran aus dem 16.–13. Jh. v. Chr. Neun kunstvoll verzierte Gefäße aus purem Gold sind Inhalt des Schatzes aus Panagjurischte aus dem 4. Jh. v. Chr., beeindruckend ist auch der Schatz von Rogozen mit 165 silbernen Stücken aus dem 6.–4. Jh. v. Chr. Ich könnte Ihnen noch viele weitere Schatzsammlungen aufzählen, die auf eine reiche Kultur hinweisen, stattdessen empfehle ich Ihnen lieber, die archäologischen und historischen Museen im Land nicht außer Acht zu lassen – Sie verfügen über mehr Schätze, als Sie erwarten würden.

In vielen Regionen Bulgariens werden Sie kleine Hügel mitten im freien Feld sehen. Die wenigsten davon wurden von Archäologen ausgegraben, und ihre Schätze sind jetzt in den Geschichtsmuseen des Landes zu sehen (bevor die Archäologen kamen, sind die meisten Hügel allerdings im Laufe der Jahrhunderte von Schatzsuchern durchsucht worden). In diesen Hügeln verstecken sich die größten Schätze Bulgariens – die thrakischen Grabstätten. Das Grabmal von

Kazanlak aus dem 4. Jh. v. Chr. ist besonders bekannt und von der UNESCO geschützt. Es stammt aus der Blütezeit der thrakischen Kultur. Selbst wenn man das Original nicht betreten kann (die Feuchtigkeit könne es beschädigen), sondern sich mit einem originalgetreuen Kopie-Gebäude nebenan begnügen muss, lohnt der Besuch dennoch. Beim Anblick der 2.400 Jahre alten Fresken werden Sie staunen, wie lebendig und frisch die Farben und Bildszenen heute noch sind.

Von Herodot haben wir bereits erfahren, dass es den Thrakern schwerfiel, sich zu einigen und einem einzigen Herrscher zu folgen. Im 5. – 4. Jh. v. Chr. schaffte es einer dennoch, mehrere thrakische Stämme zu vereinen und das Reich der Odryssen zur größten Regionalmacht auszubauen. Das Reichsgebiet erstreckte sich über das heutige Bulgarien, die Nordwesttürkei und nördliche Teile von Griechenland. Zu dieser Zeit begann weiter westlich auch Rom seine erste Expansion in Mittelitalien.

Die Hauptstadt der Odryssen – Seuthopolis – ist das nächste Puzzlestück der thrakischen Geschichte. Der thrakische Herrscher Sevt III. baute sie im 4. Jh. v. Chr., und sie ist bis heute die einzige entdeckte Hauptstadt der Thraker. Bevor Sie sich jetzt neugierig auf den Weg Richtung Seuthopolis machen, um die Hauptstadt dieses uralten und geheimnisvollen Volkes zu erkunden, muss ich Sie leider aufhalten – Sie brauchen Tauchausrüstung und spezielle Genehmigungen. Denn die Stadt liegt heute unter dem künstlichen See Koprinka (in der Nähe von Kazanlak). 1948 begann der Bau eines Stausees als Großprojekt der kommunistischen Partei. Dabei stieß man auf die Ruinen der thrakischen Stadt. Obwohl die Wichtigkeit der archäologischen Funde erkannt wurde, wurde der Bau fortgesetzt. Die Archäologen hatten ca. sieben Jahre Zeit, alle Ausgrabungen zu beenden und zu dokumentieren, bevor die ehemalige Hauptstadt des thrakischen Volkes der Odryssen unter Wasser verschwand.

Die thrakische Zivilisation wurde von anderen aufgenommen, und ihr Erbe verblasste im Laufe der Jahrhunderte. In Bulgarien sind ihre Nachfahren heute zu finden. Und wenn Sie erleben, wie gerne die Bulgaren auch heute noch feiern und den selbst hergestellten Wein trinken, dann ist es mehr als eindeutig – hier leben die Erben einer verschwundenen Zivilisation.

*11. Grund*

## Weil Sie in Plowdiw immer wieder in ein anderes Jahrhundert eintauchen

Es gibt Menschen, die Vielseitigkeit und Abwechslung besonders schätzen. Mein Eindruck ist, dass solche Leute überwiegend viel reisen. Ich zum Beispiel zähle mich zu dieser Sorte Menschen. In Bulgarien entdeckte ich, dass ich keine langen Wege gehen muss, um immer wieder neue Kulissen zu finden. In vielen bulgarischen Städten reicht mir ein kleiner Spaziergang, und ich bin bereits in einem anderen Jahrhundert. Bestes Beispiel dafür ist Plowdiw. Ich wohne in einem während des Sozialismus gebauten Hochhaus. Aus meinem Fenster blicke ich auf einen anderen Betonblock, der genauso aussieht wie meiner. Aber nur auf den ersten Blick. Die zwei parallelen Plattenbauten sind bei näherem Hinsehen voll eigenen Lebens. Morgens hängt eine alte Dame vom fünften Stock gegenüber ihre Wäsche auf den Balkon, kurz danach zeigt sich ihr Ehemann in weißem Netzhemd und kurzer Hose und gibt ihr Anweisungen. Im sechsten Stock raucht einmal pro Stunde ein junger Mann seine Zigarette. Im dritten Stock läuft immer der Fernseher. Wie spannend das Leben in einem Plattenbauviertel sein kann, verrate ich Ihnen ausführlich bei Grund 105.

Genug den fremden Alltag gespickt, gehe ich aus dem Haus und laufe erst einmal durch eine Unterführung voller kleinen Läden – Schmuck, Bekleidung, zwei Bäckereien, Copyshop, Maisverkäufer, Nussladen, Unterwäsche-Geschäft, Blumen-Verkäuferinnen –, hier fühle ich mich immer wie auf einem türkischen Bazar. Ein paar Schritte weiter laufe ich bereits auf großen Steinen, auf denen vor knapp 2000 Jahren meine römischen Vorfahren gegangen sind, denn das hier war eine der Hauptstraßen in der römischen Stadt Trimontium. Nicht einmal fünf Minuten später stehe ich auf dem großen Zentralplatz vor der Hauptpost. Ziemlich genau dort, wo früher die Römer ihr Forum hatten, bauten die Kommunisten 1975 die Hauptpost (Sie werden das Gebäude sofort erkennen, denn der sozialistische Architekturstil ist unverwechselbar). Auf der anderen Seite erhebt sich das damals moderne Gebäude des Parteihauses – ein heute recht unspektakulärer zwölfstöckiger Glasblock, der Anfang 2019 zur Feier der Europäischen Kulturhauptstadt mit dem Slogan »We are all colors« verziert wurde. Hier beginnt die Fußgängerzone und eine neue Zeitrechnung – ich verlasse den Sozialismus und springe in die 20er-Jahre des letzten Jahrhunderts zurück. In diesem Teil der Fußgängerzone finden Sie architektonische Elemente von Klassizismus, Sezession und Postmodernismus. Nach einem zehnminütigen Spaziergang bin ich wieder bei den Römern, und zwar genau in deren Stadion aus dem 2. Jh. n. Chr.

Hier stehe ich vor der Qual der Wahl – möchte ich in das angesagte Kapana-Viertel gehen und in eine Mischung aus Kunst, Kultur, Kneipen und engen Gassen eintauchen, oder zieht es mich in die Altstadt mit der sog. Wiedergeburts-Architektur aus der osmanischen Zeit? Oder laufe ich doch lieber die Fußgängerzone weiter, bis ich den Mariza-Fluss erreiche und an ihm entlang spazieren gehe? Falls ich mich für die Altstadt entscheide, brauche ich nicht lange, bis ich zum thrakischen Ursprung der Stadt gelange, noch ein paar Jahrtausende weiter zurück in die Weltgeschichte. Auf dem Hügel haben damals die Thraker ihre erste Siedlung gebaut, danach ließ sich Philipp II. (Makedonien) hier nieder, und später kamen die Römer.

Falls Sie sich nach noch mehr Vielseitigkeit sehnen, fahren Sie in das Plattenbau-Viertel Thrakia oder in das Roma-Viertel Stolipinovo. Und wenn Sie eher kein Großstadtmensch sind, bleiben Sie in der Altstadt und besuchen Sie die Hügel der Stadt oder laufen Sie am Mariza-Fluss entlang, am besten parallel zum Rudelkanal. Dort werden Sie das Gefühl haben, mitten in unberührter Natur und weit weg von der Großstadt zu sein. Eins ist sicher – langweilig wird es Ihnen in Plowdiw nicht!

*12. Grund*

## *Weil der älteste Goldschmuck der Welt in Bulgarien liegt. Der älteste Europäer übrigens auch*

Ich habe Ihnen bereits erzählt, dass auf dem Territorium des heutigen Bulgariens uralte Völker lebten. Jetzt kommt aber die größte Überraschung – ausgerechnet in Bulgarien wurde das älteste bearbeitete Gold der Welt entdeckt! Anfang der 70er-Jahre stieß man bei Bauarbeiten in der Industriezone von Warna (ein äußerst unspektakulärer Ort übrigens) auf einen sensationellen Fund – 294 Gräber aus den Jahren 4.400 – 4.200 v. Chr., ca. ein Jahrtausend vor den ersten Hochkulturen in Mesopotamien (Sumer) und in Ägypten (ab 3.100. v. Chr.), der minoischen Kultur auf Kreta (ab 2.600 Jh. v. Chr.), dem Eisenmann Ötzi in Tirol (3.300 – 3.100. v. Chr.), und zwei Jahrtausende vor der Himmelsscheibe von Nebra (2100 bis 1700 v. Chr.).

Die Gräber sind nicht vollständig ausgegraben, aber das, was man bis jetzt gefunden hat, ist beeindruckend genug: über 3.000 Gegenstände aus Gold in 38 verschiedenen Formen, mit einem Gesamtgewicht von über sechs Kilogramm. Diese Menge übersteigt in Anzahl und Gewicht mehrfach das gesamte prähistorische Gold aus dieser Epoche, das bis heute weltweit gefunden wurde. Daneben wurden über 1.100 Schmuckstücke aus Stachelaustern, über 12.200 Schalen aus Dentalium und über 650 keramische Gefäße gefunden.

Mit Zahlen kann ich persönlich meist recht wenig anfangen, aber hier scheint es mir mehr als eindeutig – alles spricht dafür, dass eine hoch entwickelte Kultur bereits im 4. Jahrtausend v. Chr. in der Umgebung des heutigen Warna lebte. Die Wissenschaftler fanden hier außerdem heraus, dass die Gesellschaft schon damals in verschiedenen sozialen Schichten gegliedert war. Die Klassengesellschaft ist also tatsächlich kein Lied von heute. In einem der Gräber fanden die Archäologen zum Beispiel ein goldenes Zepter – Symbol der Macht. Manche der Gräber waren reicher geschmückt als andere, und in zwei Gräbern wurde mehr als die Hälfte des gesamten Goldschmucks entdeckt. In unmittelbarer Nähe der Gräber ist bis jetzt keine Siedlung entdeckt worden, aber im Warna-See, damals wohl fruchtbarer Boden, konnten Häuser identifiziert werden. Ca. 30 % der Gräber sind noch unter der Erde verborgen, es bleibt also abzuwarten, welche Geheimnisse der bulgarische Boden noch verbirgt.

Mich persönlich überrascht es wenig, dass hierzulande der älteste Goldschmuck der Welt gefunden wurde. Und zwar nicht, weil Gold selbst heute noch hierzulande gerne getragen wird, sondern weil man als Kind bereits lernt, dass die menschlichen Spuren in Bulgarien sehr weit in der Vergangenheit zurückliegen. 1,2 – 1,4 Millionen Jahre klingt nach richtig langer Zeit, oder? So alt waren die Essensreste und der Zahn eines Homo erectus (ein Vorfahre des Neandertalers und des Homo sapiens), die man in der Höhle Kozarnika im Nordwesten Bulgariens gefunden hat. Dieser Fund ist besonders wichtig, weil es das älteste Zeugnis für menschliche Präsenz in Europa ist. In seinem Buch *Versunkene Kulturen der Welt bis 13.000 v. Chr. Tibet, die erste echte Kultur* stellt der Autor Dr. Carlos Calvet eine interessante Berechnung an: um von der Kozarnika-Höhle in Bulgarien (vor etwa 1,2 – 1,4 Millionen Jahren) bis nach Bilzingsleben, Thüringen (vor etwa 300.000–350.000 Jahren) zu kommen, brauchte der Homo erectus ca. 850.000 – 1,1 Millionen Jahre. Die Distanz von der Kozarnika-Höhle bis Bilzingsleben lag also bei ca. 1.654 km Verbreitungsgeschwindigkeit, der Homo erectus bewegte sich mit einer Geschwindigkeit von ca. 1,50 – 1,95 km je 1.000 Jahren[4] nach Nordwesten.

Wenn Sie sich selbst ein Bild von den alten Schätzen machen möchten, dann besuchen Sie am besten das Archäologische Museum in Warna für den ältesten Goldschatz der Welt und das Archäologische Museum in Sofia für die Funde aus der Kozarnika-Höhle.

*13. Grund*

## *Weil das bulgarische Meer das spannendste für die Archäologen ist*

Wenn Sie an der Schwarzmeerküste baden gehen, merken Sie schnell, dass das bulgarische Meer weniger salzig als viele andere Meere und Ozeane ist (siehe Grund 63). Das gilt nur für die oberste Schicht von ca. 150 Metern. Taucht man etwas tiefer, gelangt man zu der zweiten, salzhaltigeren und schwereren Schicht, die bis zu 2.200 Meter tief ist. Diese untere Meeresschicht ist besonders spannend, da sie sauerstofffrei ist. Zwischen dem salzarmen Oberflächenwasser und dem dichteren, salzhaltigeren Tiefenwasser findet kein Austausch von Sauerstoff statt. Kein Sauerstoff bedeutet natürlich kein Leben (ein paar hoch spezialisierte Mikroorganismen ausgenommen). Pflanzen, Tiere und Menschen toben sich also in der obersten 150-Meter-Schicht aus, in den tieferen ca. 2.000 Meter Wasser herrscht eine Todeszone. Was sich nach einem Horrorfilm anhört, ist für die Archäologen allerdings ein Segen. Durch den sauerstofffreien Meeresgrund bleibt organisches Material für Tausende von Jahren konserviert.

Ende 2018 machte das Projekt Black Sea Maritime Archaeology weltweit Schlagzeilen, als das älteste intakte Schiffswrack der Welt vor der bulgarischen Küste entdeckt wurde – ein griechisches Schiff aus dem 4. Jh. v. Chr. Das Schiff, das man bis dahin nur von griechischen Töpfervasen kannte, ist so gut erhalten, dass Mast, Ruder und Ruderbänke weitgehend intakt sind[5]. Selbst die Gräten der Fische, die die Seeleute gegessen haben, bevor das Schiff versank, sind gut erkennbar. Die Wissenschaftler untersuchten mehr als 2000 Quadratkilometer des Meeresgrundes vor der bulgarischen Küste und entdeckten mehr als 60 Wracks – auch solche aus römischer und osmanischer Zeit.

Noch spannender wird es, wenn ich Ihnen erzähle, dass manche Geoforscher vermuten, dass hier die biblische Sintflut stattgefunden haben könnte. Dafür spricht, dass bereits Überreste antiker Siedlungen aus der frühen Bronzezeit gefunden wurden, die damals, als der Spiegel des Schwarzen Meeres noch sehr viel niedriger lag, in der Nähe der Küste lagen und verlassen wurden, als das Wasser stieg.

Für die Archäologen unter Ihnen ist das Schwarze Meer sicherlich ein heißer Spot, für uns andere bleibt noch abzuwarten, welche weitere spannenden Entdeckungen gemacht werden. Und dass das Schwarze Meer neben einer reichen Geschichte viele weitere Reize versteckt, erzähle ich Ihnen im Grund 63.

*14. Grund*

## *Weil die Bulgaren »ihre« Juden im Zweiten Weltkrieg retteten*

1943. Bulgarien ist Verbündeter des Deutschen Reichs im Zweiten Weltkrieg. Am 7. März beginnt in Kjustendil, einer Stadt mit damals knapp 20.000 Einwohnern westlich von Sofia, die Verhaftung der ersten bulgarischen Juden, die in polnische Konzentrationslager deportiert werden sollen. In einer kleinen Stadt wie Kjustendil spricht sich alles schnell herum: Innerhalb weniger Stunden erfahren die Stadtbewohner von dem Vorhaben und sind höchst aufgewühlt. Am nächsten Tag beschließen sie, eine Delegation von 40 Personen nach Sofia zu schicken, um sich dort vor der Regierung für ihre Mitbürger einzusetzen. Letztendlich reisen vier Entsandte in die Hauptstadt:

ein Anwalt, ein pensionierter Professor, ein Geschäftsmann und der örtliche Abgeordnete. Diese treffen sich mit Dimitar Peschew, einem Landsmann und – noch wichtiger – damals Vize-Parlamentspräsident. Die Delegation berichtet ihm von den Vorkommnissen in Kjustendil. Erst dann wird bekannt, dass ein paar Wochen zuvor eine Geheimvereinbarung zwischen Deutschland und Bulgarien unterzeichnet wurde, in der sich Bulgarien verpflichtete, 20.000 Juden nach Deutschland zu deportieren; ca. 11.000 davon aus den im Laufe des Krieges neu angegliederten Gebieten Thrakien und Makedonien, die restlichen ca. 9.000 aus »altbulgarischen« Gebieten. In »Altbulgarien« lebten zu dieser Zeit ca. 50.000 Juden. Als die geheime Vereinbarung aufflog, verfasste Peschew über Nacht ein Protestschreiben gegen die Vereinbarung und die Deportation der Juden an den Regierungschef und überzeugte 42 Abgeordnete (ca. 27 % der bulgarischen Parlamentarier damals), es zu unterschreiben. Für sein Verhalten wurde er sofort mit der Absetzung vom Amt des stellvertretenden bulgarischen Parlamentspräsidenten bestraft, doch immerhin gelang es ihm, die geheimen Deportationspläne öffentlich zu machen, was später zu ihrer Vereitelung führte.

In der Nacht vom 9. auf den 10. März 1943 wurden 612 Juden aus Plowdiw von der Polizei aufgesucht und im Hof der jüdischen Schule zusammengetrieben, die zu diesem Anlass in ein Lager umfunktioniert worden war. Von dort sollten sie mit Zügen nach Sofia und dann weiter in die Konzentrationslager in Polen deportiert werden. Die Züge mit Waggons für den Viehtransport warteten bereits am Plowdiwer Bahnhof. Obwohl die Regierung versuchte, die Aktion geheim zu halten, verbreitete sich die Nachricht über das Geschehen auch hier schnell in der Stadt. Am nächsten Morgen sammelten sich Fabrikarbeiter, Anwälte, Geschäftsleute, Ärzte und demonstrierten gegen die geplante Deportierung ihrer jüdischen Nachbarn. Allen voran stand der orthodoxe Bischof der Stadt Kyrill, der auf den Zaun des jüdischen Schulhofs kletterte und eine bewegende Rede hielt. »Wir lassen nicht zu, dass ihr weggetrieben werdet! Ich werde mich selbst auf die Schienen vor die Züge legen, wenn diese Deportation stattfinden soll«, drohte er. Am Mittag bekam die Polizei die Anweisung, dass die Juden befreit werden sollen und nach Hause gehen dürfen. Die Deportation wurde verhindert.

Die jüdische Bevölkerung (ca. 11.000 Menschen) in den neu angegliederten Territorien in Thrakien und Makedonien (die Gebiete, die zwischen 1941 und 1944 zu Bulgarien annektiert wurden) bekam nicht die bulgarische Staatsangehörigkeit und wurde in Konzentrationslager nach Polen geschickt, wo sie fast ausschließlich den Tod fand. Ob und in wieweit sich der bulgarische Staat für die Rettung dieser Juden hätte einsetzen sollen, wird heute noch heftig diskutiert.

Über die Geschichte der Juden in Alt-Bulgarien herrscht aber Einigkeit und Stolz. Es gelang Bulgarien als einzigem Land im Zweiten Weltkrieg, alle jüdischen Mitbürger (ca. 50.000 Personen) aus dem Kerngebiet (das Territorium Bulgariens vor dem Beginn des Zweiten Weltkriegs) zu retten. Nach dem Zweiten Weltkrieg war Bulgarien das einzige europäische Land, in dem die Zahl der Juden nach dem Krieg die Zahl derjenigen vor dem Krieg überstieg. Wie konnten sie gerettet werden?

Einerseits setzte sich der bulgarische König Boris III. für ihre Rettung ein. Bei seinem Deutschlandbesuch Anfang April 1943 erklärte Boris III., mindestens 25.000 arbeitsfähige Juden für wichtige öffentliche Arbeiten wie Straßenbau zurückhalten zu müssen. Als er später vor die Wahl gestellt wurde, alle ca. 50.000 Juden in den Osten zu deportieren oder alle Juden aus Sofia (wo ungefähr die Hälfte der bulgarischen Juden damals lebten) in die bulgarische Provinz umzusiedeln, entschied er sich gegen den Willen der deutschen Regierung für die zweite Option. Im August 1943 lud Hitler Zar Boris III. zu einem Treffen nach Berlin ein. Dort verweigerte der bulgarische König zwei Dinge: die Deportation bulgarischer Juden aus »altbulgarischen« Gebieten und die Kriegserklärung der Sowjetunion (1941 trat Bulgarien dem Dreimächtepakt ein, erklärte zwar Großbritannien und den USA den Krieg, nicht aber der Sowjetunion und beteiligte sich bis auf die Besetzung Thrakiens und Makedoniens nicht militärisch am Zweiten Weltkrieg an der Seite Deutschlands). Zurück in Bulgarien, erlitt Boris III. kurz nach dem Deutschlandbesuch einen plötzlichen Tod.

Andererseits war die bulgarische Kirche an der Rettung der jüdischen Bevölkerung beteiligt. Nicht nur Kyrill von Plowdiw, von dem ich Ihnen bereits erzählte, sondern auch der bulgarische Metropolit und Exarch Stefan I. von Sofia sprach sich öffentlich bei einer Parade am 24. Mai 1943 gegen jegliche Deportationen aus. Gleichzeitig ließ er viele Juden im Christentum untertauchen.

Der Einsatz des Königs und der Kirche allein hätten aber gewiss nicht gereicht. Es ist das bulgarische Volk, das sich entschieden gegen die Deportationen stellte. In einem Bericht des damaligen deutschen Botschafters in Bulgarien, Beckerle, ans Auswärtige Amt, beklagt sich dieser, dass den Bulgaren, aufgewachsen mit Armeniern, Griechen und Zigeunern, das »Judenproblem« einfach nicht verständlich zu machen sei[6].

Das ist, finde ich, der wichtigste Grund, warum ausgerechnet in Bulgarien die jüdischen Mitbürger gerettet werden konnten: Toleranz und Weltlichkeit liegen in der Mentalität der Bulgaren. Gute Nachbarschaft und Fürsorglichkeit füreinander waren jahrhundertelang überlebenswichtig und zeichnen die Bulgaren auch heute noch aus.

## 3. Kapitel

# Bulgarische Mentalität

*15. Grund*

### *Weil man sich für die anderen Zeit nimmt*

Nach der Wende emigrierten viele Bulgaren in die USA oder nach Kanada. Unser Nachbar Gosho (der eigentlich Georgi heißt, darüber mehr bei Grund 83) war einer von ihnen. Als er zum ersten Mal zurück in seine Heimat kam, erzählte er uns von seinen Erlebnissen in Übersee. »Dort sind alle sehr freundlich. Sie begrüßen dich immer mit »Hello« und fragen »How are you?«, »Wie geht es dir?«. Ich habe am Anfang immer gleich erzählt: »Geht so. Ich konnte heute früh die Waschmaschine nicht anschalten, weil der Schalter nicht funktionierte, und ich versuchte das Teil zu reparieren, aber das ging nicht. Dann habe ich einen Freund in Bulgarien angerufen, und er gab mir Tipps, wie ich es machen soll, und ich hoffe, dass ich sie heute noch in Schuss kriege.« Während ich diese Geschichte erzählte, schauten mich die Leute ganz verwirrt an, als hätten sie nicht gerade gefragt, wie es mir geht, und als sei ich verrückt, Ihnen zu antworten. Pesho, ein anderer Bulgare in den USA, hat es mir dann erklärt: »Wenn sie dich fragen, how are you, dann wollen sie nicht wissen, wie es dir geht, sie sagen das einfach so, wie Guten Tag.« Hier in Bulgarien sind wir anders, die Leute sind viel ehrlicher. Wenn man dich nach deinem Wohlbefinden fragt, dann will man es tatsächlich wissen und nimmt sich auch die Zeit, deine Antwort zu hören.«

Gosho hatte recht. Auch mir ist aufgefallen, dass sich die Bulgaren füreinander Zeit nehmen. Jedes Mal, wenn ich tagsüber an einem Werktag meinen Freund Phillip, Partner in einer großen Anwaltskanzlei im Herzen von München, anrufe, geht er entweder nicht ans Telefon oder antwortet in 1-Wort-Sätzen und beendet das Gespräch so schnell wie möglich. Ganz anders ist es, wenn ich zur gleichen Tageszeit Freunde in Bulgarien anrufe. Unabhängig davon, welchen Job und welche Position sie haben, telefonieren sie immer ganz entspannt. Auch ein Treffen in der Mittagspause verläuft in Bulgarien um einiges entspannter, was die Dauer betrifft, als in Deutschland. Nicht, dass man hierzulande kein Auge auf die Uhr wirft, aber die Rückkehr ins Büro nach exakt einer Stunde scheint für niemanden Priorität zu sein.

Einmal spazierte ich durch ein kleines Dorf im Rhodopen-Gebirge, als ich einen älteren Mann traf, der einen großen Ast auf der Schulter trug. Ich fragte ihn nach dem Weg, er fragte mich, woher ich komme, ich fragte nach der Anzahl der Dorfbewohner (ca. zehn), er fragte, was es Neues in Plowdiw gäbe, und so redeten wir sicher eine Viertelstunde, bevor er seinen Weg fortsetzte, die ganze Zeit mit dem Holz auf seiner Schulter. Als mich mein deutscher Freund Patrick in Bulgarien besuchte und allein die zweistündige Zugfahrt von Sofia nach Plowdiw unternahm, erzählte er mir begeistert, dass er eine nette ältere Dame im Zug kennengelernt hatte. Sie redete während der ganzen Fahrt mit ihm, zeigte ihm Fotos von ihrem Haus auf dem Land und von der Enkelin, die in England studiert. Interessant dabei war, dass weder die Dame ein Wort Deutsch konnte, noch mein Freund Patrick Bulgarisch sprach. Wie Sie sehen – eine gemeinsame Sprache ist hierzulande noch lange keine Voraussetzung für ein Gespräch mit dem Sitznachbarn.

Was ich bereits für Geschichten im Zug gehört habe! Eine chic angezogene und wohlhabende ältere Dame erzählte offen in unserem Abteil (wir saßen zu fünft dort, zufällig nur Frauen), dass sie bereits zwei Enkelkinder verloren hatte und jetzt einen siebenjährigen adoptierten Enkelsohn hat, der ein großes Glück ist, so fröhlich, liebevoll und herzlich, dass er die ganze Familie für all ihr Leiden entschädigt. Darauf vertraute uns meine direkte Sitznachbarin an, eine Hippie-Frau mit Tattoos, dass sie als junges Mädchen ihre Mutter verloren hat. Wir alle gaben dann schlaue Ratschläge für schwierige Lebenslagen aus dem eigenen Leben preis.

Ein anderes Mal lernten sich zwei Männer neben mir im Zug kennen – der eine war Offizier und klärte uns alle ausgiebig über die Lage der bulgarischen Armee auf.

Auf Kinderspielplätzen kommt man hierzulande noch schneller ins Gespräch als sonst irgendwo auf der Welt, wie ich von meinen bulgarischen Freunden mit Kindern und Auslandserfahrungen erfuhr. Und nicht nur das – man bekommt Rat für jede Lebenssituation (ob man will oder nicht und unabhängig davon, ob man sich auf Kinderspielplätzen aufhält oder nicht) oder wie meine Freundin Geri es ganz gut zusammenfasste: »Ich fühle mich verpflichtet, meine Erfahrungen mitzuteilen, für das Wohl der anderen. Es ist sehr beruhigend und erleichternd, sich auszutauschen und Tipps zu bekommen – so habe ich vieles Nützliche von Unbekannten gelernt und oft das Gefühl gehabt, nicht allein mit meinen Problemen zu sein.«.

Nehmen Sie sich also bitte Zeit in Bulgarien und haben Sie keine Eile. Ein kurzes Schwätzchen – dafür ist hierzulande immer Zeit, wenn man Bekannte oder selbst Unbekannte auf der Straße trifft. Sich auszutauschen, Neuigkeiten zu erfahren, Ratschläge zu bekommen, dem anderen das Gefühl zu geben, jemand ist tatsächlich an einem interessiert. Das gibt es noch in Bulgarien.

*16. Grund*

## *Weil in Bulgarien »alles Schlechte für etwas gut ist«*

Wie jedes Jahr an Ostern verbrachte meine Familie auch diesmal die Feiertage in unserem Bauernhaus auf dem Land. Dort kümmert sich von Frühjahr bis Herbst meine Oma um den Garten und das Haus, im Winter wird das Haus »winterfest gemacht«, und bis auf Silvester oder Weihnachten bleibt es geschlossen. An diesem Karsamstag gab es aber eine Überraschung. Mitten in der Nacht ging eine Rohrleitung kaputt, und das Bad im ersten Stock stand unter Wasser, was dazu führte, dass ein großes Stück der Wohnzimmerdecke im Erdgeschoss auf den Boden fiel. Bevor Sie sich falsche Vorstellungen vom bulgarischen Hausbau machen, muss ich Ihnen erklären, dass unser Haus vor ca. 100 Jahren mit den damaligen Baumaterialien: Stein, Lehm und Holz gebaut wurde, was sich (wie man in dieser Nacht eindeutig feststellen konnte) mit einer kaputten Wasserleitung schlecht verträgt. Ich hatte das Glück, erst am nächsten Nachmittag im Dorf anzukommen, als die mehrstündige nächtliche Putz- und Aufräumaktion bereits beendet war und meine Eltern erschöpft im blitzsauberen Wohnzimmer saßen und das Osterlammfleisch für den nächsten Tag vorbereiteten. Anstatt sich zu beschweren, erklärten sie mir, dass alles Schlechte für etwas gut sei. »Gott sei Dank ist das ausgerechnet an Ostern passiert, jetzt, wenn wir alle hier sind und etwas machen können. An jedem anderen Tag, wenn deine Oma allein im Haus ist, hätten wir sofort unsere Arbeit in Sofia unterbrechen und erst mal zwei Stunden hierher fahren müssen. Gut, dass alles so passiert ist!«, meinten meine Eltern.

Ich liebe diesen Satz »Alles Schlechte ist für etwas gut«! Er ist in Bulgarien absolut gegenwärtig und wird ständig gebraucht. Er sorgt für Entspannung und Gelassenheit und hilft einem, alle schwierigen Situationen zu überstehen und Hoffnung zu schöpfen.

Als ich nach einem über fünf Jahre dauernden Jura-Studium in Deutschland die Ergebnisse meines Ersten Staatsexamens erhielt und erfuhr, dass ich durchgefallen war, sah das erst mal nach einer großen Katastrophe aus. In Bayern durfte man damals die achttägigen schriftlichen juristischen Prüfungen nur einmal am Stück wiederholen, und die Gefahr war ganz real, dass ich nach mehreren Jahren Studiums der Rechtswissenschaften in Deutschland ohne jegliches Diplom nach Bulgarien zurückkehren musste. Der beste bulgarische Satz »Alles Schlechte ist für etwas gut« half mir dabei, mich noch ein Jahr lang den juristischen Büchern mit solchem Elan und Ehrgeiz zu widmen, dass ich beim zweiten Versuch die Prüfung nicht nur bestand, sondern eine so gute Note bekam, dass ich später sogar promovieren konnte. Viel wichtiger als der darauffolgende Doktortitel war aber meine Erkenntnis, dass man immer aufstehen und weitermachen kann.

In Bulgarien bestätigt das Leben immer wieder, dass alles Schlechte für etwas gut ist. Egal, was einem passiert, man kann immer das Unglück in die Hand nehmen und das Beste daraus machen. »Das Böse warnt dich und schickt dir ein Zeichen, dass du etwas änderst und größere Schäden abwenden kannst; wenn dir ein Unglück passiert, dann ist es eine Vorwarnung, dass du etwas ändern sollst«, erklärte mir eine Nachbarin diesbezüglich. Wenn Sie mich fragen, ist dieser Spruch in seiner Wirkung nicht geografisch eingeschränkt und somit auch in Deutschland gültig. Was die Bulgaren schon lange sagen, sollte man sich auch in Deutschland öfters ans Herz legen, finde ich, denn das Positive in jeder schwierigen Situation zu sehen, hilft jedem.

*17. Grund*

## *Weil man in Bulgarien schnell verstritten ist – und noch schneller wieder versöhnt*

Letztens fand ich mich zufällig auf der Jahresversammlung eines bulgarischen Alpenvereins. Anwesend waren ca. 30 bis 40 Personen, das Durchschnittsalter lag bei 60 Jahren, und es ging überraschend hitzig zu. Zunächst wurden aber langweilige Jahresberichte vorgelesen, danach abgestimmt, und dann folgte eine Diskussion, bei der immer mehr Leute immer lauter wurden. Es wurde heftig gestikuliert (sodass ein ungünstig sitzender Zuhörer versehentlich ein Faust ins Gesicht bekam), bis alles innerhalb weniger Minuten dermaßen eskalierte, dass der Vorsitzende aufstand, auf den Tisch haute und seinen Gegner anbrüllte: »Weißt du, wer ich bin?« Dass die Bulgaren etwas leidenschaftlicher als die Deutschen streiten, wusste ich bereits, aber dass Herrschaften im hohen Alter so schnell so aus der Haut fahren, überraschte mich tatsächlich. Mit Anfang 20 war ich mit meiner besten schwedischen Freundin Maria zusammen Betreiberin einer Studentendisco in der Studentenstadt in München. In dieser Position wohnte ich etlichen studentischen Versammlungen und Treffen mit dem Studentenwerk bei. Die Themen waren oft schwierig, die Meinungen sehr gegensätzlich, und dennoch kann ich mich nicht daran erinnern, dass es jemals so zur Sache ging wie an diesem einen Abend in Bulgarien. Was mich aber bei der bulgarischen Versammlung noch mehr überraschte: So schnell, wie sich alle Gemüter erhitzt hatten, so schnell beruhigten sie sich auch wieder, und im Raum waren sogar einige Entschuldigungen zu hören. Ich saß wie vor einem spannenden Actionfilm in der dritten Reihe und erlebte innerhalb kürzester Zeit einen Regenbogen der Emotionen. Als sich die Lage zwei Minuten später wieder entspannte, gingen wir zum nächsten Tagesordnungspunkt über, als sei nichts passiert.

Vor einigen Jahren erlebte ich eine andere Situation, bei der mir zum erstem Mal deutlich bewusst wurde, wie anders die Bulgaren manchmal ticken. Ich reiste mit Freunden durch das Land. Unser Motto war Naturnähe und niedrige Reisekosten, sodass wir immer wieder zelteten. Als wir die Gottesaugenhöhle erreichten, beschlossen wir, dort zu übernachten. Aus früheren Jahren wusste ich, dass es direkt am Eingang der Höhle einen besonders geraden und zum Zelten bestens geeigneten Platz gibt. Schnell baute ich in der Dunkelheit mein Zelt dort auf. Anstatt von zwitschernden Vögeln wurde ich am nächsten Morgen allerdings von dem Geschrei einer wütenden Frau aufgeweckt, die laut ihr Auto direkt neben mir parkte und mir brüllend erklärte, sie habe genau an dieser Stelle normalerweise ihren Verkaufsstand und was ich mir einbilde, hier zu campen. Früher übernachteten hier die Kletterer, die die Gottesaugenhöhle schon lange für sich entdeckt haben. In den letzten Jahren hatte sich wohl einiges geändert, und das freie Zelten vor der Höhle machte der privaten Wirtschaft Platz, was mir allerdings wegen meiner längeren Anwesenheit in Deutschland entgangen war. So kam es, dass an diesem schönen Sommermorgen die unbekannte Frau und ich erst einmal laut und voller Leidenschaft stritten, jede von uns ihrem Ärger und ihrer Unzufriedenheit freien Lauf lassend. Kurz nach dem Geschrei kam der Frieden, und wir gingen zu den einvernehmlichen Erklärungen über, dass die Gesamtsituation nicht optimal sei und die »anderen« zu wenig für den Erhalt der Natur und für eine gesunde touristische Entwicklung der Region machen. Die Diskussion (mittlerweile konnte man unseren Dialog so bezeichnen) wurde von etwas beschämten gegenseitigen Entschuldigungen abgerundet. Am Ende waren wir fast so etwas wie Freundinnen. Die Frau bot mir zur Versöhnung ein kleines Souvenir aus ihrem Verkaufsstand zum Sonderpreis an, ich bedankte mich bei ihr mit einer Packung deutscher Kekse. In einer halben Stunde erlebte ich wieder einmal eine ganze Gefühlspalette, und etwas erschöpft, aber glücklich über das friedliche Ende war ich um eine Erkenntnis reicher.

Seitdem weiß ich einfach: Es geht sehr schnell sehr turbulent in Bulgarien zu. Kaum haben Sie festgestellt, was passiert, schon stecken Sie mittendrin in einem Gefühlsausbruch, aus dem Sie sicher innerhalb kürzester Zeit wieder herausgerissen werden, weil sich die Geister schnell beruhigt haben. Beste Orte für solche Situationen sind meiner Erfahrung nach Wartebereiche von Mobilnetzanbietern und öffentliche Behörden. In Deutschland wird man seltener Zeuge solcher leidenschaftlichen Gefühlsausbrüche im Alltag. Falls Sie also in Bulgarien damit konfrontiert werden – machen Sie es wie die Bulgaren: Schauen Sie zu und bleiben Sie entspannt; in kürzester Zeit wird alles wieder gut und vielleicht sogar mit einem versöhnenden Klopfen auf die Schulter enden. Oder werden Sie selbst laut und gestikulieren Sie möglichst großzügig und übertrieben (die zweite Option empfehle ich Ihnen allerdings nur, wenn Ihr Gegenüber nicht zu aggressiv aussieht, man weiß ja nie).

Noch etwas Wichtiges an dieser Stelle: Wenn Sie der bulgarischen Sprache nicht mächtig sind, dann könnten die Umgangsformen der Bulgaren zu falschen Interpretationen führen. Ich spreche aus eigener Erfahrung: Als mein deutscher Ex-Freund Christian einmal meiner Großmutter beim Reden zuhörte, fragte er mich besorgt, warum sie sauer sei. Dabei erzählte mir die alte Frau gerade eine lustige Geschichte aus ihrer Kindheit. Erstaunt versuchte ich, Omas Geschichte mit den Augen eines Ausländers zu sehen und ausschließlich auf ihre Körpersprache zu achten. Diese, in Kombination mit dem für einen Deutschen verkehrten Kopfnicken und -schütteln (siehe zu den Kopfbewegungen Grund 41) ließ mich tatsächlich erahnen, warum Christian diesen völlig falschen Eindruck bekam.

Wenn Ihnen in Bulgarien also etwas bedrohlich vorkommt, dann kann es sein, dass die oft skeptische Haltung der Bulgaren (siehe dazu Grund 19), ihre teilweise unterschiedliche Körpersprache und die falsche Deutung eher schuld an diesem Eindruck sind. Lächeln Sie freundlich zurück – auch in Bulgarien können Sie damit nichts falsch machen.

*18. Grund*

## *Weil man beim Kennenlernen nach dem Sternzeichen gefragt wird*

Manchmal werden Sie in Bulgarien auf merkwürdige Verhaltensweisen stoßen. Zum Beispiel können Sie beobachten, dass jemand sein T-Shirt vorne am Hals wegzieht und so tut, als würde er in seine Brust spucken. Oder dass jemand auf seinen Kopf klopft. Oder sich grundlos im Kreis dreht. Es klingt verrückt, aber wie so oft im Leben steckt meistens eine andere Erklärung dahinter, als dass die Bulgaren verrückt seien. Der Grund ist der allgegenwärtige Aberglauben der Bulgaren. Man spuckt symbolisch in seine Brust, wenn man sich vor etwas schützen möchte oder Angst hat. »Erspare uns Gott, dass wir krank werden!«, sagt die Bulgarin, und damit nicht nur Gott, sondern auch alle andere böse Geister zuhören, macht sie gleich die entsprechende Körperbewegung. Aufs Holz klopft man für Glück auch in Deutschland, hierzulande darf man aber auch auf seinen Kopf klopfen, wenn kein Holz in der Nähe ist. Meine bulgarische Freundin Violeta verriet mir vor Kurzem, dass sie sich gegen den Uhrzeigersinn dreimal um die eigene Achse dreht, wenn ihr eine schwarze Katze über den Weg läuft. Da sie das mit ihren 31 Jahren selbst als lächerlich empfindet, versucht sie es immer möglichst unauffällig zu machen. »Ich tue dann so, als hätte ich einen Bekannten hinten gesehen, bleibe nach der 90-Grad-Drehung kurz stehen und mache den Rest schnell zu Ende. Das zweite Mal Sich-unauffällig-Drehen ist immer etwas anspruchsvoller, dann schaue ich nach oben, als hätte ich oben an den Hausfenstern etwas gesehen. Das dritte Mal drehe ich mich sehr langsam herum. Es ist eine Qual, aber ich kann es nicht lassen, und obwohl es mir ganz peinlich ist, drehe ich mich auch heute noch dreimal, wenn eine schwarze Katze vor mir die Straße überquert«, erklärte sie mir. Und ich kann sie vollkommen verstehen, denn mich lässt das Vorbeilaufen der schwarzen Katze auch nicht unbeeindruckt. Ich habe als Kind ein anderes Rezept gegen die bösen Geister gelernt: Ich bewege meinen Kopf nach hinten und tue auch heute noch so, als würde ich hinter meinen Rücken auf den Boden spucken, sollte mir eine schwarze Katze über den Weg laufen. Natürlich glaube ich nicht daran, ich bin doch nicht abergläubisch, aber irgendwie vollführt mein Körper wie von allein die Zauberbewegungen. Bis jetzt scheint es auf jeden Fall zu funktionieren, denn große Katastrophen wurden mir zum Glück erspart.

1994 gewann die bulgarische Fußballmannschaft im Viertelfinale der Fußballweltmeisterschaft in den USA gegen Deutschland und qualifizierte sich dadurch zum ersten Mal in der bulgarischen Fußballgeschichte für ein Halbfinale einer Weltmeisterschaft. Ich erinnere mich, wie alle Bulgaren auf die Straße gingen und die ganze Nacht durchfeierten. Das war damals auch dringend nötig, da das Land in den 90ern schwer mit bankrotten Banken, extrem hoher Inflation, Arbeits- und Polizeilosigkeit zu kämpfen hatte. Die Spiele gegen Argentinien, Mexiko und Deutschland waren kleine und dann immer größer werdende Funken der Freude, ein Stückchen Aufatmen und Glück in einer schwierigen Zeit. Lang und breit wurde der Erfolg der bulgarischen Fußballmannschaft diskutiert und man fand die verschiedensten Erklärungen: Die Siege seien Unterwäsche mit bestimmter Farbe, dem erstem Fußtritt eines Spielers auf dem Spielplatz mit einem bestimmten Bein, der Anwesenheit der Ehefrauen etc. zu verdanken.

Wenn große Reisen oder wichtige Prüfungen anstehen, gießen die Bulgaren ein Kännchen Wasser vor die Haustür – man läuft über die Wasserpfütze, sodass die Reise/Prüfung »wie auf Wasser fließt«. Einen ähnlichen Brauch werden Sie beobachten, wenn Sie zu Gast auf einer bulgarischen Hochzeit sind: Eine Schüssel mit Wasser und zwei Rosenblüten (eine weiße und eine rote) wird auf den Boden gestellt und von der Braut getreten. Wenn das Wasser herausfließt, beobachtet man, welche Blume weiter entfernt mitgeflossen ist. So bestimmt man das Geschlecht des ersten Kindes des frisch vermählten Brautpaars. Wenn es um Reisen geht, verabschiedet uns meine Oma auch heute noch immer mit dem Spruch, den sie von ihrer Oma kennt: »Hundert Stunden, gute Stunden, diese Stunde – die beste Stunde, Gott vor euch, ihr hinter ihm.«

Nachdem Sie jetzt so viel über die abergläubischen Rituale der Bulgaren erfahren haben, ist es noch wichtig, die Bedeutung der Astrologie auf bulgarischem Boden zu kennen. Wundern Sie sich bitte nicht, wenn Sie in Bulgarien bald, nachdem Sie Ihren Namen gesagt haben, Auskunft über ihr Sternzeichen geben sollen. Falls Sie zu den Leuten gehören, die Ihr Sternzeichen nicht kennen, wird man Ihnen als Ausländer das verzeihen, Sie nach Ihrem Geburtsdatum fragen und es schnell für Sie ausrechnen. So folgte jedes Mal, wenn ich meinen bulgarischen Freundinnen von einem neuen Freund erzählte, sofort die Frage nach seinem Sternzeichen. Weitere Geschichten über sein Verhalten wurden mit Kommentaren wie »ja, typisch Löwe« notiert, als würde das Sternzeichen seinen Charakter vollkommen erklären. Tipps für die Zukunft einer frischen Beziehung konnten am besten im Einklang mit den Sternen gefunden werden. Aber nicht nur privat beschäftigt man sich mit den Sternzeichen. Auch im Radio hört man mindestens einmal pro Tag das Horoskop des Tages. Bis auf zwei, drei Wirtschaftszeitungen erlaubt sich keine bulgarische Zeitung, ein Tages- oder Wochenhoroskop zu missen. Wie weit das gehen kann, erfuhr ich einmal von einer Bekannten, die mir erzählte, dass sich ihre Chefin vor jeder großen Geschäftsentscheidung erst mal mit einem Horoskop-Schreiber beratschlagt. Die Bekannte fügte allerdings noch hinzu, die Chefin sei für den Job vollkommen unqualifiziert und habe die Position nur als Ehefrau des Inhabers, eines Mafiosos, bekommen.

Wer weiß, vielleicht erlangen Sie eine Erleuchtung über das eigene Leben oder Ihren Charakter, wenn Sie in Bulgarien ein Gespräch über Ihr Sternzeichen führen. So wie es mir eines Tages geschah. Eine große Erkenntnis war das zwar nicht, aber immerhin erfuhr ich, wie mein Charakter sei. Es war Spätherbst, und ich machte einen Ausflug zu einem kleinen Städtchen am Fuße des Rhodopen-Gebirges in der Nähe von Plowdiw. Ich traf eine Oma, die vor ihrem Haus saß, nichts Ungewöhnliches in Bulgarien. Das Haus war auf einem Hügel am Ende des Dorfes, und von dort konnte man die ganze Gegend bewundern – das Thrakental und weiter weg sogar das Balkan-Gebirge. »Dobar den«, begrüßte ich die alte Dame, die mich erst etwas skeptisch begutachtete. Die zwei Wörter erwiesen sich aber als Eisbrecher. »Guten Tag«, antwortete sie, und ein paar Sekunden später schien ihr Misstrauen der Neugier Platz zu machen. »Woher kommen Sie, so allein?«, fragte die Frau. »Ich war da oben, ich habe mir das Denkmal auf dem Hügel angeschaut.« – »Ah, ne, ein Mädchen, so allein, so dürfen Sie nicht herumspazieren.« Ich musste sofort an eine andere Oma denken. Ich war mit dem Rucksack in Kolumbien unterwegs und landete in einem sehr untouristischen Städtchen. Als ich in der schönen Altstadt eine Oma fragte, ob die Straße noch weiter nach oben führe, meinte die kolumbianische Großmutter, ich sollte nicht allein dorthin.

Die bulgarische Oma allerdings fragte sogleich, welches Sternzeichen ich hätte. »Widder?« Ah, jetzt verstehe sie alles, kein Wunder also, dass ich so mutig sei und allein auf dem Hügel hüpfe. Baba Pena, sie wohnt da unten im Tal, sie sei auch Widder, und sie gehe jeden Tag ganz allein mit ihrem Hund oben spazieren, um 6 Uhr in der Früh. »Und sie hat keine Angst.« – »Aber soll ich Angst haben, ist es gefährlich?«, fragte ich. »Ja, es gibt schlechte Menschen, man soll nicht allein herumlaufen.« – »Wirklich, denken Sie, dass mir etwas passieren könnte? Sind die Leute hier böse?«, frage ich weiter. »Ee, ne, die sind keine bösen Menschen, niemand würde dir etwas antun«, meinte sie nach kurzem Überlegen. »Die Sternzeichen, ich glaube sehr daran. Weißt du, ich habe so meine ganze Familie besser kennengelernt. Ich habe ein Buch gelesen, über die Sternzeichen, und da steht alles! Du sollst einen Mann heiraten, der zwischen dem 7. und dem 20. Januar geboren ist«, meinte die Oma weiter. Und dann hat sie angefangen, über ihr Leben zu erzählen. »Die Menschen hier sind ganz dumm, weißt du, die sind dumm. Auch früher, du gehst in die Schule, kommst zurück und arbeitest hier auf dem Feld, weil du nichts im Kopf hast. Na, schau mich an – 20 Jahre habe ich da unten, siehst du die Felder rechts neben dem Wald, da habe ich gearbeitet. 20 Jahre von morgens bis abends, ich habe meine Kinder nicht gesehen, keine Zeit, sie zu küssen, zu umarmen. Nur Arbeit.« – »Was ist damals auf den Feldern gewachsen?« – »Äpfel, viele Äpfel, Melonen, Honigmelonen … Aber weißt du, es war sehr schön. Ich habe es geliebt, da in dem Garten zu sein. Schön war es. Dann bin ich aber krank geworden und konnte nicht mehr dort arbeiten. Ich habe mich selbst geheilt, aber das ist ein anderes Thema.« – »Und dann, was passierte danach?« – »Dann ging ich zur Fabrik – zum Vinprom (Vinprom war im Sozialismus die staatliche Firma für Weinherstellung), es gab hier bei uns auch eine Fabrik von Vinprom, am Ende der Stadt, man sieht es von hier nicht, aber die gibt es auch nicht mehr. Aber da hat es mir überhaupt nicht gefallen, ich habe am ersten Tag gekündigt. Dort sind überall Flaschen kaputtgegangen und die kleinen Glasscheiben durch die Luft geflogen, und die Menschen – ich habe sie selbst gesehen, hier hat einer eine Wunde im Gesicht, dort einer eine im Arm. Ne, ne, das wollte ich nicht, ich habe der Frau im Sekretariat gleich am ersten Tag gesagt, dass ich da nicht mehr hingehe. Dann bin ich oben in eine Waldwirtschaft gegangen, in den Bergen. Das war eine Waldwirtschaft für wilde Norkas. Für die Russen. Da hat es mir gut gefallen. Und dann kam die Demokratie, und sie haben zugemacht. Ich habe dann in einer Fabrik für Kabel gearbeitet. Wir waren immer arm und hatten nicht viel, aber ich habe mich auch nicht mit den anderen verglichen. Hier bei uns quatscht jeder über die anderen. Wer hat was gemacht, wer hat wie viel und warum habe ich nicht so viel. Ich höre da nicht zu, und mich interessiert das nicht. Aber Gott sagt, man muss Geduld haben. Jetzt, erst jetzt haben wir auch etwas. Glaub mir mein Wort – Gott belohnt die Geduldigen. Weißt du, ich glaube sehr an Gott. Es ist so – du denkst, dass du selbst entscheidest. Ach was, er hat schon längst alles für dich geordnet. Wir sitzen hier und lachen, und er schaut immer zu, auch jetzt schaut er zu. Ich hatte eine schlimme Krankheit. Vor 30 Jahren. Die Ärzte haben gesagt, ich werde bald sterben. Aber ich habe angefangen, die Kräuter zu lernen. Ich habe mir Volksbücher gekauft, da steht alles drin, und ich habe gelesen und probiert, und ich habe mich geheilt. Wenn du z. B. dein Blut reinigen willst, sollst du alle 28 Tage einen Tag nichts essen, sondern nur Saft trinken – drei Liter Saft trinken, Apfelsaft, Traubensaft, was du da für einen Saft hast und einen Löffel von den Kräutern.«

Hier habe ich leider nicht aufgepasst und mir die Namen der Kräuter nicht gemerkt. Die Oma schien das gemerkt zu haben und sagte gleich: »Ich kenne viele Kräuter, und ich kann dir helfen. Wenn du mal was brauchst, dann kommst du mich besuchen, ich bin Oma Gena, im letzten Haus hier im Dorf. Wir sind drei Schwägerinnen – unsere Männer sind drei Brüder, die drei Frauen geheiratet haben, ich bin die zweite, in diesem Haus hinter mir. 1942 bin ich geboren. Nach dem Krieg. Ah, ne, während des Krieges, ja, du hast recht. Komm immer, wenn du willst, ich kann dir noch mehr erzählen, du bist immer willkommen! Und nimm Gott immer mit dir, Mädchen, der wird dir helfen. Mir zum Beispiel, wenn ich versuche, einen Faden durch den Nadelkopf zu führen, und es geht nicht und es geht nicht, dann habe ich Gott im Kopf, und dann klappt es. So sollst du auch machen – wenn du etwas willst, oder Hilfe brauchst – ruf Gott und er wird dir helfen. Gott mit dir, mein Kind, und folge deinem Herzen, Gott sagt dir, was richtig ist, durch das Herz.«

*19. Grund*

## *Weil die Bulgaren erst einmal böse schauen, dann aber schnell Freundschaften schließen*

Wie ich Ihnen bereits erzählte, wollte ich oft wissen, was die Deutschen über die Bulgaren denken. Die Antworten der in Deutschland lebenden Deutschen waren meistens nicht besonders spannend. Bulgarien war für viele ein weißer Fleck auf der Karte, und kaum jemand konnte etwas über die Bewohner dieses Landes sagen. Recht interessant dagegen fand ich die Äußerungen der Deutschen, die in Bulgarien leben. So stieß ich zum Beispiel auf die folgende überraschende Aussage: »Die Bulgaren schauen uns Ausländer böse an, misstrauisch.« Eine Äußerung, die ganz und gar nicht zu der Meinung aller Bulgaren passt, sie seien nicht nur ein ausgesprochen gastfreundliches Volk, sondern die Gastfreundlichkeit sei eine ihrer größten Tugenden. »Wirklich?«, konnte ich nur leise mit zitternder Stimme fragen. »Ja, sie sind erst mal sehr skeptisch und schauen einen nicht freundlich an. Am Anfang dachte ich, sie seien böse. Später begriff ich, dass sie einen prüfen und deshalb so misstrauisch sind oder dass sie einfach schüchtern sind«, erklärte mir Sven, ein Deutscher, der seit einigen Jahren in der Deutsch-Bulgarischen Auslandshandelskammer in Sofia arbeitete.

Sofort dachte ich an meine eigenen Erfahrungen mit deutschen Freunden in Bulgarien. Als ich mit meinem deutschen Ex-Freund in der Fußgängerzone von Sliven spazieren ging, trafen uns meist Blicke, die vielleicht nicht unbedingt als böse, aber auch nicht als freundlich bezeichnet werden können. Genauso, als ich mit meiner deutschen Freundin Natalie durch die kleinen Dörfer in Rila- und Rhodopen-Gebirge fuhr. Ich suchte nach einer Erklärung dieses Phänomens. Eins wusste ich sofort: Bulgarien ist ein Land, das vergleichsweise wenig von Touristen besucht wird. Der Fremde ist hierzulande eine Seltenheit und weckt nach wie vor Verwunderung und sogar Skepsis. Da denken sich die Bulgaren oft: »Was macht der Deutsche ausgerechnet hier, wenn er auch nach … (an dieser Stelle kommt das jeweilige Traumziel des jeweiligen Bulgaren) reisen kann?« Da kann man nur misstrauisch schauen und Böses erwarten. Wenn man in die Geschichte zurückblickt – die Erfahrungen mit Fremden, die die Bulgaren unter osmanischer Herrschaft jahrhundertelang machten, waren oft nicht positiv. Buchstäblich flohen sie damals vor ausländischen Wanderern oder Fremden, weil sie dachten, ihr Dorf werde wieder geplündert oder man komme, um die überhöhten Steuern[7] einzutreiben.

Die Ausländer in Bulgarien rufen teilweise auch heute noch Angst hervor – allerdings nicht vor dem Fremden, sondern davor, dass die Bulgaren sich als nicht des Englischen/Deutschen mächtig entpuppen und weder helfen noch mit Ihnen kommunizieren können. Was dazu führen könnte, dass man einen schlechten Eindruck von Bulgarien und den Bulgaren hinterlassen könnte. Eine große Tragödie hierzulande, denn in Bulgarien gilt der Spruch »Wir dürfen uns vor den Ausländern nicht blamieren«. Das möchte ich Ihnen jetzt etwas näher erläutern: Am liebsten würden die Bulgaren den Besuchern die schönsten Seiten ihres Landes zeigen; die Gäste zu sich nach Hause einladen, ein richtiges bulgarisches Essen vorbereiten und darauf bestehen, dass der Gast den selbst gebrannten Rakija oder Wein probiert. Leider kommt oft bei Besuchern aus dem Ausland die sprachliche Barriere dazwischen. Vor allem auf dem Land sprechen die wenigsten Bulgaren englisch oder deutsch. Bevor man sich als Dummkopf, der keine Fremdsprachen beherrscht, offenbart und sich vor dem Ausländer blamiert, blickt man schüchtern weg und geht weiter. Merken die Bulgaren allerdings, dass der Unbekannte Unterstützung oder sogar Hilfe braucht, dann kann man sich vor ihrer Hilfsbereitschaft und Gastfreundschaft kaum retten. Natürlich gibt es Ausnahmen, aber im Großen und Ganzen sind die Bulgaren sehr darum bemüht, den Ausländern einen schönen Eindruck von ihrem Land zu vermitteln. Die Deutschen, die mir von den »bösen Blicken« der Bulgaren berichteten, erzählten weiter: »Es stellte sich heraus, dass dieses anfängliche Misstrauen sehr schnell schmilzt und die Bulgaren sehr herzlich und offen sind. Die bulgarischen Männer erinnern mich oft an einen Bären – nach außen groß und böse, innen weich und sanft«, fuhr Sven mit einem Lächeln fort. Langsam näherten sich unsere Ansichten über die Bulgaren an.

Ich glaube nämlich, dass Sie in Bulgarien viel schneller Freundschaften schließen und einen Freundeskreis aufbauen können, als dies in Deutschland der Fall ist. Nach meiner Rückkehr nach Plowdiw dauerte es einige Wochen, und schon gab es mehrere Leute, die ich abends zum Biertrinken treffen und mit denen ich meine Sorgen teilen konnte. Sven stimmte mir zu – während der Zeit in Bulgaren hatte er nie Schwierigkeiten, Freunde zu finden, und empfand die Bulgaren nach dem ersten distanzierten Verhalten als äußerst freundlich und offen. »Hier wird man sofort überall mitgenommen und eingeladen«, sagte er, »als Ausländer hat man sogar den Extra-Bonus des Exoten, über den alle alles wissen wollen und mit dessen Hilfe man die eigenen Sprachkenntnisse verbessern möchte.«

*20. Grund*

## Weil die Bulgaren gerne lachen

Bereits in den ersten Wochen meiner Rückkehr nach Bulgarien stellte ich fest, dass die Leute hier oft und gerne Witze erzählen. Sie lieben es, Spaß zu haben und zu lachen. Während ich mich kaum daran erinnern kann, dass mir jemand jemals einen Witz in Deutschland erzählt hat, hörte ich in Bulgarien in kürzester Zeit mehr als ein Dutzend davon (die meisten übrigens recht pikant). Zum Beispiel:

Ein Bulgare wanderte auf der Suche nach Arbeit in die USA aus. Eines Tages hatte er großen Hunger, aber nur einen Dollar in der Tasche. Während er sich fragte, was er für so wenig Geld zum Mittagessen finden kann, sah er am Straßenrand einen Stand mit der Überschrift »Hotdog«. Der Bulgare, dessen Englisch nicht besonders gut war, dachte sich: »«Hot« bedeutet »heiß« und »Dog« ist »Hund«, also hier verkauft man gegrillte Hunde. Hm, auf so was habe ich überhaupt keine Lust, ich bin doch kein Hundefresser, aber mit meinem schlappen Dollar finde ich sicherlich nichts Besseres. Was soll es, ich kaufe mir einen Hotdog.« Gesagt, getan. Er bekam ein Brötchen, öffnete es, sah die Wurst drin und begann zu schimpfen: »Was bin ich für einen Pechvogel! Von dem ganzen Hund bekomme ich ausgerechnet den Schwanz!«

Und noch ein Witz: Im Bansko-Skigebiet fanden Vorstellungsgespräche für neue Skilehrer statt. Wichtige Voraussetzung war, dass sie englisch sprechen. Der Prüfer fragte Iwan: »Was sagst du deinem Schüler auf Englisch, wenn er zu dir kommen soll?« – »Come here«, antwortete Iwan. »Sehr gut! Was sagst du ihm, wenn er dahin gehen soll?« – »Ah, er geht nirgendwohin, ich gehe dahin und sage ihm »Come here«, erklärte der Prüfling.

An dieser Stelle auch eine etwas ältere Geschichte von meiner Oma: In den Jahren der Industrialisierung in Bulgarien verließen viele junge Leute ihre Dörfer und zogen in die Städte. Der älteste Sohn einer Bäuerin blieb im Dorf, heiratete das Nachbarmädchen, und neun Monate später kam das erste Kind. Der zweite Sohn ging in die Stadt, um zu studieren. Dort lernte er ein nettes Mädchen kennen und heiratete sie. Fünf Monate später wurde sein Kind geboren. Von neugierigen Nachbarinnen im Dorf darauf angesprochen, erklärte seine Mutter: »Gelernt ist gelernt – mein Sohn und seine Frau studieren an der Uni, sie sind ausgebildet und machen es viel schlauer als wir hier auf dem Land, sie brauchen nur fünf Monate für ein Baby und quälen sich nicht neun Monate lang wie die Bauern bei uns.«

Der bulgarische Humor ist voller Sarkasmus, Ironie und schwarzem Humor. Auch Selbstironie ist unter Bulgaren besonders beliebt. Wie sie im Grund 94 erfahren, essen die Bulgaren abends sehr lange und lachen viel dabei. Im Vergleich zu Deutschland höre ich in Bulgarien seltener ernste Themen (und falls sie doch auftauchen, dann meistens erst nach einer gewissen Menge Rakija oder Wein). Eine Ausnahme davon ist das Klagen über schlechte Politiker und die Wirtschaftslage, was zum Glück oft von politischen Witzen begleitet wird (Judenwitze und Sexismus inklusive). In einer geselligen Runde über den Job zu jammern, macht man nicht. Eigentlich redet man überhaupt kaum über die Arbeit. Meine Freundin Rossi erzählte mir zum Beispiel, dass sie am Ende des 15-jährigen Wiedertreffens ihrer alten Schulklasse Bauchschmerzen vom Lachen hatte. Als ich mehr Klatsch und Tratsch hören wollte, wer was heute macht, konnte sie nichts berichten – alle hatten an dem Abend so viel Spaß daran, sich die alten Schulgeschichten zu erzählen, dass keiner auf die Idee kam, danach zu fragen, wer sich wie beruflich entwickelte und wer wie viele Kinder hat.

Dass die Bulgaren humorvoll sind, ist kein Schnee von heute. Auch Felix Kanitz (ein ungarisch-österreichischer Reisender, der um 1868–1876 Bulgarien bereiste) – ist die bulgarische Lust am Lachen aufgefallen. Er schrieb: »… weder Wein noch Bier erhitzt die Köpfe dieser genügsamen, fleißigen und nüchternen Menschen. Trotzdem traf ich sie aber selbst bei der schwersten Arbeit fröhlich und zu heiteren Späßen aufgelegt.« Weiter beschrieb er ein Klosterfest. Dieses »schloss mit einer allgemeinen Hora, deren Figuren fröhlicher Scherzgesang begleitete, auch an derberen Späßen ließen es die aufgeweckten Burschen nicht fehlen.«[8]

In den heutigen modernen Zeiten sind WhatsApp und in Bulgarien die weiter verbreitete Alternative Viber die Plattformen, auf denen sich die Humoristen austoben. Innerhalb kürzester Zeit wurde ich in Bulgarien Mitglied verschiedener Viber-Gruppen: Familien-Gruppe (engster Kreis), Familien-Gruppe (weiterer Kreis), Gruppe der Grundschulklasse, Gruppe der Gymnasiumklasse, Gruppe der engsten Freunde aus Sofia, Gruppe der Kletterer in Plowdiw, Gruppe der Skitourengeher in Plowdiw, Gruppe der Wanderer in der Sofia, Gruppe der Deutschsprachigen in Plowdiw, Gruppe der Ausländer in Bulgarien, um nur ein paar davon zu nennen. Meine Theorie ist, dass diese Gruppen weniger der Kommunikation dienen, als vielmehr, um die Leute in ihrem Alltag zu amüsieren und zu bespaßen. Vor dem breiten Publikum überbieten sich die Mitglieder gegenseitig in Sachen Witzigkeit und Humor. Erst gestern habe ich zum Beispiel über eine zwar belanglose, dafür aber lange und ausgesprochen lustige Diskussion in der Viber-Skifahrergruppe Tränen gelacht.

Weil Humor in Bulgarien so wichtig ist, feiert man in Gabrowo jährlich am dritten Samstag im Mai das Festival des Humors und der Satire. Die Einwohner von Gabrowo gelten im ganzen Land als besonders lustig (und geizig, aber das ist ein anderes Thema). Die Stadt liegt am Fuße des Balkangebirges und wird von einem Fluss durchquert. Wo es einen Fluss gibt, dort gibt es bekanntlich auch Handwerksbetriebe, so auch in Gabrowo. Schnell wuchs die Zahl der Stadteinwohner während der osmanischen Herrschaft, und die tüchtigen Handwerker brauchten neue Märkte für ihre Waren. Fündig wurden sie auf dem Flachland, wo die Leute hauptsächlich Landwirtschaft betrieben und die wertvollen Handwerksprodukte gut brauchen konnten. Diese Bauern waren es allerdings gewohnt, häufiger Verkäufer vor ihrer Haustür zu sehen, deshalb mussten sich die Gabrowo-Handwerker etwas Besonderes einfallen lassen, um die armen Bauern aus dem Flachland zum Kauf zu bewegen. Gute Späße und Witze waren die Lösung, um gute Laune bei den Hausherren zu verbreiten, damit diese ihre Geldbeutel weiter öffneten. So kam es, dass die Gabrowo-Einwohner heute noch den Ruf haben, besonders scherzhaft zu sein.

Nicht nur in Gabrowo, sondern in ganz Bulgarien gilt – Spaß zu haben ist wichtig und Lachen tut gut, deshalb amüsieren sich die Bulgaren bei jeder Gelegenheit. Sich über die eigenen oder fremden Schwächen lustig zu machen, ist eine bulgarische Charaktereigenschaft, und wenn Sie mal das Ziel solcher Scherze werden – machen Sie mit und überbieten Sie ihre Freunde, man wird es Ihnen hoch anerkennen!

## 21. Grund

# Weil die Bulgaren alles wissen wollen

Ich lebte bereits seit drei Monaten wieder in Bulgarien, als ich den ersten Besuch aus Deutschland bekam. Meine Freunde Mirko und Elmar aus Darmstadt kamen für ein paar Wochen nach Plowdiw. Ich war neugierig, Bulgarien mit ihren Augen zu sehen, sie waren neugierig, mein Land kennenzulernen. Zusammen machten wir eine Entdeckung über den bulgarischen Charakter: Auf großen Veranstaltungen ändern die Bulgaren häufig den Zuschauerort. Erst stehen sie hinten links, dann weiter vorne, dann wieder hinten, diesmal etwas rechts – das Publikum wirkt wie ein großer Organismus, der sich in einer ständigen sanften Bewegung befindet. »Bei uns in Deutschland würde man die Plätze vorne nicht freigeben: Ich bin hier, ich war hier, ich bleib hier. Deshalb lassen wir auch unsere Tücher am Strand, damit uns bloß keiner die guten Plätze wegnimmt. Ihr Bulgaren seid da viel entspannter«, meinte Elmar. So ist es – die Bulgaren sind zu neugierig, um die ganze Zeit nur an einem Ort zu bleiben. Nachdem sie sich vorne einige Zeit alles angesehen haben, wollen sie wissen, was hinten passiert. Vielleicht gibt es dort etwas Besseres und keiner will es verpassen. Deshalb mag man feste Plätze hier weniger gern, bei einer geregelten Platzordnung fühlt sich der individualistische bulgarische Geist eingezwängt und kontrolliert.

Diese bulgarische Neugier ist nicht nur bei großen Veranstaltungen zu spüren. Im Dorf weiß natürlich jeder alles. Den alten Frauen und Männern, die auf ihrer Holzbank vor dem Haus sitzen, entgeht nichts und niemand. Dass man in der Großstadt seine Identität verliere, gilt nicht für die bulgarischen Städte. Hierzulande steht man am Fenster seiner Plattenbauwohnung und begutachtet, was draußen oder im Wohnblock gegenüber passiert. Ein paar Monate nach meinem Einzug in eine Plowdiwer Plattenbauwohnung stellte ich überrascht fest, dass die mir völlig unbekannte ältere Nachbarin aus dem 2. Stock nicht nur wusste, was ich arbeite und wie mein Familienstand ist, sondern auch wie hoch meine Miete ist und auf welche Art und Weise ich sie bezahle.

Wenn Sie mit Bulgaren sprechen, wundern Sie sich bitte nicht, falls man Ihnen schnell recht persönliche Fragen stellt: Wie hoch ist Ihr Gehalt, sind Sie verheiratet oder liiert und wenn nicht warum, wie viele Kinder haben Sie und falls keine – arbeiten Sie bereits daran oder wann beabsichtigen Sie damit anzufangen? Die Neugier der Bulgaren ist auch bezüglich politischer Fragen nicht zu halten. Alle meine deutschen Freunde, die mich in der Zeit der größten Flüchtlingswelle, aber auch danach in Bulgarien besuchten, wurden auf Schritt und Tritt mit Fragen konfrontiert, was die Frau Merkel vorhabe und wie die Deutschen dazu stünden. Auch abseits der Politik kann man sagen: Die Bulgaren nutzen jede Chance, im Gespräch mit Ausländern möglichst viel über fremde Länder und Kulturen zu erfahren. Mein Vorschlag: Lassen Sie sich am besten auf Gespräche mit Einheimischen ein und befriedigen Sie ihre Neugier. Man wird es Ihnen mit Ehrlichkeit und Offenheit bedanken.

*22. Grund*

## *Weil die Bulgaren wenig planen*

Die Monate meines Aufenthalts in Bulgarien vergingen schnell, und ohne es zu merken, fing ich an, mich zu verändern und wieder »bulgarisch« zu werden. Es begann damit, dass ich immer seltener die Frage »Was machst du am Wochenende?« beantworten konnte. Irgendwann wusste ich nicht mehr, wo ich am nächsten Tag sein würde, und eines Tages stellte ich überrascht fest, dass mein Terminkalender, jahrelang mein treuer Begleiter in Deutschland, seit meiner Rückkehr nach Bulgarien verstaubt und leer in der Ecke lag.

Eine Fahrt in die bulgarischen Berge ist mir besonders in Erinnerung geblieben. Zu viert wollten wir am Wochenende eine Skitour machen. Das Wetter sollte überall in den Bergen gut sein – mit viel Schnee und Sonne. Um 7 Uhr trafen wir uns im Zentrum der Stadt und fuhren in Richtung der Berge los. Als ich fragte, wohin wir genau fuhren, wurde klar, dass das Ziel noch nicht feststand und dass wir diesbezüglich viele gute Optionen hätten – Rila-, Pirin- oder Rhodopen-Gebirge, alle drei ca. eine bis drei Stunden von Plowdiw entfernt. Uns stand sowohl ein Tagestrip als auch eine Übernachtung in einer Berghütte zur Auswahl. Wir fuhren weiter, lachten viel und genossen den Anfang eines vielversprechenden Wochenendes. Nach ungefähr einer Stunde Autofahrt wurde ich allerdings etwas nervös und bestand beharrlich darauf, dass wir endlich entscheiden, wohin die Reise geht. Meine zwei Freunde kannten sich gut in den bulgarischen Winterbergen aus, sie hatten bereits in fast allen Hütten übernachtet und konnten gut einschätzen, was das Beste für uns – drei Skitourengänger und eine Schneeschuhwanderin – wäre. Allerdings weigerten sich die beiden bis zum letzten Moment, sich auf eine der Optionen festzulegen. Erst kurz vor der Ausfahrt, die zu einer selten begangenen Berghütte führte, entschieden sie sich dafür. Die Entscheidung kam so spontan, dass der Fahrer eine scharfe Kurve machen musste. Trotz dieses Mangels an Organisation war das eines der schönsten Winterwochenenden, die ich je hatte. Und bevor ich ins Schwärmen gerate, verweise ich jeden, der mehr über die bulgarischen Berge im Winter wissen möchte, auf Grund 66 und erzähle Ihnen an dieser Stelle mehr über das Organisationstalent der Bulgaren.

Das Organisationstalent der Bulgaren ist, behaupte ich einfach, nicht besonders stark ausgeprägt. Das habe ich am eigenen Leib erfahren. Dank meiner Liebe zu Bergen und Natur landete ich in der bulgarischen Version eines Alpinvereins. Schnell sah ich mich für das Einbringen von mehr Ordnung in den Vereinstätigkeiten zuständig. Wenn ich etwas kann, dann ist das Organisieren, dachte ich mir und machte mich gleich daran, einen Event-Kalender für das nächste halbe Jahr zusammenzustellen. So wie ich es in Deutschland gewohnt war, wollte ich die Termine für unsere Aktionen festlegen, als ich plötzlich gegen eine Wand stieß. Viele Vereinsmitglieder wehrten sich nämlich dagegen und fragten mich, warum ich bereits im November eine Hütte reservieren möchte, wenn ich doch gar nicht wüsste, wo am 26. Februar das schönste Wetter sei.

Wie man den Skikurs des Vereins organisierte, war ein absoluter Schock für mich. Der Ort der Durchführung wurde erst zweieinhalb Wochen vor Kursbeginn bekannt gegeben. Viel zu kurzfristig, fand ich, versuchte aber noch entspannt zu bleiben. Als er dann aber innerhalb von zwei Wochen kurzerhand zweimal geändert und erst am Abend vor Kursbeginn endgültig entschieden wurde, stand ich aufgrund dieser groben Missachtung einfachster Organisationsregeln nah an einem Nervenzusammenbruch. Erschöpft kam ich im Skigebiet an. Da wartete die nächste Überraschung auf mich – keiner der acht Teilnehmer, inklusive der zwei Skilehrer, war auch nur im Geringsten über das ewige Hin und Her verärgert, der Schnee war perfekt, die Sonne strahlte, und der Ort entpuppte sich als der beste an diesem Wochenende (während es zur gleichen Zeit in dem ursprünglich geplanten Gebiet Nebel und Schneesturm gab). Am Ende waren alle Teilnehmer sehr glücklich und zufrieden und haben sich nicht nur für den tollen Kurs, sondern sogar für die gute Organisation bedankt!

Nicht nur im kleinen Rahmen eines Vereins verläuft die Organisation in Bulgarien recht kurzfristig. Als 2019 Plowdiw Europäische Kulturhauptstadt wurde, bekam ich als Reiseveranstalterin einige Anfragen von Kunden, wann die meisten und die besten Veranstaltungen in Plowdiw stattfänden und zu welcher Reisezeit man die Kulturhauptstadt besuchen sollte. Es war bereits Februar 2019, als ich den Touristen noch erklären musste, dass zwar viele Events, Festivals und Konzerte geplant seien, aber nur für die allerwenigsten davon bereits genaue Termine feststünden. Alles, was man an offizieller Info fand, waren grobe Angaben wie »Festival der Masken April – Juni«. In Deutschland wäre das undenkbar: Eine Woche vor Beginn eines der Kino-Festivals in der Europäischen Kulturhauptstadt waren weder Termine noch Orte der Filmvorführungen bekannt. Als das Festival dann startete, waren alle Kinosäle voll, die Besucher zufrieden, und außer mir schien sich keiner über die kurzfristige Information zu ärgern.

Bereichert um solche Erfahrungen, versuchte ich immer mehr, wie die Bulgaren zu leben. Ich gebe zu – ich war gespalten zwischen meinem Antrieb, alles langfristig zu planen, wie ich es jahrelang in Deutschland machte, und der Erkenntnis, dass Sachen auch bei kurzfristiger Planung klappen, manchmal sogar besser. Dabei machte ich mich auf die Suche nach den Gründen für diese großen Unterschiede. Es gibt bestimmt viele, aber eine besondere Sache habe ich in den Reiseberichten ausländischer Reisender im europäischen Teil des Osmanischen Reichs aus dem 14. bis 19. Jahrhundert entdeckt.

Die Bulgaren mussten nämlich jahrhundertelang ohne öffentliche Uhren auskommen. Während man im Westen seit Ende des 14. Jahrhunderts überall Turmuhren baute (die erste öffentlich sichtbare Schlaguhr wurde 1370 in Paris angebaut), kämpften die Bulgaren gegen die osmanischen Heere und fielen 1396 unter osmanische Herrschaft. Die Sultane sahen in den Turmuhren zuerst die Gefahr, dass sie die Stelle des Muezzins, der die Muslime zum Gebet ausruft, untergraben würden. Erst 200 Jahre später, im Jahr 1576, wurde die erste öffentliche Uhr auf bulgarischem Boden in Plowdiw errichtet und blieb als einzige bis zum 17. Jahrhundert. In den Jahren danach baute man sie nur rar und vereinzelt in manchen Städten, es dauerte noch bis zum 19. Jahrhundert, dass ihre Zahl stärker wuchs. Zur Zeit der Befreiung Bulgariens im Jahr 1878 betrug sie trotzdem im ganzen Land lediglich ca. 100 Stück.

Seitdem ist viel Zeit vergangen, und der Mangel an Uhren kann längst keine Ausrede für Verspätungen sein. Oft liegen aber die Verspätungsgründe nicht in der Macht des Einzelnen – der Bus lässt auf sich warten, eine Zugverspätung wird weder angekündigt noch per Lautsprecher eingeschätzt. Im Gegensatz zu Deutschland findet man zum Beispiel nirgendwo in Bulgarien feste Busfahrzeiten mit Angaben, wann der Bus genau ankommt. In den meisten Großstädten gibt es zwar etwas Vergleichbares, auf dem Fahrplan steht allerdings wieder mal die unverbindlichere Information »10-Minuten-Takt zwischen 9 und 18 Uhr«, ohne Angabe, wann die Zählung beginnt.

Die bulgarische Antwort darauf – lieber kurzfristig planen. Vor allem im privaten Bereich will man sich Freiräume schaffen und hält an diesen fest. Ich erinnerte mich an die Planungsabläufe in Deutschland. Hier einen kurzen Auszug meiner SMS-Korrespondenz: Ich fragte meine gute Freundin Marion *Wieder da? Heute Abend was vor?*, worauf sie antwortete *Schön, dass du wieder da bist :) ich bin leider außer Gefecht, bin am Wochenende ganz dumm umgeknickt ... Aber nächste Woche gerne! –Oje.. Dann aber die Woche vielleicht was trinken? Gute Besserung! – Könnte eng werden ... Bin schon 2x verabredet, und am Wochenende bin ich Sa/So auf dem Geburtstag von meinem Vater. Sorry!!! Aber nächste Woche habe ich dafür noch gar nichts vor... :) –Ok, wir probieren es einfach nächste Woche*! Wir haben uns tatsächlich zehn Tage nach meiner SMS getroffen.

Ganz anders liefen meine Verabredungen in Bulgarien ab. Gegen 19 Uhr überlegte ich, wen ich gerne treffen möchte, rief meine Freundin Violeta und meine Freundin Radost an, und um 19.20 Uhr saßen wir drei in einer Bar in dem Kapana-Viertel in Plowdiw und bestellten unser erstes Bier.

Diese Spontanität der Bulgaren ist so liebenswert und so entspannend! Pesho (von Petar, siehe Grund 83) war anfangs mein einziger Bekannter in Plowdiw. Ich hatte ihn vor Jahren in einem Hostel in Plowdiw kennengelernt, wo er an der Rezeption sein mageres Gehalt als Lehrer aufstockte. Als ich nach Plowdiw umzog, war das Hostel geschlossen, und er hatte mehr Zeit, mir die Stadt zu zeigen. Unsere Vereinbarungen liefen immer gleich ab – ich schrieb ihm vormittags, dass ich ihn heute gerne sehen würde, er rief mich am Spätnachmittag an und sagte mir, dass wir später noch mal telefonieren und dann ausmachen, wo und wann wir uns treffen. Als ich ein paar Mal fragte, ob wir uns nicht gleich jetzt (um 16 Uhr, gerade mal wenige Stunden vor dem anvisierten Treffzeitpunkt) etwas vereinbaren können, meinte er trocken, ich sei zu deutsch und er könne nicht so langfristig planen. Gegen 19.30 Uhr rief er mich wieder an, damit wir bestimmen, wo wir uns dann um 21 Uhr treffen. Mir wurde schnell klar, dass das nicht nur Peshos Eigenart ist: Die meisten Bulgaren wollen sich ihre Spontanität bis zur letzten Minute nicht rauben lassen.

Eins kann ich Ihnen aber sagen, man gewöhnt sich schnell daran, alles kurzfristig zu entscheiden. Mehr sogar – es kann sehr befreiend sein, die Möglichkeit zu haben, genau das zu tun, worauf man in dem Moment Lust hat. Bald merkte ich, wie viel mehr Entspanntheit und Gelassenheit die spontane Art des Lebens in Bulgarien mit sich bringt. Deshalb mein Ratschlag an Sie: Lassen Sie sich damit anstecken und planen Sie am besten etwas weniger!

*23. Grund*

## *Weil ein Gast in Bulgarien eine Ehre für das Haus ist*

Mein Opa Stoyan sagte immer: »Es ist nicht wichtig, dass dein Haus groß ist, es ist wichtig, dass dein Herz groß ist.« Wenn Sie mich fragen, sind alle Bulgaren, wenn es um Gastfreundlichkeit geht, sehr großherzig. Meine Familie wohnt in Sofia. Als ich klein war, haben wir jeden Sommer Urlaub am Schwarzen Meer gemacht. Auf dem Weg zum jeweiligen Badeort machten wir immer einen mehrtägigen Aufenthalt in Burgas (der zweitgrößten Stadt am Schwarzen Meer, die ganz praktisch in der Mitte der Schwarzmeerküste liegt). Dort lebten Studienfreunde meiner Eltern. Iliana, Georgi und ihr Sohn wohnten in einer 2-Zimmer-Wohnung, die sich in ein Matratzenlager verwandelte, wenn unsere vierköpfige Familie zu Besuch kam: die Gastgeber im Wohnzimmer, die Gäste im Kinderzimmer. In meiner Erinnerung waren die Tage dort voller Enge und Akrobatik, aber auch voll Lachen und Freude, und ständig musste sich jemand zwischen Betten, Matratzen und Schlafcouches durchquetschen. So ist es nämlich in Bulgarien – kaum jemand denkt daran, im Hotel zu übernachten, wenn man Freunde oder Verwandte in der Stadt hat. Ob im Ausland oder in Bulgarien, das spielt keine Rolle. Als ich zum ersten Mal New York besuchte, wurden innerhalb kürzester Zeit ehemalige Schulfreunde meiner Eltern und die beste Freundin einer Tante ausfindig gemacht, die mich dort für einige Tage unterbrachten.

Wenn Sie Bulgaren kennenlernen, dann bin ich mir sicher, dass es nicht lange dauern wird, bis Sie eine Einladung bekommen, sie zu Hause zu besuchen (vor allem falls Ihre Freunde ein Haus auf dem Land und somit mehr Platz haben). Und wenn Sie durch die Tür eines bulgarischen Hauses gehen, dann brauchen Sie sich für die nächste Zeit erst mal um nichts zu kümmern. Man wird Sie bekochen, und Ihr Glas wird immer mit Rakija, Wein oder Bier gefüllt sein. Sie werden mehrere Gänge serviert bekommen und das Gefühl haben, dass der Tisch vor Ihnen (und Ihr Magen) aus allen Nähten platzt. Ihre Gastgeber werden täglich für einen vollgedeckten Tisch mit gutem Essen, abends auch Wein, Rakija und Unterhaltung sorgen. Man wird für Sie das bestmögliche Zimmer oder Bett vorbereiten, selbst wenn man hierfür kurzfristig zu den Nachbarn ziehen muss. Tagsüber wird man versuchen, Ihnen ein unterhaltsames Programm anzubieten. Falls Sie in einer Stadt sind, dann würde sich Ihr Gastgeber (wenn irgendwie möglich) den Tag von der Arbeit frei nehmen und Sie zu Sehenswürdigkeiten führen und die besten Orte zum Verschnaufen zeigen. Sollten Sie auf dem Land sein, dann werden Sie zum nächstliegenden thrakischen Tempel, zu einer römischen Ausgrabung, schönen Naturdenkmälern, alten Dörfern und, wenn nichts davon in der Nähe ist, zum bekanntesten Kloster in der Umgebung geführt werden (Klöster gibt es wirklich überall – mehr dazu bei Grund 78). Sollten Sie Interesse am Garten zeigen, wird man Ihnen ausführlichst alles zeigen und erklären. Wenn Sie sich fürs Kochen interessieren, verrät man Ihnen das eine oder andere Rezept. Was aber für den Gast tabu bleibt, ist die Küche der Hausfrau (denn im traditionellen bulgarischen Haushalt ist meistens die Frau dafür verantwortlich, siehe dazu Grund 35). Die Küche ist ihr Revier, und hinein darf man nur, wenn man ausdrücklich dazu eingeladen wird. Ich weiß noch, wie schockiert und entsetzt meine Mutter war, als ich mit meinem ersten deutschen Freund Georg zum ersten Mal bei meinen Eltern zum Essen eingeladen war und er am Ende des schönen Abends mit mir aufstand und anfing, die schmutzigen Teller wegzuräumen. »Sag ihm bitte, er soll das lassen und sich hinsetzen! Er ist doch der Gast, so etwas machen die Gäste bei uns nicht«, ordnete meine Mutter sofort leise an.

Ich möchte Ihnen noch eine Geschichte von der Gastfreundschaft der Bulgaren erzählen. Ich organisiere Reisen nach Bulgarien, oft zu wenig touristischen Orten, wie zum Beispiel in ein kleines Dorf in Nordbulgarien, am Fuß des Balkan-Gebirges. Dort übernachtete einmal ein älteres deutsches Pärchen. Gegen 23 Uhr bekam ich einen Anruf von der Pensionswirtin, bei der die beiden an diesem Abend untergebracht waren. Die Frau war besorgt, weil die Gäste vor fünf Stunden ausgegangen waren, um einen kleinen Spaziergang durch das Dorf zu machen, und noch nicht zurückgekommen waren. Während ich überlegte, was zwei älteren Deutschen in einem völlig ungefährlichen bulgarischen Dorf mit 150 Einwohnern, in dem es weder ein Restaurant noch eine Kneipe gibt, an einem warmen Sommerabend passiert sein konnte, sagte die Frau am Telefon, sie seien jetzt an der Haustür und sie rufe mich gleich zurück. Etwas später erfuhr ich: Die beiden haben ihr laut lachend erzählt, dass sie am Anfang ihres Spaziergangs an einem hübschen Haus vorbeikamen, auf der

Bank davor saß ein älterer Herr. Kaum begrüßten sie ihn, lud er sie ein, seine Tomaten zu probieren und den selbst gebrannten Rakija. Seine Ehefrau kam auch sofort, die beiden Gäste setzten sich an den Tisch, und obwohl sie die Sprache der Gastgeber nicht verstanden, merkten sie nicht, wie schnell vier Stunden vergingen. Das sei der schönste Abend ihrer Reise bislang, erzählte das glückliche deutsche Paar der Pensionswirtin.

Das ist eine der Sachen, warum ich Bulgarien liebe – unabhängig davon, wie leer der Kühlschrank ist, wenn überraschend Gäste kommen, schaffen es die Bulgaren immer, etwas auf den Tisch zu bringen. Das eigene Abendessen wird mit den Gästen geteilt, wie im Fall meiner Reisenden, oder man bäckt schnell einen Kuchen oder schneidet einen Schopska-Salat, im absoluten Notfall wird jemand zum kleinen Knie-Shop ums Eck geschickt. Der Klassiker im Kommunismus waren eine kleine Glasschüssel mit Weißkirschkonfitüre und ein Glas Wasser dazu. Ich bin der festen Überzeugung, dass jede bulgarische Oma irgendwo in ihrer Wohnung eine Packung Pralinen oder andere Süßigkeiten für unangekündigte Gäste versteckt hält.

In Bulgarien empfängt man nicht nur großherzig den Besucher. Mehr noch – man gibt seinem Gast (auch dem unerwarteten) das Beste. Als meine Freundin Christina ein paar Tage mit meiner Familie in unserem Bauernhaus verbrachte, fühlte sie sich sehr privilegiert, dass sie immer die größte Schüssel bekam (wir haben handgemachte Tonschüsseln für Suppen in unterschiedlichen Größen). Eine Selbstverständlichkeit für mich, da ich bereits als Kind gelernt habe, dass man dem Gast das Beste anbietet. Dass das wohl eine alte Tradition ist, habe ich bei Felix Kanitz gelesen, meinem liebsten ungarisch-österreichischen Reisenden aus der zweiten Hälfte des 19. Jahrhunderts. Er schrieb: »Im Allgemeinen ist der Bulgare gastfreundlich. Er fühlt sein Haus durch die Beherbergung eines Fremden geehrt und wird Alles aufbieten, um diesen auf's Beste zu bewirthen.«[9] Sie merken schon – die Bulgaren fühlen sich verantwortlich für ihren Gast und möchten sich im besten Licht zeigen.

Deshalb heißt es hierzulande: »Wehe, wir blamieren uns vor den Ausländern/Gästen.«.

Freuen Sie sich also jetzt schon auf Ihren Besuch in Bulgarien. Wenn Sie als Gast einen guten Eindruck machen möchten, bringen Sie kleine Geschenke mit. Die klassische Option wäre Blumen oder Pralinen für die Frau, Wein oder ein anderes alkoholisches Getränk für den Mann und Süßigkeiten oder Spielzeug für die Kinder. Noch eine wichtige Anmerkung: Bitte ziehen Sie die Schuhe aus, wenn Sie die Wohnung betreten. Bestimmt sagt man Ihnen, Sie sollen sie anlassen, aber eigentlich gilt – im Haus werden die Schuhe ausgezogen. Viele Bulgaren halten mehrere Hausschuhe für Gastbesuche im Schrank bereit. Ich kenne sogar einige Frauen, die ihre eigenen Hausschuhe in der Tasche tragen, wenn sie jemanden besuchen. Zu guter Letzt: Bringen Sie beim Besuch eines Bulgaren genügend Zeit mit, denn das Abendessen wird länger dauern. Aber ich verspreche Ihnen: Am Ende werden Sie zwar vollgefressen und angetrunken, aber fröhlich und glücklich ins Bett fallen.

*24. Grund*

## *Weil die Bulgaren niemanden im Stich lassen*

Die Bulgaren sind ein sehr hilfsbereites Volk. Ich könnte schnell mehr als 111 Beispiele geben, wann mir in Bulgarien geholfen wurde. Wenn der Staat seine Aufgaben nicht befriedigend erfüllt, dann sind es die Menschen, die sich gegenseitig unterstützen. Jedes Mal, wenn mein Auto zum Beispiel am Straßenrand stehen bleibt, hält jemand und bietet mir Hilfe an. Es gilt: So sehr man sich auch streitet oder unterschiedlicher politischer Meinung ist, wenn etwas Schlimmes passiert, rückt man zusammen und unterstützt sich gegenseitig. Als es im Frühjahr wieder einmal starke Überschwemmungen gab und mehrere Dörfer unter Wasser standen, wurden sofort Spenden-

Aktionen organisiert und innerhalb kurzer Zeit größere Geldsummen für die leidende Bevölkerung gesammelt. Immer wieder veranstaltet man Konzerte für kranke Kinder. Da die bulgarische Gesundheitsversorgung die teuren Operationen im Ausland in der Regel nicht übernimmt, sind es die Bürger, die mit Spendenaktionen das Geld dafür besorgen.

Meistens sind es aber die kleinen Hilfen, die einem das Leben erleichtern. Im Frühjahr besuchten wir unser Grundstück auf dem Land, um dort die Bäume zu beschneiden und den Garten zu pflegen. Unser Nachbar Penjo, den wir über den Winter nicht gesehen hatten, war auch da und baute an seinem Traktor herum. Als er erfuhr, dass weder ich noch mein Freund sich mit dem Beschneiden von Weinreben auskennen, nahm er eine Schere und verbrachte die nächsten vier Stunden bei uns, Reben schneidend.

Die Hilfsbereitschaft der Bulgaren ist so groß, dass sie nicht nur Menschen, sondern auch Tiere betrifft. Im Winter 2018 verbreitete sich ein Foto auf Facebook, das für große Aufmerksamkeit sorgte (dieses soziale Netzwerk ist übrigens eine der wichtigsten Informationsquellen in Bulgarien). Auf dem Bild sah man zehn bis 20 Störche, die nachts bei Schnee-Regen in einer Reihe am Rand einer Landstraße entlangliefen. Über dem Foto stand der Aufruf *Passt auf, dass Ihr die Störche nicht überfahrt – diese sind zu früh nach Bulgarien zurückgekehrt und wurden wohl vom Schnee überrascht.* Am nächsten Tag kursierte ein neues Foto im Netz: Ein älterer Bauer der türkischen Minderheit hatte einige Störche über Nacht in seinem Haus untergebracht und wurde innerhalb weniger Stunden zum Helden. *Die Ärmsten haben das größte Herz*, feierte man ihn auf Facebook. Einen Tag später beschäftigte sich auch die bulgarische Presse mit den frierenden Störchen. Aus dem ganzen Land kamen Berichte über hilfsbereite Bulgaren, die auf Felder und Auenlandschaften fuhren, um Störche zu retten. Sie brachten sie zum Aufwärmen zu Hause unter und gaben ihnen Hackfleisch oder Fisch.

Wo wir gerade bei Störchen sind, kann ich es nicht lassen, Ihnen noch eine weitere Storch-Geschichte aus Bulgarien zu erzählen, die letztes Frühjahr im ganzen Land bekannt wurde. In einem Dorf sollte die Kuppel des Kirchturms renoviert werden. Das einzige Problem war, dass es auf der Kuppel ein 150 Kilo schweres Storchennest gab. Die Dorfbewohner beschlossen, vor Ankunft der Störche das Nest auf den nebenan stehenden alten Telegrafenmast zu verlegen, damit die Renovierungsarbeiten durchgeführt werden konnten. Gesagt, getan. Es dauerte mehrere Tage, bis man mithilfe eines Krans das Storchennest auf den Mast verlegt hatte. Gespannt warteten die Dorfbewohner, ob dem Storch das neue Zuhause zusagen würde. Er kam, flog kurz drum herum, rührte das neue Zuhause aber nicht an, sondern begann aufs Neue, ein Nest auf dem Kirchturm zu bauen. In zwei Tagen hatte er das neue Nest bereits zur Hälfte wieder aufgebaut, aller Mühe der Dorfbewohner zum Trotz. Der Bürgermeister erklärte im Fernsehen, dass er jetzt damit rechne, dass das Nest morgen fertig sein und dass die Störche nächste Woche dort zu brüten beginnen würden. Die Bauarbeiten der Kirche wurden jedenfalls auf Spätherbst verlegt, wenn die Vögel das Dorf wieder verlassen hatten.

# 4. Kapitel

# Gesellschaft

*25. Grund*

## *Weil in Bulgarien nicht alles perfekt sein muss*

Einmal besuchte ich Bulgarien mit meinem damaligen deutschen Freund Christian. Es war Anfang Juni, und wir saßen auf dem Balkon im zweiten Stock eines Hauses mit Garten im Zentrum von Sofia. Neben dem Balkon wuchs ein Kirschbaum, der voller großer, roter, süßer, saftiger Kirschen war. Wir mussten nur den Arm ausstrecken und konnten uns die leckeren Früchte in den Mund stecken. Es war meine Lieblingszeit des Tages – kurz vor Sonnenuntergang, als uns die letzten Sonnenstrahlen wärmten und das Licht besonders weich war. Wir tranken kühles Bier und genossen das Leben. Auf einmal machte Christian eine Entdeckung. Er sah etwas, was mir bis zu diesem Zeitpunkt völlig entgangen war. »Mir fällt auf«, sagte er, »dass in Bulgarien vieles nicht so perfekt ist wie in Deutschland. Siehst du hier? Die ganze Wand ist gestrichen, aber da, an den Kanten sieht man die alte Farbe noch, und dort hinten, wo man es nicht so gut sehen kann, da hat man gar nicht gestrichen. Dies wäre in Deutschland unmöglich, bei uns macht man alles perfekt, ansonsten nimmt dir keiner die Arbeit ab.« Ich schaute mich sofort um. Auch am nächsten Tag achtete ich darauf. Und am Tag danach auch noch.

Überhaupt fing ich an, all diese nicht perfekten Arbeiten zu bemerken. Ich musste zugeben: Christian hatte recht.

Einige Jahre später, zu Frühlingsanfang, war ich zusammen mit meiner Oma (einer Frau Mitte 80, voller Energie, Tatendrang und vor allem Geschichten und Weisheiten) in dem Bauernhaus meiner Eltern, um Haus und Garten nach dem Winter auf Vordermann zu bringen. Meine Oma beauftragte mich mit der verantwortungsvollen Aufgabe, auf den Regalen Staub zu wischen. Hier zeigte sich, wie deutsch ich mittlerweile geworden war. Mit Schwamm und Tuch putzte ich sehr gründlich auch die hinterste Ecke. Meine Oma schaute zu, sagte ab und zu, dass ich schon sehr genau arbeite und dass wir noch die ganze Gartenarbeit vor uns hätten und dementsprechend wenig Zeit, ließ mich aber erst mal machen. Nach einer Stunde war ihre Geduld wohl am Ende, und dann erzählte sie mir die Geschichte von Hartul partul: »In einem Dorf gab es zwei Frauen. Beide fingen im Winter an, ein neues Kleid zu nähen, denn es war damals auf dem Land so, dass man auf dem großen Frühjahrsfest zum Heiligentag immer ein neues Kleid anziehen musste. Die bulgarischen Volkskleider sind voller Stickereien, sie wurden früher in den Wintermonaten aufwendig genäht. Die eine Frau war sehr schnell – hopp, hopp, hier ein Strick falsch gestrickt, da etwas weniger Stickerei, aber für den Heiligentag zum Dorffest war ihr Kleid fertig. Die andere – sie war so eine wie du – machte alles ganz genau und perfekt, aber das brauchte ja seine Zeit. Vielleicht war sie aber auch etwas fauler. Zum Dorffest war sie auf jeden Fall noch nicht fertig mit dem Kleid. Um nicht für ihr altes Kleid ausgelacht zu werden, blieb sie lieber zu Hause. Deshalb sagt man »Hartul partul horo vodi, tsintsil mintsil prez plet gleda. – Hartul partul führt den Reigentanz, tsintil mintsil schaut durch den Zaun.« Da meine Oma aus Erfahrung wusste, dass ich nicht immer die Pointe ihrer Geschichten verstand, erklärte sie sie mir diesmal genauer, um auf Nummer sicher zu gehen: »Wenn du jedes Detail so gründlich machst, fehlt dir am Ende die Zeit. Lieber etwas oberflächlicher, aber du hast es erledigt, als wenn du alles sehr lange machst und am Ende nicht fertig wirst.« Seitdem denke ich jedes Mal an Hartul partul und tsintsil mintsil (das sind übrigens Wörter, die ich selbst nicht kannte und die im modernen Bulgarisch nicht existieren), wenn ich mangelhafte Arbeiten in Bulgarien sehe, und hoffe für die Arbeiter, dass sie dadurch mehr Zeit für andere schöne Dinge im Leben übrig hatten. Manchmal kommt es mir sogar so vor, dass, während in Deutschland alles perfekt sein muss und man hart daran arbeitet, es den Bulgaren reicht, dass alles einigermaßen funktioniert. Man verliert keine Zeit in Perfektionismus und geht entspannter durchs Leben.

Als ich die Reiseberichte europäischer Wanderer aus dem 15. bis 17. Jahrhundert las, die also in der Zeit der ersten Jahrhunderte osmanischer Herrschaft das Land durchquerten, entdeckte ich noch etwas Interessantes zu dem Thema. Viele Reisende berichteten, dass die unterworfenen Raja (also die Bulgaren) nur ein Minimum an Besitz haben und darauf bedacht seien, dass nach außen alles möglichst ärmlich wirke. Hätten sie größere oder schönere Häuser, mehr bestelltes Ackerland oder mehr Vieh, als gerade noch zum Überleben ausreicht, so wäre ihnen alles, was im Überfluss ist, von den türkischen Herrschern weggenommen worden, sie hätten nichts von ihrer Arbeit bekommen und möglicherweise sogar ihr Leben verloren. Vielleicht ist das der Schlüssel zur Gelassenheit und Entspanntheit der Bulgaren: Wenn man mit wenig zufrieden ist, gerät man nicht unter Druck, perfekt sein zu müssen.

Ein junger Deutscher, der ein freiwilliges Jahr an einer Sprachschule in Bulgarien leistete, sagte mir: »Die Lebensart in Bulgarien ist vollkommen anders als in Deutschland. Während in Deutschland alles strukturiert, geplant und gut organisiert ist und nicht nur funktionieren, sondern perfekt sein muss, ist die bulgarische Art eher praktisch. Hier spielen Perfektionismus und Korrektheit der kleinen Dinge keine so große Rolle, aber dennoch funktioniert alles.«

Verschwenden Sie deshalb am besten keine wertvolle Zeit, sich über alles, was in Bulgarien nicht perfekt ist, zu ärgern. Versuchen

Sie lieber entspannt zu bleiben und notfalls an das andere bulgarische Sprichwort zu denken »Alles Schlechte ist für etwas gut« (siehe Grund 16).

### *26. Grund*

## *Weil bulgarische Männer alles können*

Den Bulgaren begegnen immer wieder große und kleine Schwierigkeiten (ob sie selbst die Verursacher sind, sei dahingestellt). Nehmen wir zum Beispiel den bulgarischen Alltag, voller Überraschungen und manchmal außergewöhnlicher Probleme, die wiederum außergewöhnliche Lösungen verlangen. Erfindungsgeist und Geschicktheit sind dann gefragt, und die liefert der fleißige Bulgare.

Als ich klein war, erzählte mir meine Oma Gina oft das Märchen von der »Nevolja[10]«: Es war einmal ein Vater mit zwei Söhnen. Jeden Tag gingen sie mit dem Pferdewagen in den Wald, um Holz zu holen. Eines Tages sagte der Vater seinen Söhnen, er sei jetzt zu alt und sie sollten allein in den Wald fahren. »Habt aber keine Angst, Kinder. Falls ihr Probleme habt, ruft die ›Not‹, sie hilft euch«, so schickte er sie los. Die Söhne fuhren in den Wald, sammelten viel Holz und luden es auf die Pferdekarre. Der Wagen war aber so überladen, dass das Rad bei einer Kurve auf dem Weg nach Hause brach. »Was machen wir jetzt?«, fragte der Jüngere. »Keine Sorge«, antwortete sein Bruder, »wir rufen die ›Not‹, wie uns Vater sagte, sie wird uns helfen«. »Not, Not«, riefen die jungen Männer laut. Die Zeit verging, es wurde dunkel im Wald, ihre Stimmen wurden schwächer. Sie riefen und riefen, aber die »Not« kam nicht. »Die ›Not‹ kommt nicht«, sagte der Jüngere. »versuchen wir, den Wagen selbst zu reparieren.« Gesagt, getan. Der Vollmond leuchtete, und die beiden konnten das gebrochene Teil nach einiger Zeit reparieren. Erleichtert fuhren sie nach Hause. »Vater, wir hatten einen Unfall mit dem Wagen und folgten deinem Rat«, erzählten sie dem alten Mann. »Wir riefen die ›Not‹, damit sie uns hilft, aber sie kam nicht. Dann haben wir den Wagen selbst repariert.« – »Meine Söhne,« antwortete der Vater, »die Not hat euch tatsächlich geholfen. Dank ihr habt ihr gelernt, euch selbst zu helfen.«

Viele Bulgaren sind mit diesem Märchen groß geworden. Vielleicht ist das einer der Gründe, warum sie echte Überlebenskünstler sind und in jeder Situation schnell eine Lösung finden.

Ein Haus bauen kann (fast) jeder Bulgare. Inklusive Rohre-Verlegen, Elektrifizierung und Dachdecken. Wasserspülung im Klo funktioniert nicht? Fernseher ist kaputt? Eine Wand in der Wohnung muss abgerissen werden? Kaum ein Bulgare käme auf die Idee, Hausmeister, Installateur oder Handwerker zu suchen – selbst ist hier der Mann! Hierzulande nennen sich übrigens alle gegenseitig »Maistore«. Bulgarien ist das Land, wo jeder ein Meister ist.

Die Bulgaren schrauben lieber erst selbst an ihrem kaputten Auto herum, bevor sie es in die Werkstatt bringen. Wenn man sich ein neues Gerät kauft, würde man nie die Gebrauchsanweisung lesen. Mein Onkel erzählte mir, dass er seinen Wagen seit zehn Jahren hat und jeden Winter einen halben Tag damit verbringt, den Gepäckträger anzubauen – eine sehr komplizierte und lästige Arbeit. Erst vor Kurzem habe er zum ersten Mal einen Blick in die Bedienungsanleitung geworfen. »Das hätte ich lieber nicht machen sollen, denn jetzt weiß ich, wie dumm ich war! Dort steht alles so gut erklärt und so übersichtlich, dass ich innerhalb einer halben Stunde fertig war. Was hätte ich mir all die Jahre an Zeit sparen können, hätte ich sie gleich am Anfang gelesen!« Dass technische Anweisungen in Bulgarien unbeliebt sind, ist eine Sache. Etwas anderes ist aber das Talent der Bulgaren, innovative Lösungen für technische Probleme zu finden. Letztens erzählte mir jemand, dass bei Regen stets das Internet in seinem Wohnblock ausfiel. »Jedes Mal musste man auf die Techniker warten und mehrere Stunden ohne Internet ausharren. Ich hatte irgendwann die Nase voll, nahm eine alte Plastikpackung vom Speiseeis, machte zwei kleine Löcher rein, ging zu der Büchse mit dem Internetanschluss, stellte sie in die Eispackung, den Deckel darauf, und seitdem gibt es keine Internet-Störungen mehr«, erklärte er mir stolz.

Es überrascht mich nicht, dass viele Bulgaren heute solche unkonventionellen Lösungen finden, wenn ich mir die jüngere Vergangenheit ansehe. Im Kommunismus war die Ausrüstung in den bulgarischen Fabriken meistens importiert und unterschiedlicher Herkunft: sowjetische Maschinen, aber auch westeuropäische. Sie mussten irgendwie betrieben werden, während meist keine Möglichkeit bestand, die teuren und nur langsam lieferbaren Ersatzteile zu bestellen. Was also machten die bulgarischen Ingenieure einer Fabrik, wenn die gesamte Produktion auszufallen drohte, weil eine Maschine nicht funktionierte? Sie entwickelten eine Meisterschaft darin, selbstständig neue Teile zu entwerfen und die Anlage schnell und nur mit den vorhandenen Mitteln zu reparieren. So arbeiteten die meisten Fabriken, die mit ausländischer Technik ausgestattet waren, irgendwann mit wild zusammengewürfelten Modifikationen, Ausstattungen und Ersatzteilen, manchmal entstanden auf die Art sogar komplett neue Maschinen.[11] Der Mangel an Geld für moderne, ausländische Technik während des Sozialismus hatte somit einen positiven Effekt: Die einheimische Innovationskraft wurde gefördert – sowohl auf industrieller als auch auf alltäglicher Ebene. Garage, Keller und Dachboden wurden massenweise in Werkstätten umgebaut, man baute selbst Geräte und benutzte alles für alle möglichen Zwecke. So weckte der Sozialismus die Kreativität der Bulgaren, wenn auch nicht auf die gewünscht und erwartete Art.[12] Diese Tugend haben die meisten Bulgaren ihren Söhnen weitergegeben. Heute sieht man überall im Land Männer an ihrem Auto herumschrauben oder das Haus selbst umbauen.

Seien Sie bei Ihrem Besuch in Bulgarien also unbesorgt – sollten Sie Probleme jeglicher Art haben, werden die erfinderischen Bulgaren eine schnelle, kostengünstige und oft überraschende Lösung finden.

*27. Grund*

## Weil die Familie eine Institution ist

Letztens besuchte ich meine Freundin Kalina. Sie wohnt in einem mehrstöckigen Wohnhaus, das in den ersten Jahren nach der Wende gebaut wurde. Aus meiner Kindheit kannte ich es anders, aber heutzutage sind die meisten Wohnblöcke nicht frei zugänglich, man braucht einen Schlüssel, oder meistens einen Chip, um die Außentür öffnen zu können. Leider funktionieren die Türöffnungsanlagen nicht immer (der Mangel am Perfektionismus, von dem ich Ihnen bei Grund 25 erzählte, hat schon manche Nachteile, das gebe ich zu), sodass der Knopfdruck auf der Türsprechanlage in der Wohnung nichts bringt und der Hausbewohner sich sportlich betätigen und hinuntersteigen muss, um seinen Gästen die Wohnblocktür zu öffnen. So war es auf jeden Fall bei meiner Freundin. Ich klingelte, und während ich geduldig darauf wartete, dass sie herunterkommt, starrte ich auf die Briefkästen. Alle hatten schön gravierte Namensschilder. Was mir dabei auffiel: Überall stand vor dem Namen das Wort »Familie« – Familie Iwanowi, Familie Petrowi, Familie Tschakalowi, Familie Schiwarowi. Wohnten in diesem Haus nur Familien und keine Singles?

Die Statistik gibt eine eindeutige Antwort: Über 70 % der bulgarischen Männer im Alter zwischen 18 und 34 Jahren wohnen laut einer europaweiten Studie noch bei ihren Eltern[13]. Während deutsche Männer bereits mit 24 das Nest verlassen, ziehen die bulgarischen erst mit 31 von zu Hause aus[14]. Die Frauen schaffen es etwas früher, mit ca. 26 Jahren. Oft wagen die Bulgaren den großen Schritt in die Eigenständigkeit erst, wenn sie eine eigene Familie gründen. Viele Menschen denken erst gar nicht dran, allein zu wohnen. »Wieso soll ich Miete zahlen«, fragte mich verständnislos mein Freund Georgi (Anfang 30), als ich ihn darauf ansprach, »wenn ich doch bei meinen Eltern wohnen kann?«

Erst bis vor ein paar Jahrzehnten war es eine Selbstverständlichkeit, dass mehrere Generationen in einem Haus zusammenlebten. Ich selbst, geboren Anfang der 80er-Jahre, verbrachte meine ersten Lebensjahre mit meinen Eltern in einem der drei Zimmer in der Wohnung meiner Großeltern. Im Nebenzimmer lebten meine Großeltern und im dritten meine Tante samt Mann und zwei Kindern. Abends kam die gesamte Familie in der kleinen Küche zum Abendessen zusammen, und am Wochenende gingen meine Großeltern aufs Land. Ein paar Jahrzehnte davor lebten auch meine Großeltern mit ihren Eltern im gleichen Haushalt. Wenn man zwei, drei Generationen zurückblickt, sieht man die patriarchalen Familien mit dem Großvater als Oberhaupt, der alle wichtigen Entscheidungen in der Familie traf, seinen Söhnen und deren Frauen und Kindern. Alle arbeiteten eng zusammen für das Wohl der Familie.

Auch heute noch sind die jungen Bulgaren eng mit ihrer Familie verbunden, selbst jene, die ausgezogen sind und ihren eigenen Haushalt führen. Im Zug lernte ich eine Frau kennen, die alle zwei Wochen ihr Enkelkind, einen Studenten in Sofia, besucht. »Ich gehe hin, um dem Jungen zu helfen, für ihn zu kochen, die Wohnung sauber zu machen«, erklärte sie mir. Sollte Ihnen das etwas merkwürdig vorkommen, dann versichere ich Ihnen, dass Eltern und Großeltern überall in Bulgarien mit großem Einsatz am Alltag ihrer Kinder teilnehmen. Enkelkinder werden größtenteils von Großeltern (mit)erzogen. Es ist nicht ungewöhnlich, dass die Oma frühzeitig ihren Job kündigt und in Rente geht, um sich um das Enkelkind zu kümmern, während die Eltern arbeiten.

Doch wie ist es um die Alten und Pflegebedürftigen bestellt, deren Kinder berufstätig sind und voll im Leben stehen? Ich erinnere mich an ein Gespräch bei dem Deutschen Stammtisch im Plowdiw, den ich jeden ersten Donnerstag im Monat organisierte. Einmal war eine Bulgarin, Anfang 40, dabei. Sie hatte ein, zwei Jahre als Pflegekraft in Deutschland gearbeitet. »Eine der Frauen, zu der ich immer gefahren bin, war eine alte Dame, sie wohnte in einem riesigen Haus mit vielen Zimmern, ganz alleine. Sie hätte eigentlich überhaupt keine Pflegeleistungen gebraucht, sie war im Kopf ganz fit und freute sich immer sehr über meine Besuche. Sie war nur etwas langsam und konnte nicht alleine einkaufen gehen, aber abgesehen davon war sie eine ausgesprochen rüstige Dame. Sie habe eine Tochter, hat sie mir erzählt, die in einer Großstadt allein wohnte, in einer Dreizimmerwohnung. Das verstehe ich nicht: Warum nimmt die Tochter ihre Mutter nicht mit in ihre Wohnung? Das würde jeder Bulgare so machen. Warum soll die alte Dame alleine wohnen, wenn die Tochter so viele Zimmer hat? Es ist doch viel schöner, wenn man nicht allein ist! Sie braucht ja nicht viel, nur ein Zimmer. Ich verstehe das nicht, ich verstehe die Deutschen nicht«, beendete sie die Geschichte. Was sie sagte, denken viele Bulgaren. Auch heute noch wird es in Bulgarien oft als eine Schande gesehen, die Eltern ins Altersheim zu schicken. Lieber bleibt man zusammen und kümmert sich umeinander, alle Unannehmlichkeiten im Kauf nehmend.

Bei großen Familienereignissen wie Hochzeiten oder Beerdigungen kommt die ganze Familie zusammen und feiert oder trauert miteinander. Kennen Sie den Film *My Big Fat Greek Wedding*? So ähnlich läuft es auch bei bulgarischen Hochzeiten ab. Die Familie ist dieses Standbein der Bulgaren, das einem in jeder Lebenslage eine Stütze bietet. Wird man arbeitslos, besorgen andere Familienmitglieder (auch aus dem weiteren Familienkreis) einen Job für einen. Braucht man Geld oder Unterkunft, wird man von der Familie unterstützt. Kein Wunder also, dass 95 % der Bulgaren ihrer Familie am meisten vertrauen, wie eine Umfrage aus dem Jahr 2017 zeigt[15].

*28. Grund*

## *Weil in Bulgarien die besten Omas leben*

Egal, ob auf dem Land oder in der Stadt – die Begegnung mit einer bulgarischen Oma endet meistens mit Händen voller Geschenke. »Warte, warte kurz«, sagen sie beim Verabschieden, verschwinden für einen Moment und kommen mit einer Plastiktüte voller Äpfel oder Pfirsiche, Tomaten oder Gurken zurück. So ist der Ablauf im Sommer. Im Spätherbst oder im Winter geben sie einem ein Glas Konfitüre, eine Flasche Obstsaft, Wein oder Rakija. Manchmal bekommt man auch Schokowaffeln oder Bonbons. Dabei zählt das Alter des Beschenkten nicht – Erwachsene wie Kinder werden gleichfalls beschert.

Einmal besuchte ich meine Oma, die im Sommer auf dem Land lebt. Bei einem kurzen Spaziergang durch das Dorf lief ich an einem wunderschönen alten Bauernhaus vorbei. Während ich das Haus bewunderte, öffnete sich die Tür, und eine alte, stark gebückte Frau zeigte sich. »Das ist mein Haus, ich wohne hier!«, sagte sie stolz, als ich es lobte, und sofort wurde ich eingeladen.

Von dem Haus war nur ein großer Raum bewohnt. Auf dem Boden lagen selbst gefertigte bunte Teppiche, wie ich sie von meiner Urgroßmutter kannte. Ein Eisenofen stand in der Mitte des Raums und sorgte für den guten Holzgeruch, das schöne Licht und die Wärme. Daneben sah ich das Bett aus Eisen mit schlechter Matratze, bedeckt von einer handgemachten schwarz-grünen Wolldecke. In der Ecke war das Waschbecken mit großen weißen Kacheln, daneben eine Herdplatte, Kühlschrank und ein kleiner, alter elektrischer Ofen. In der Mitte des Zimmers stand ein großer Holztisch mit einer weißen Plastikdecke voller roter Blumen.

Ich war überrascht, wie identisch die Wohnräume einer ganzen Generation aussehen. Die Wohnung meiner Oma im Zentrum von Sliven (einer mittelgroßen Stadt im Herzen Bulgariens) verfügte zwar über zwei Zimmer mehr, ähnelte aber sehr diesem Bauernhaus. Meine Großtante, unsere Nachbarin – alle haben die gleiche Tisch-Plastikdecke. Fast immer findet man auch ein Bett in der bulgarischen Küche, wo man oft die Nächte verbringt, selbst wenn es ein eigenes Schlafzimmer gibt.

Als ich mich nach einem kurzen Gespräch von der Oma verabschiedete, schenkte sie mir trotz aller Proteste eine Packung Kekse, eine Konfitüre und zwei Äpfel. So beladen ging ich nach Hause. Eine halbe Stunde später klopfte jemand an der Haustür. Es war wieder die schwer gebückte Oma, die eine Flasche Rakija in den Händen hielt. »Mein Kind, mir fiel gerade erst ein, wer dein Vater ist! So ein gutmütiger Mann! Ihm will ich unbedingt das hier schenken. Diesen Rakija habe ich selbst gemacht, gib ihn ihm und grüß ihn von mir«, sagte sie, und bevor ich etwas erwidern konnte, verschwand sie.

Einige Monate später war ich noch mal im Dorf. Und traf eine andere Nachbarin – diesmal kannte ich sie. Die ältere Dame war Mitte 80. Als sie jünger war, lebte sie in der Hauptstadt und arbeitete an der Uni als Dozentin für Slawische Literatur. Ihr Mann, ein Mathematiker, kam aus diesem Dorf. Damals waren die Wochenenden und alle freien Tage des Paares dem Dorfbesuch gewidmet. Mittlerweile war der Ehemann längst gestorben, und die Frau verbrachte ihre Rentnerzeit (in ihrem Fall die letzten 30 Jahre) im Dorf. Lediglich im Winter (und zwar erst seit sie über 80 ist) wurde sie zu ihrer Tochter nach Sofia geholt.

So wie viele bulgarische Rentner zieht sie in den kalten Monaten das Leben in der Plattenbauwohnung mit Zentralheizung ihres Kinds in der Großstadt der Dorfidylle mit Holzofen vor. Im Frühjahr kommt sie ins Dorf zurück und sagt: »Hier geht es mir am besten, was soll ich in Sofia, bei diesem Chaos und dieser schlechten Luft.«

Auf dem Land kümmert sich die Oma um einen recht großen Garten. Sie ist die beste Freundin und was Obst- und Gemüseanbau angeht, die größte Konkurrentin meiner Oma: Tomaten (zwischen fünf und zehn verschiedene Sorten), Gurken, Paprika, Zwiebeln,

Knoblauch, Zucchini, Auberginen, Erdbeeren, Himbeeren, Bohnen, Kraut, etliche Kräuter, Trauben, Äpfel, Birnen, Kartoffeln, Blattsalat, Karotten, Walnüsse – jede der beiden über 80-jährigen Omas pflegt eigenständig ihren Obst- und Gemüsegarten. Diese zwei Frauen sind keine Ausnahme, sondern eher ein Spiegelbild der bulgarischen Rentner.

Diese Nachbarin nenne ich heimlich auch »die Konditorin«. Jedes Mal, wenn ich sie sehe, gibt sie mir einen Teller mit Kuchen, Torte oder selbst gebackenen Keksen. Meistens läuft es sogar so ab, dass sie sofort mitbekommt, dass jemand von uns im Dorf ist, und ein paar Stunden später klopft sie schon an der Tür mit einem Teller voller Köstlichkeiten in der Hand, bedeckt mit einer Serviette.

Denken Sie bitte nicht, dass die Freundlichkeit der alten Damen auf gute Nachbarschaftsbeziehungen zurückzuführen ist. Solche Geschichten sind mir mehrmals im ganzen Land passiert. Beim Besuch eines abgelegenen Dorfs in Rhodopen-Gebirge (im Südosten Bulgariens) entdeckten wir eine recht große katholische Kirche – eine absolute Ausnahme im bulgarisch-orthodoxen Bulgarien. Schnell wurde die Bürgermeisterin ausfindig gemacht, die uns die Kirche vom innen zeigte. Wie aus dem Nichts stand plötzlich eine alte Nonne mit schwarzer Robe vor uns. Sie war etwas schwerhörig und weit über 80. »Kinder, wie lange bleibt ihr hier? Wartet ein bisschen, ich mache euch gleich ein Zelnik!« meinte sie. »Zelnik« ist ein aufwendiges Blätterteig-Gericht mit Reis aus der Region, dessen Zubereitung zwei bis drei Stunden in Anspruch nimmt. Nur ungern ließ uns die alte Dame ohne Zelnik gehen.

Die bulgarische Oma ist aber nicht nur deswegen eine Institution, weil sie die Besucher mit den Früchten ihrer Arbeit beschert. Nein, es steckt viel mehr dahinter. Sie ist die Hüterin alter Traditionen, sie ist meist die Seelsorgerin der Familie, sie denkt an alle, kümmert sich um alle, weiß alles und hilft jedem.

Bei Familien mit kleinen Kindern werden die Omas intensiv in die Betreuung der Enkel involviert. Sehen Sie sich einfach auf bulgarischen Kinderspielplätzen um – oft trifft man dort mehr Großeltern als Eltern, die auf die Kinder aufpassen. Die enge Bindung zwischen Oma und Enkelkind bleibt meist lebenslang bestehen. Als Teenager wenden sich viele Jugendliche bei Herzensangelegenheit eher an die vertrauensvolle Oma als an die Eltern.

Wenn Sie mich fragen: Die Omas und Opas sind einer der größten Schätze der Bulgaren. Früher machte ich mir Sorgen, was wir machen würden, wenn unsere tolle Omas nicht mehr da sind. Seit einiger Zeit beobachte ich die Eltern meiner Freunde, die selbst zu Großeltern werden und die gleichen Eigenschaften entwickeln wie meine Großeltern: liebenswert und weise, hilfsbereit und engagiert, traditionsbewusst und gleichzeitig offen. Jetzt blicke ich unbesorgt in die Zukunft – die bulgarischen Omas (und Opas), die besten aller Welt, werden immer da sein.

*29. Grund*

## *Weil man als Kind in Bulgarien bestens versorgt wird. Und zwar ein Leben lang*

Eines Tages traf ich meinen Freund Kostadin, der ziemlich aufgewühlt war. Kosta ist Mitte 40 und ledig. Er liebt die Berge und alle Sportarten, bei denen es darum geht, einen Berg hoch- oder runterzugehen. Mit Anfang 20 gehörte er den besten bulgarischen Kletterern, mit Anfang 40 gewann er mehrere bulgarische Meisterschaften im Ski-Alpinismus. Aufgeregt erzählte er mir an diesem Tag: »Ich war gerade bei meiner Mutter, und wir haben uns total verstritten.« Ich kannte seine kleine zierliche Mutter. Sie ist Mitte 70, immer voller Energie und schnell in Bewegung. »Sie wollte einen Kürbis kochen und bat mich, ihn zu schneiden.« Sofort hatte ich die riesig großen dunkelgelben Kürbisse vor Augen, die sich vom Oktober bis Dezember auf Märkten, Gärten und Balkonen ausbreiten. Da ich keine gute Köchin bin, hatte ich erst vor Kurzem entdeckt, wie mühsam es ist und wie viel Kraft man braucht, um sie zu schneiden. »Ich fange dann an, diesen Kürbis zu schneiden«, erzählte Kosta weiter, »und sie sagt mir: ›Hör auf, du schneidest dir den Finger, ich rufe deine Tante an, dass sie es macht!‹ Stell dir vor – meine Tante ist 70 Jahre alt, übergewichtig, und sie soll lieber den Kürbis klein schneiden, damit ich mir nicht den Finger abschneide!«, regte sich mein muskulöser Freund auf.

Dass Kinder (Enkelkinder, Urenkelkinder) in Bulgarien in jeder Lebenslage geschont und beschützt werden, ist eine Besonderheit bulgarischer Eltern. Noch nie landete ich in Sofia, ohne dass jemand aus meiner Familie am Flughafen geduldig auf mich gewartet hätte. Meine Mutter wiederum sollte abends immer ihre Mutter anrufen, dass sie gut nach Hause gekommen sei, nachdem sie sie besucht hatte. Und zwar nicht als Jugendliche, sondern selbst mit 50.

Solange die Kinder bei den Eltern wohnen, müssen sie sich um Grundbedürfnisse wie Essen oder Wäschewaschen nicht kümmern. Anfang 30 und ledig? Fast unmöglich, dass man in Bulgarien allein lebt. Während München als größte Single-Stadt Deutschlands gilt, traf ich in ganz Bulgarien kaum einen Single, der nicht mit seinen Eltern lebte. Mit 20, 30 oder 60 – bei Mama ist es am schönsten.

Im entfernten Familienkreis habe ich drei Onkel, zwischen 40 und 60 Jahre alt, die unverheiratet sind. Alle leben bei ihren Eltern. Auch meine Freundin Valia ist Anfang 30 und lebt mit Mutter und Vater in einer Plattenbauwohnung. Als ich erfuhr, dass die Familie ein leer stehendes Haus mitten im Zentrum besitzt, musste ich mit ihr reden. »Warum ziehst du nicht dahin?« – »Ah, es ist doch schön zu Hause, manchmal nerven sie, aber es ist gemütlich und ich fühle mich wohl dort. Was soll ich alleine in dieser großen Wohnung im Zentrum machen und hin und her fahren, um sie zu besuchen«, erklärte sie mir. Sofort musste ich an eine andere Bekannte denken. Auch sie wohnte bis Mitte 30 bei den Eltern (die wiederum mit den Großeltern lebten), bevor sie dann mit ihrem langjährigen Freund in eine Mietwohnung zusammenzog. Nach einem halben Jahr kehrte sie zurück zu den Eltern. »Habt ihr euch getrennt?«, fragte ich sie, da mir keine bessere Erklärung für den Umzug einfiel. »Nein, nein! Er ist doch die Liebe meines Lebens! Er arbeitet in Schichten, und ich musste oft alleine in der Wohnung sein. Ich fuhr fast täglich nach Hause, zu meinen Eltern und Großeltern, und ich stand ständig im Stau. Dann beschloss ich, dass das keinen Sinn macht und dass ich wieder zurückziehe. Ich bin nicht dafür geschaffen, allein zu leben. Ich weiß, ihr in Deutschland seid da anders, aber hier in Bulgarien mögen wir es, zusammen zu sein.«

Mein guter Freund Zhoro, ein Bulgare aus Sofia, studierte und lebte jahrelang in Deutschland. Er war einer der am besten integrierten Bulgaren, die ich kannte – er sprach ein akzentfreies Deutsch und hatte bis auf mich nur deutsche Freunde. Eines Tages kündigte er an, dass er nach knapp 20 Jahren im Ausland nach Bulgarien zurückziehen würde. »Und weißt du, was meine Mutter dazu sagte?«, fragte er mich lachend. »Ja, mein Kind, komm nach Hause, wir kümmern uns um dich, wir geben dir eine Wohnung (er kam aus einer wohlhabenden Familie) und finden dir eine Frau. Alles wird gut, wir kümmern uns um alles.«

Ivo ist ein anderer Freund von mir und Softwareentwickler. Ich habe ihn Ende der 90er-Jahre kennengelernt, als er Mitte 20 war. Davor hatte er bereits ein Jahr lang in New York gearbeitet. Das kapitalistische Leben dort gefiel ihm nicht so gut – er kam zurück nach Bulgarien und gründete zusammen mit seinem Bruder eine Software-Firma. Damals erzählte er mir von seinem Vorhaben, Millionär zu werden, und er war recht zuversichtlich, dass das bald klappen würde. Natürlich wohnten die beiden Söhne (nach der Rückkehr aus der USA) bei Mama und Papa. »Weißt du, wir werden die Konkurrenz schlagen, weil wir vermutlich besser sind, aber selbst wenn wir genauso gut wie die anderen sein sollten, haben wir einen riesigen Vorteil. Die Amis zahlen deren Arbeitern hohe Gehälter, Sozialversicherungen, Steuer … Selbst wenn sie als Freelancer arbeiten, haben sie hohe Kosten – die Mieten in New York und die Lebenskosten dort sind extrem hoch. Aber nehmen wir an, man lebt in einem kleinen Kaff – irgendwelche Kosten hat man immer. Mein Bruder und ich dagegen – wir wohnen bei unseren Eltern. Ein bisschen Geld geben wir denen fürs Einkaufen schon, aber das will meine Mutter nicht, und es wäre auch nicht nötig – sie kocht für uns alle, und das ist sehr günstig. Deshalb können wir im Gegensatz zu unserer Konkurrenz in den Staaten nie pleitegehen«, erklärte er mir damals sein Geschäftsmodell.

Ein paar Jahre später traf ich ihn wieder und wollte natürlich wissen, ob er Millionär geworden sei und ob er noch bei seinen Eltern wohnte. Er hätte Millionär werden können, erzählte er, weil Microsoft ihm seine Firma für viel Geld abkaufen wollte, aber sein Bruder und er entschieden sich dagegen. Was sollten sie mit so viel Geld anstellen, sie liebten doch ihre Arbeit. Allerdings hatte er sich eine eigene Wohnung gekauft, hatte mittlerweile Frau und zwei Kinder und wohnte nicht mehr bei seinen Eltern. Die Firma ist immer noch erfolgreich auf dem Markt und hat namhafte Kunden, die Eltern besucht er mehrmals pro Woche, nun mit der eigenen Familie. Oft bringt er dort die Enkelkinder unter und macht ein paar Tage Kurzurlaub mit seiner Frau ohne Nachwuchs – übrigens typisch für Bulgaren mit Kindern.

Nachdem ich Ihnen erklärt habe, wie gut sich die bulgarischen Eltern um ihre Kinder kümmern, möchte ich aber etwas klarstellen. Es sollen ja keine Missverständnisse aufkommen. Natürlich gibt es bulgarische Kinder, die im Alter von 20 oder 30 vollkommen selbstständig leben, den eigenen Haushalt führen und gerne und täglich kochen. In den letzten Jahren sind Kochshows im Fernsehen sehr populär, was sicherlich zu einem besseren Ruf des Kochberufs hierzulande führte (denn traditionell ist für die Küche die Frau zuständig, siehe dazu Grund 35). Öfters sind die Kandidaten junge Männer, die viel Sympathie vom Publikum bekommen. Vor allem in Sofia findet man immer mehr junge Bulgaren, die allein wohnen und wie ihre Altersgenossen in Deutschland Job, Wohnung und Ernährung selbst managen. Aber selbst dann ist sich der/die durchschnittliche Bulgare/in sicher: Wenn man nach Hause kommt, bekommt man gutes Essen von Mama, die sich um alles kümmert. Egal, was auch passieren mag – der Unterstützung zu Hause können sich Bulgaren immer sicher sein.

*30. Grund*

## *Weil die Bulgaren trotz Krisen das Leben genießen*

Klaus, ein Deutscher, der seit 26 Jahren mit einer Bulgarin verheiratet ist und mittlerweile in Bulgarien lebt, erzählte mir, dass er bereits Ende der 90er in Bulgarien war. Ich selbst konnte mich gut an diese Zeit erinnern – der Winter 1996/1997 war schwer. Die Inflation lag über 300 % (zum Vergleich – die höchste Inflation in Deutschland gab es vor einem guten Jahrhundert im Jahr 1923). Damals war ich 16 und ich habe heute noch Bilder der ewig langen Schlagen vor den Wechselstuben und Banken im Kopf. Jeder versuchte, seine bulgarische Lewa gegen Dollars umzutauschen, weil die bulgarische Währung stündlich an Wert verlor. Vormittags kostete das Brot einen Preis, nachmittags den doppelten, am Abend den dreifachen. Und so ging es tagelang.

Eines Tages bekam meine Mutter einen Brief von ihrer Bank, dass diese insolvent geworden sei und alle Konten gesperrt seien. Es sei leider nicht möglich, das eigene Geld abzuheben oder ausgezahlt zu bekommen. Meine Mutter sah das Ganze recht gelassen, weil sie bei dieser Bank nur ein Nebenkonto mit wenig Geld hatte. Insgesamt sind Mitte der 90er-Jahre 15 bulgarische Banken bankrott gegangen. Zur selben Zeit erzählte mir meine Oma mit trauriger Stimme, dass sie bei meiner Geburt ein Sparkonto auf meinen Namen angelegt hatte, auf dem sie jeden Monat etwas Geld ansparte. Sie wollte mir das Sparbuch zum 18. Geburtstag schenken. »Kind, ich habe immer davon geträumt, dass du dir dann mit dem Geld ein gutes Klavier kaufst«, erzählte sie, »und normalerweise wäre mehr als genug Geld da, aber jetzt kannst du dir damit nur ein Eis kaufen.« Ich tröstete sie mit dem Geständnis, dass ich noch nie Klavierunterricht hatte und eher unmusikalisch bin, dafür aber Eis liebe.

Als Teenie empfand ich die damalige Zeit der Aufregung und Proteste eher als spannend. Im Gegensatz zu anderen osteuropäischen Ländern gab es in Bulgarien während des Kommunismus keine Protestbewegungen. Die erste große Demonstrationswelle kam nach dem Mauerfall – 1989/1990 –, die zweite im Winter 1996/1997. Bei der zweiten nahm auch ich im zarten Alter von 15 Jahren mit meinen Freunden vor dem Universitätsgebäude in Sofia teil, sang Lieder, schrie mit der Menge »Tscherveni boklutsi« (Roter Müll) und »Ostavka« (Rücktritt) und hüpfte unter den Slogan »Koi ne skacha e tscherven – Wer nicht springt, ist rot«. Die »Roten« waren die Sozialisten, also die ehemaligen Kommunisten, die davor 45 Jahre lang das Land regiert hatten. Davon dürfte aber meine Oma Gina nichts wissen, denn sie gehörte (so wie eine Großzahl der bulgarischen Rentner) zu ihren überzeugten Anhängern. Der Winter 1996/1997 war richtig kalt – mit Temperaturen unter minus zehn Grad. Auf den Protesten traf man immer wieder Menschen mit großen Thermoskannen, die den Demonstranten einen heißen Tee im Plastikbecher schenkten.

Mein deutscher Bekannter erzählte, dass er ausgerechnet zur Zeit dieser Demos in Sofia war und sich aus Neugier alles ansah. »Eine Woche später, am 7. Januar, war ich zu Iwanowden in einem Dorf in der Nähe von Plowdiw eingeladen. Zum Namenstag hat Iwan, ein Freund meiner Frau, ein Schwein geschlachtet. Den ganzen Tag lang feierten die Leute, tanzten Horo, tranken und sangen. Man hätte nicht ahnen können, dass dieses Land gerade turbulente Zeiten erlebt. Ich habe sie gefragt: Wie könnt ihr feiern, wenn es eine solche Krise gibt, überall Demos stattfinden und große Aufregung im ganzen Volk herrscht? Macht ihr euch keine Sorgen um eure Zukunft, mit dieser Inflation und den bankrotten Banken? In meinem Land würde jeder sein Geld verstecken, Vorräte kaufen, und keiner käme auf die Idee, große Feste zu feiern.« Sie antworteten mir nur: »Weißt du, Klaus, Krise hin, Krise her, wir leben unser Leben. In Bulgarien gab es oft genug Krisen, aber heute ist Iwanowden und wir werden feiern.« Das ist es, was ich an den Bulgaren so sehr schätze«, fuhr Klaus fort, »sie haben einen Ausdruck »Schte se opravim« – »es wird uns besser gehen«, und ich finde diese Einstellung besonders liebenswert«, erklärte er mir.

Mitte der 90er-Jahre gab es in Sofia die größte »Wasserkrise« in der Neuzeit. Nur jeden dritten Tag kam aus den Wasserhähnen in der Hauptstadt fließendes Wasser, in der restlichen Zeit mussten die Großstädter mit vollen Wasserkanistern auskommen. Sicherlich bedurfte es vieler Einschränkungen und einer großen Umstellung, aber die Wasserkrise hatte auch einen positiven Effekt: Alle drei Tage lud man Freunde nach Hause ein, und die Wasser-Tage wurden zu Feiertagen.

Ich habe selbst diese Überlebenskunst der Bulgaren immer bewundert. Egal, wie schwer die Lebensbedingungen sind, man findet immer Zeit für Freunde und Familie, man trifft sich abends und feiert zusammen. »Im Westen gehen die Leute zum Psychiater, in Bulgarien hat man Freunde«, diese Theorie werden Sie oft in Bulgarien hören. Obwohl vielen Bulgaren auch ein Besuch bei der Psychologin guttun würde, zumindest wenn meine Freundin Didi fragt, die als solche arbeitet. Sicher ist aber, dass die Bulgaren gut mit Rückschlägen umgehen und das Beste daraus machen. Hierzulande gibt es ein Patentrezept für schlechte Chefs, langweilige Jobs, anstrengende Kinder, Ärger in der Familie: Man geht abends aus dem Haus und trifft Freunde oder Nachbarn. Bei einem Bier unter den Bäumen oder einem Kaffee in der Fußgängerzone entspannen die Bulgaren am besten und entfliehen allen Sorgen und Problemen. Überzeugen Sie sich selbst: In jeder bulgarischen Stadt werden Sie zu jeder

Jahreszeit volle Cafés, Bars oder Restaurants entdecken. Auf dem Land sehen Sie immer wieder kleine Bänke auf der Straße vor den Häusern eingebaut, wo sich die Nachbarn an warmen Abenden sammeln und Neuigkeiten austauschen. Auch in den Plattenbauvierteln der Großstädte entdecken Sie abends vor dem Haupteingang meist eine Bank und die versammelte Nachbarschaft. Das soziale Umfeld ist oft der Rettungsanker der Bulgaren. Es übersteht alle Krisen und lässt keinen im Stich.

So schwer die Umstellung vom Kommunismus zur privaten Wirtschaft auch sein mag, nie haben die Bulgaren ihre Bodenständigkeit und ihre Lebenslust verloren. Sie fürchten keine großen Krisen und lassen sich die kleinen Freuden nie nehmen. In einem Dorf erzählte mir eine alte Frau stolz, dass sie zur Zeit des Königs lebte, dann zur Zeit des Kommunismus und jetzt in der Demokratie. »Ich habe drei verschiedene politische Regimes durchgemacht und werde die heutigen Krisen auch noch überleben«, schmunzelte sie und fuhr mit dem Jäten des Unkrauts in ihrem Garten fort.

### *31. Grund*

## *Weil Christen und Muslime seit Jahrhunderten friedlich zusammenleben*

Eines Tages, ich lebte zu dieser Zeit in Deutschland, bekam ich einen Brief von der Stadt – eine Einladung zur Bürgerversammlung. Einer der Punkte in der Tagesordnung war der Bau einer Moschee in unserem Viertel. Diese Erinnerung kam mir hoch, als ich im Winter das Städtchen Beliza in Bulgarien besuchte. Beliza liegt auf der südlichen Seite des Rila-Gebirges, an einer windgeschützten und sonnigen Stelle zwischen zwei Hängen. Das Auffälligste in dem Ort ist die orthodoxe Kirche aus dem Jahr 1831, die recht groß ist und oben auf dem Hang steht. Die Kirche hat eine Turmuhr, die von überall zu sehen ist. Was soll daran so außergewöhnlich sein, fragen Sie? Wer die bulgarische Geschichte kennt, weiß, dass der Bau einer christlichen Kirche im Osmanischen Reich (also bis 1878) zwar erlaubt war, allerdings durften die bulgarischen Kirchen nicht größer als ein muslimischer Reiter sein und auf keinen Fall an einer zentralen Stelle stehen. Deshalb wundert man sich, wie es möglich war, dass die Bulgaren zur Zeit der türkischen Herrschaft eine so große und auffällige Kirche in Beliza bauen durften. Die Erklärung ist einfach: Schon damals konnte man wie heute mit Geld einiges erreichen. Die zuständigen türkischen Beamten wurden mit diesen Mitteln davon überzeugt, dass eine große christliche Kirche an einer wichtigen Stelle im Ort in Ordnung sei. Eine weitere Bedingung für den Bau gab es doch noch – die Bulgaren mussten eine Turmuhr bauen. Diese wurde in Wien gekauft und in Naturalien (mit erstklassigem Fell bulgarischer Schafe aus Beliza) bezahlt.

Um zu der Kirche zu gelangen, müssen Sie ins Zentrum der Stadt gehen und viele Treppen hochsteigen. Oben vor der Kirche gibt es eine große Holzterrasse, von dort aus können Sie die ganze Stadt sehen. Dort oben wartet die nächste Überraschung auf Sie. Wenn Sie auf die kleine Ortschaft schauen, sehen Sie direkt gegenüber, mitten in der Stadt, das hohe Minarett einer schönen weißen Moschee. Waren Sie bei Ihrem Spaziergang durch das kleine Bergstädtchen aufmerksam, sahen Sie bestimmt manche Frauen mit bunten Kopftüchern und langen Röcken sowie junge Mädchen mit Miniröcken oder engen Jeans.

Vor allem in Rhodopen-Gebirge gibt es viele Ortschaften, die Beliza ähneln und sowohl Kirchen als auch Moscheen haben. Dort leben seit Jahrhunderten christliche und muslimische Bulgaren friedlich zusammen, die Letzteren werden Pomaken genannt. Pomaken sind Bulgaren, die während des Osmanischen Reichs ihre christliche Religion aufgaben und den muslimischen Glauben annahmen. Die bulgarische Sprache und Traditionen haben sie behalten. Vor allem im 17. Jahrhundert, als beim zweiten Versuch, Wien zu erobern, die Osmanen zurückgeschlagen wurden, kam es zu großen Zwangsmuslimisierungen christlicher Regionen im Osmanischen Imperium. Der Frust der Türken aus dem verlorenen Krieg um Wien wurde an der christlichen Bevölkerung ausgelassen, indem man im großen Stil gewaltsame Islamisierungsprozesse vor allem in dem Rhodopen-Gebirge (eine Bergregion, relativ nah an Istanbul liegend) durchführte. Alte bulgarische Volkslieder erzählen von zwei Brüdern – der eine gab sein Leben fürs Christentum auf, der andere wurde Muslim. Deren Söhne lebten weiterhin in zwei Nachbarvierteln. Die Lieder wurden zur Realität – die Kinder und Enkelkinder der beiden Brüder leben noch heute friedlich und freundschaftlich zusammen.

In Plowdiw lernte ich ein nettes junges Mädchen mit schönen Augen und großem Lächeln kennen. Eines Tages, kurz vor Weihnachten, traf ich sie zufällig auf der Straße – sie hatte einen großen Tannenzweig dabei und war auf dem Weg nach Hause. An sich nichts Ungewöhnliches in der vorletzten Dezemberwoche, allerdings wusste ich bereits, dass Leyla Pomakin ist, also Muslima. »Du hast recht, wir feiern nicht Weihnachten«, erklärte sie mir, »aber ich mag die weihnachtliche Stimmung trotzdem, und ich feiere jedes Jahr mit meinem Freund ein bisschen mit. Er ist übrigens auch ein Pomak.« Ich wurde neugierig und wollte ihr Hunderte Fragen stellen.

Leyla hatte Zeit, und wir setzten uns in ein Café. Damit ich ein umfassenderes Bild bekomme, wurde auch ihr muslimischer Freund eingeladen. Ich gebe zu, zwei Vertreter einer Minderheit zu befragen, gibt noch lange kein repräsentatives Bild, aber immerhin konnten mir die beiden die Tür zur Pomaken-Welt ein bisschen weiter öffnen.

Als Erstes erfuhr ich, dass die Pomaken nicht anders als die Bulgaren sind. Zweite und noch wichtigere Erkenntnis: Die Pomaken sind Bulgaren. Zwar werden sie Pomaken genannt, ein Wort, das aus »pomagam« hergeleitet wird, was auf Bulgarisch »helfen« bedeutet, also Helfer und Unterstützer der Türken, wie mir meine neuen Freunde erklärten. Abgesehen von diesem Oberbegriff besteht der einzige

Unterschied zwischen Bulgaren und Pomaken in der Religion. Interessant, dachte ich, wenn man bedenkt, dass im Kommunismus (also ein knappes halbes Jahrhundert lang) Religion für alle Bulgaren – Christen und Muslime – tabu war und nicht frei ausgeübt werden durfte. Die Pomaken sprechen nur bulgarisch (und nicht türkisch) und haben ein vollkommen bulgarisches Selbstbewusstsein. »Wie ist es mit der Diskriminierung, wie wohnt ihr in eurem Dorf?«, wollte ich wissen. »Da macht niemand einen Unterschied, ob man Bulgare oder Pomake ist. Wir haben schon immer so gelebt, und jeder lässt den anderen seine eigenen religiösen Feiertage feiern. Nur die Zigeuner bei uns feiern an allen Tagen – Weihnachten, Bayram, sie nehmen alles mit. Gewalt aus religiösen Gründen? Nein, so etwas gab es bei uns nie.« In meinem positiven Bild über das harmonische Leben in Bulgarien bestätigt, wollte ich aber doch noch die etwas dunkleren Seiten des bulgarischen Umgangs mit ihren Muslimen beleuchten. »Wurdest du niemals in Bulgarien anders behandelt, weil du Pomakin oder Muslime bist?«, bohrte ich nach. »Nein, ich persönlich nicht. Ich habe immer offen gesagt, dass ich Muslimin bin, und die Reaktion war noch nie negativ. Im Gegenteil, das bringt mir eher Vorteile, weil manche Leute neugierig werden und mehr über mich oder meine Religion wissen wollen, so wie du jetzt, und das führt zu interessanten Gesprächen. Aber ich habe von meiner Freundin, die in Sofia studierte, gehört, dass sie dort teilweise wegen ihres Namens Probleme hatte. Ein Dozent habe ihr gesagt, sie solle zurück in die Türkei, sie habe in Bulgarien nichts zu suchen. Sie erklärte ihm, dass sie keine Türkin ist, auch wenn sie einen muslimischen Namen trägt, dass sie weder Türkisch spricht noch türkische Verwandte hat und nichts in der Türkei zu suchen hat.« Es schmerzte, diese Geschichte zu hören.

Die »große Exkursion« und die Namensänderung in Bulgarien ist ein schwieriges Thema, das man Ausländern am liebsten erspart. Am Anfang der 80er-Jahre beschloss die kommunistische Partei, einen »Aufweckungsprozess« einzuleiten: Alle Muslime in Bulgarien sollten ihre muslimischen Namen in bulgarische ändern. Die Begründung war, dass sie Bulgaren seien, die während des osmanischen Jochs zwangsislamisiert wurden. Jetzt wolle man alles wieder gut machen und diese Bulgaren von ihren muslimischen Namen befreien und zurück ins Nest der Bulgaren holen. Heute gibt es die Theorie, dass die Regierung aus Angst vor dem wachsenden Wunsch der muslimischen Minderheit nach Autonomie handelte. Bulgarien sollte nie, wie Zypern in den 70er-Jahren, geteilt werden. Proteste der muslimischen Bevölkerung gegen die Aufweckung wurden gewaltsam unterdrückt, wer sich besonders aktiv wehrte, wurde schnell ins Arbeitslager geschickt. Die Türkei wurde vom damaligen bulgarischen Regierungschef Živkov aufgefordert, ihre Grenzen für die türkischen Bulgaren zu öffnen, und so flohen aus Angst vor Repressionen im Sommer 1989 innerhalb weniger Wochen ca. 360.000 Bulgaren der türkischen Minderheit in die Türkei. Kurz nach diesen Ereignissen versank das Land wie der gesamte Ostblock im Chaos der politischen Veränderungen nach dem Mauerfall. Christliche und muslimische Bulgaren bekamen mehr Freiheiten, die Proteste gegen die »Bulgarisierung« nahmen zu, und im Dezember 1989 wurde die Namensänderung rückgängig gemacht. Bis Ende der 90er-Jahre kamen ca. 40 % der in die Türkei geflohenen bulgarischen Türken nach Bulgarien zurück.

Meine pomakische Freundin Leyla ist allerdings Bulgarin und gehört nicht der türkischen Minderheit an. Was also soll die »große Exkursion« mit ihr zu tun haben? Da sie einen muslimischen Namen hatte, musste auch sie ihn ändern. Weil ihre Familie aber keinen Bezug zur Türkei hatte, ist sie nicht ausgewandert. Kurzzeitig hieß Leyla Lilia, dann ergriff sie die erste Möglichkeit und nahm ihren alten muslimischen Namen wieder zurück.

In Deutschland lernte ich eine andere Bulgarin kennen. Auch sie hatte einen für mich fremd klingenden Namen. Darauf angesprochen, erklärte sie mir, dass sie zur türkischen Minderheit im Nordosten Bulgariens gehört (die zwei größten türkischen Minderheiten in Bulgarien leben im Rhodopen-Gebirge im Süden und bei Schumen und Rasgrad im Nordosten). Zu Hause sprachen ihre Eltern bulgarisch, erzählte sie mir, die Großeltern aber noch türkisch. Zur Zeit der Namensänderung war sie noch nicht geboren und konnte sich nicht an irgendwelche Benachteiligungen aufgrund ihrer Religion oder ihres Namens erinnern. Sie berichtete mir das Gleiche wie Leyla – in Rasgrad sei man seit Jahrhunderten gewohnt, dass Bulgaren, Türken und Roma zusammenleben, und das sei nichts Besonderes; der Alltag sei friedlich und nachbarschaftlich. Ihre Mutter ist Bulgarischlehrerin in der Schule, sie selbst ist mit einem christlichen Bulgaren verheiratet, und das Einzige, was für sie wichtig ist, ist der Mensch, nicht seine Religion, erklärte sie mir. »Fühlst du dich mehr als Türkin oder Bulgarin? Oder Deutsche?«, wollte ich wissen. »Ich war nur ein, zwei Mal kurz in der Türkei, und ich fühle mich nicht als Türkin, aber ganz bulgarisch bin ich auch nicht. Ich fühle mich eher wie jemand, der überall zu Hause ist«, war ihre Antwort.

In Plowdiw lernte ich einen in Spanien lebenden Engländer kennen, der im Rahmen eines EU-Projekts durch alle EU-Länder reiste und Interviews mit jungen Leute über Europa führte. Dabei ist ihm aufgefallen, dass jedes Land sein Lieblingsthema hat, etwas, was die Menschen am meisten beschäftigt. In Bulgarien seien das die Veränderungen nach dem Bruch der Sowjetunion und die Narben des türkischen Jochs. Ich musste ihm recht geben.

Die 500 Jahre türkischer Herrschaft sind zwar über 140 Jahre her, trotzdem werden Sie ständig davon hören (und wundern Sie sich bitte nicht, wenn sie als Erklärung für alles, was nicht funktioniert herangezogen wird). Unter der christlichen Bevölkerung in Bulgarien (und das sind ca. 85 % der Bulgaren) herrscht die Angst, dass die Türkei im Speziellen oder die muslimischen Staaten im Allgemeinen Einfluss auf die muslimische Minderheit in Bulgarien nehmen und dass die Muslime mit Unterstützung von außen Teile von Bulgarien enteignen könnten, oder (immer noch Worst-case-Szenario für manche Bulgaren) Bulgarien wieder unter fremde (muslimische) Herrschaft fällt. Nationalistische Parteien sind überall in Europa auf dem Vormarsch. Parteien und politische Koalitionen wie »Vereinte

Patrioten«, »Ataka« oder »Patriotische Front« in Bulgarien spielen vor allem mit dieser Angst und sind heute in der Regierung vertreten. Bei den letzten Parlamentswahlen im März 2017 kamen zwei solche Parteien mit insgesamt ca. 13 % der Stimmen ins Parlament, gefolgt von der Partei der türkischen Minderheiten mit ca. 9 %.

Nach dem kurzen Ausflug in die bulgarische Politik möchte ich Sie jetzt aber wieder zurück in das kleine Bergstädtchen Beliza führen. Dort, wo die Kirche und die Moschee nebeneinander stehen, hat niemand Angst vor dem anderen. Auf ihre Zukunftspläne angesprochen, antwortete mir Leyla, dass sie zwei Jahre in Spanien gelebt und dort in einem Obst- und Gemüseladen gearbeitet hatte. Spanien sei schön, aber in Bulgarien fühle sie sich am wohlsten. »Ich liebe mein Land, und ich will hier leben«, erzählte sie mir am Ende. »Mein Freund lebte ein Jahr lang in Deutschland, dort arbeitete er als Kurier, und auch er ist zurückgekommen. Wir waren letztes Wochenende in unserem Dorf in den Bergen. Während der dreistündigen Fahrt dorthin diskutierten wir die ganze Zeit, wie schön Bulgarien ist und was es für tolle Menschen hier gibt und wie gut es ist, dass immer mehr gebildete Leute aus dem Ausland zurückkommen. Wie gut das Essen hier schmeckt, wie unberührt die Natur ist, wie herzlich die Umgangsformen. Nein, für uns steht fest, wir gehen nicht ins Ausland. Wir leben doch in dem schönsten Land der Welt!«, lächelte sie mich an, und ich gab ihr Recht.

Als ich auf der Terrasse der Kirche in Beliza stand, mit Blick auf die Moschee, dachte ich an die Bürgerversammlung in München und an meine Freundin Leyla und war voller Freude und Glück, wie friedlich und unaufgeregt Muslime und Christen in Bulgarien tatsächlich leben.

**Oben:** UNESCO-Weltkulturerbe und das Prachtstück unter den über ganz Bulgarien verstreuten Klöstern: das Rila-Kloster (Grund 78). **Unten:** Unberührte Natur erlebt man in Bulgarien vielerorts, wie hier am Sinanica See im Pirin-Gebirge (Grund 3).

Eine Hauptstadt mit ihrem Hauspark: das 2.300 Meter hohe Witoscha-Gebirge erhebt sich über Sofia (Grund 73). Während Sportler Skifahren, Klettern, Gleitschirmfliegen, Wandern oder Mountainbiken können, besuchen Kulturbegeisterte die Kirche von Bojana (UNESCO-Weltkulturerbe) oder das Historische Museum am Fuße des Witoscha-Bergs.

**Oben:** Der Namensgeber des Nationaltheaters Iwan Wasow in Sofia gilt als Patriarch der bulgarischen Literatur (Grund 81). Prächtige Wandmalereien des 19. Jahrhunderts im Säulengang der Klosterkirche im Rila-Kloster.

**Oben:** Von dem Jugendhügel hat man einen tollen Blick auf eine der ältesten Städte Europas – Plowdiw (Grund 11). **Unten:** Wie ein UFO thront das ehemalige kommunistische Busludscha-Denkmal auf dem ca. 1.440 Meter hohen Hadschi-Dimitar-Gipfel in Balkan-Gebirge (Grund 103).

Das Dorf Scherawna am südlichen Hang des Ost-Balkan-Gebirges ist denkmalgeschützt. Jährlich findet hier im Sommer das Festival der Volkstracht statt, bei dem drei Tage lang in Tracht und ohne moderne Gegenstände gefeiert wird (Grund 102).

**Oben:** Marteniza wird auf den ersten blühenden Baum gehängt (Grund 57).
**Unten:** Praktisch und schön – das alte Tor verwandelt sich in eine Verkaufsfläche für handgewebte Teppiche in Scherawna (Grund 61).

**Oben:** Viele Bräuche und Traditionen werden in Bulgarien heute noch gelebt, wie Kukeri beim Festival Surwa in Zemen (Grund 52). **Unten:** Geschichte spielt in Bulgarien eine große Rolle. Im ganzen Land findet man Museen mit Ausstellungen über die Wohnweise in der Wiedergeburtszeit (Grund 8).

Sosopol gehört zu den ältesten Städten Europas, in der Altstadt mit Wiedergeburtshäusern steht die Zeit still (Grund 107). Wer sich auf der Terrasse eines der vielen Cafés mit Meeresblick setzt, kann mit etwas Glück Delphine sehen.

**Unten:** Das Schwarze Meer hat halb so viel Salzgehalt, wie das Mittelmeer. Nur einer von vielen Gründen, warum Baden hier so viel Spaß macht (Grund 63).

**Unten:** Die felsige Nordküste bei Tjulenovo ist bei Abenteurern, Tauchern und Kletterern beliebt. Unter der Oberfläche liegen viele archäologische Schätze (Grund 13).

Man sagt, Klöster seien die Seele Bulgariens. Oft liegen sie in reizvollen, schwer zugänglichen Gegenden, wie hier das Tscherepisch-Kloster an der Iskar-Schlucht (Grund 78).

**Oben:** In dem Freilichtmuseum Etara kann man bulgarische Wiedergeburtshäuser und alte Handwerke bestaunen (Grund 82). **Unten:** Jeden Sommer finden in dem römischen Theater von Philippololis aus dem 2 Jh. n. Ch. in Plowdiw Konzerte und Veranstaltungen statt (Grund 80).

**Oben:** International wenig bekannt: Bulgarien ist einer der größten Lavendelhersteller weltweit (Grund 64).
**Unten:** Gegen 10 Uhr morgens endet der Arbeitstag der Rosenpflücker bei Karlowo, denn im Morgengrauen ist der Rosenduft am stärksten (Grund 64).

**Oben:** Der Blick auf den Fluss Arda bei Kardschali ist unter Fotografen besonders beliebt. **Unten:** Vielseitige Natur in Bulgarien (Grund 2), die Sandsteinpyramiden bei Melnik leuchten spätnachmittags am schönsten.

*32. Grund*

## *Weil in Bulgarien das Gesetz um den Menschen eine Kurve macht*

Die Deutschen sind fleißig und Ordnungshüter, die Südländer nehmen es mit dem Gesetz nicht so genau. Vorteile haben einen wahren Kern, und ich wage zu behaupten: In Deutschland achtet man eher auf Gesetz und Ordnung, als das in Bulgarien der Fall ist. Nach einem halben Leben in Deutschland und ein deutsches Jura-Studium hinter mir, bin ich ein großer Fan von Ordnung und Regeln geworden und weiß ihre Vorteile sehr zu schätzen. Es ist so herrlich zu wissen, wann die U-Bahn kommt, sodass man keine Zeit vergeudet, verfroren auf sie zu warten, anstatt währenddessen ein heilendes Arzneimittel zu entdecken. Oder wie gut es ist, gewisse Arbeitsstrukturen in der Firma zu haben und als Neuling eine Liste mit Anweisungen zu bekommen – Schritt 1, 2, 3. Oder wenn ich mich nicht stundenlang in einer Schlange anstellen muss, sondern eine Nummer ziehe und mich entspannt auf eine Couch setzen und ein Buch lesen kann.

Auch in Sachen Orientierung stelle ich erhebliche Unterschiede zwischen den beiden Ländern fest. Als ich mit 18 zum Studieren nach Deutschland ging und drei Monate später zu Weihnachten meine Familie in Sofia besuchte, wurde ich von allen gefragt, wie ich dort zurechtkomme und ob ich mich in dieser großen fremden Stadt nicht ständig verlaufen würde. Lächerlicher Gedanke!, dachte ich mir und erklärte der besorgten Verwandtschaft: »Es ist unmöglich, dass man sich in Deutschland verläuft, weil dort alles beschildert ist – Pfeil nach hier, Schild nach dort, Straßennamen überall.« Zu dieser Zeit, das war Ende der 90er, gab es in Bulgarien weder Pläne der öffentlichen Verkehrsmittel noch Karten in den Bushaltestellen, und keiner wusste, was Fahrpläne sind. Wenn man sich nicht auskannte, fragte man sich durch. Für diese Art des Zurechtfindens haben die Bulgaren auch ein tolles Sprichwort: »Mit

Fragen gelangt man nach Konstantinopel (heutiges Istanbul).« Machen Sie sich dennoch keine Sorgen, in Sofia oder einer anderen bulgarischen Großstadt unterzugehen. Mittlerweile werden in jeder Touristeninformation kostenlose Stadtpläne angeboten, und neue zweisprachige Straßenschilder stehen an den Straßenecken. Die größte Veränderung brachte allerdings das Internet – mit Google Maps oder noch besser der bulgarischen Variante davon, BGMaps (www.bgmaps.com/en/), kommen Sie selbst dort zurecht, wo keine Straßenschilder stehen.

Aber zurück zu meiner Behauptung: In Bulgarien hat man ein anderes Verhältnis zur Ordnung und Gesetzestreue. Manche Deutschen machen den Fehler, dies als Abhandensein zu bezeichnen, aber es ist etwas anderes. Für die Bulgaren ist das Gesetz zwar wichtig, aber der Mensch ist noch wichtiger. Vorschriften halten die Bulgaren eher für Orientierungshilfe und Empfehlung. Hierzulande fühlt man sich nicht verpflichtet, diesen zwingend zu folgen. Manchmal hat das mit dem Gesetz an sich zu tun.

Sehen wir uns zum Beispiel den Alltag im Kommunismus an: Planwirtschaft bedeutete, dass der Staat vorausschauend berechnete, wie viele Waren das Volk brauchen würde. Paradebeispiel: Die Partei kalkuliert, dass die Bürger so und so viel Toilettenpapier in fünf Jahren verbrauchen werden. Herstellungszahl, Bestellungen – alles wird auf Grundlage dieser Zahlen ausgerechnet. Drei Jahre später kommt es, wie es kommen muss: Die Bevölkerung hat mehr Toilettenpapier verbraucht als geplant, und dieses Gebrauchsgut wird zur Mangelware. Da ein freier Handel im kommunistischen Bulgarien gesetzlich verboten war, versuchten die Menschen, sich abseits des Gesetzes zu behelfen – mit Zeitungspapier (geschnitten im Postkarten-Format) und Handel unter der Hand. Mangelwaren wurden getauscht, selbst gebastelt oder unter dem Tisch verkauft. Alltagsbewältigung ging dem Gesetzesbruch vor.

Verlassen wir aber die sozialistische Vergangenheit und schauen wir uns in der europäischen Gegenwart um: Seit 2007 ist Bulgarien

EU-Mitglied. Bevor das passierte, mussten alle EU-Gesetze Teil des bulgarischen Rechts werden. Ich weiß noch, dass wöchentlich neue Gesetzestexte herausgegeben wurden – eine gute Zeit für juristische Verlage in Bulgarien. Bei einer so großen Anzahl von Änderungen und neuen Regelungen war es unvermeidbar, dass manches mehrmals und teilweise unterschiedlich in verschiedenen Gesetzestexten geregelt war. Im Laufe der Jahre wurden viele solche Geburtsfehler behoben, was aber bis heute gültig bleibt, ist die Tatsache, dass manche Gesetze in Bulgarien nicht gut aufeinander abgestimmt sind und oft offene Hintertüren entstehen.

Und dann gibt es einen anderen Aspekt: wenn man für den Menschen eine Ausnahme macht, wo die Regelung keine vorsieht. Eine Kolumbianerin zum Beispiel, die vor Jahren nach Bulgarien auswanderte, erzählte mir, dass sie am Anfang kein Bulgarisch sprach und sich mit Händen und Füßen verständigte. Als sie zum Finanzamt ging, um dort ihre Steuererklärung abzugeben, füllte die Sachbearbeiterin die Unterlagen für sie aus und machte ihr mit Gesten deutlich, dass sie sich das nächste Mal nicht in die Schlange zu stellen brauchte, sondern direkt zu ihr gehen sollte.

Auf der ganzen Welt kommt es vor, dass man hinter dem Bus herrennt. Hierzulande ist aber sehr häufig zu beobachten, dass der Busfahrer tatsächlich stehen bleibt und auf die rennende Person wartet. Die Verspätung im Fahrplan nimmt er in Kauf. Oder: Der öffentliche Bus von A nach B hat nur einen Zwischenstopp, auf die Bitte einer Oma hält er aber auch im Dorf C, damit sie dort aussteigen kann.

In Bulgarien wird keiner jammern, wenn Sie auf der falschen Seite Fahrrad fahren oder wenn Sie direkt vor einem Geschäft im absoluten Parkverbot kurz parken. Und wenn Sie jetzt einwenden, dass dieser nicht so strenge Umgang mit Regeln zu etwas chaotischeren Zuständen führt, als man es in Deutschland gewohnt ist, dann gebe ich Ihnen recht. Aber ich verspreche Ihnen – dafür wird Ihr Aufenthalt in Bulgarien viel entspannter sein, und Sie werden viel weniger Druck verspüren, alles immer rechtens machen zu müssen.

### 33. Grund

## Weil in Bulgarien eine Leichtigkeit herrscht

Während ich in Deutschland lebte und Urlaub in Bulgarien machte, ist mir immer wieder aufs Neue das Gleiche aufgefallen: In Bulgarien ist alles viel entspannter. Lange Zeit dachte ich, es läge daran, dass es sich um meine Heimat handelt – in vertrauter Umgebung ist man gelassener und entspannter, und ich bin ja in Bulgarien groß geworden. Erst als ich anfing, mich mit Tourismus zu beschäftigen und immer mehr unmittelbare Eindrücke von Reisenden mitzubekommen, begriff ich, dass diese bulgarische Entspanntheit eine Besonderheit ist, die auch den meisten Deutschen auffällt. Auf die Frage, was ihnen in Bulgarien gefallen hat, antworteten viele meiner Kunden neben »Herzlichkeit der Menschen«, »vielseitige Natur«, »gutes Essen« eben auch »die Entspanntheit und Gelassenheit der Bulgaren«.

Ich habe Ihnen bereits erzählt, dass Perfektion nicht zu den größten bulgarischen Tugenden gehört. Das mag natürlich gewisse Nachteile haben, zugegeben, aber wer nicht perfekt sein muss, lebt entspannter. Ich würde sogar weitergehen und behaupten: Man genießt das Leben mehr, wenn man kein Perfektionist ist. Mein persönlicher Eindruck ist, dass der Druck, hohe Leistung zu erbringen, in Bulgarien bei Weitem nicht so groß ist wie in Deutschland. Dazu kommt noch, dass die Bulgaren eher darauf eingestellt sind, dass sie ihren Alltag nicht immer kontrollieren können. Kurzfristige Entscheidungen, Flexibilität und Spontanität sind hier häufiger gefragt, und so kommt es, dass man sich gern auch mal entspannt zurücklehnt.

In Plowdiw gibt es sogar ein Wort für diesen Zustand – Aylijak. Aylijak ist das sorgenfreie Genießen und Entspannen, es ist die Freiheit, nichts machen zu müssen, keinen Druck von außen zu spüren, sich keine Sorgen zu machen, einfach zu relaxen und das Leben zu genießen. Aylijak ist das Gegenteil von Stress und Hetzen. Obwohl das Wort in Plowdiw seine Heimat hat, wird dieser Zustand in ganz

Bulgarien ausgeübt. Zur Feier des Aylijak gibt es mittlerweile jedes Jahr eine Aylijak-Parade und eine Hängematte der Marke Aylijak.

Ich habe mit vielen in Bulgarien lebenden Deutschen gesprochen. Eins hatten sie alle gemeinsam: Alle wussten die bulgarische Gelassenheit und Entspanntheit zu schätzen und wollten darauf nicht mehr verzichten.

*34. Grund*

## *Weil die Bulgaren fleißig sind*

Wenn ich Ihnen erzähle, dass die Bulgaren angenehm entspannt und gelassen sind, machen Sie bitte nicht den Fehler, dies mit Faulheit zu verwechseln. Denn die Bulgaren halten sich für ein sehr fleißiges Volk. Es ist gang und gäbe in Bulgarien, dass man nicht nur einen, sondern mehrere Jobs hat. Dabei meine ich keine Minijobs, wie es sie in Deutschland gibt. Nein, die Bulgaren arbeiten kaum in Teilzeit. Selbst für junge Eltern ist das Halbtags-Arbeitsmodell so gut wie unbekannt. Wer aus der Elternzeit (die hierzulande übrigens ganze zwei Jahre dauert, im ersten Jahr bekommt man 90 % seines Gehalts als Elterngeld, im zweiten das gesetzliche Minimum von ca. 200 € pro Monat) wieder in die Arbeit einsteigt, muss sich auf einen Vollzeitjob einstellen. Studentenjobs gab es zu meiner Studienzeit nicht. Das hat sich heute zum Glück geändert, unerfreulicherweise unterscheiden sie sich jedoch, bis auf die Tatsache, dass sie als solche bezeichnet werden, kaum von den normalen 40-Stunden-Stellen. Der Studentenjob ist in der Regel ein Vollzeitjob mit dem Privileg, dass man für Prüfungen freigestellt wird.

Neben dem regulären Vollzeitjob haben viele Bulgaren einen zusätzlichen Nebenverdienst. Ein Bekannter von mir arbeitet zum Beispiel in Vollzeit als Elektriker beim städtischen Stromversorger. Daneben ist er Imker mit 50 Bienenstöcken und verkauft seinen Honig im Nebenverdienst. Das ist aber noch nicht alles. In der kleinen Stadt, in der er lebt, ist er der beste Tischler und dementsprechend sehr gefragt. Nach Arbeitsende fährt er also entweder zu seinen Bienen oder verkriecht sich in seiner Schreinerei, und so vergehen viele Wochenenden in fleißiger Arbeit anstatt vor dem Fernseher.

Ein anderer Freund ist Polizist. Aber nicht nur. Auch er führt ein vielseitiges Arbeitsleben, und neben dem Angestelltenjob arbeitet er als Schmied. Ein Sachbearbeiter an der Uni kann hierzulande nebenbei eine Apotheke betreiben. Nichts Ungewöhnliches ist es auch, neben einer Dozentenstelle an der Uni mehrere Beraterjobs zu haben. Der Lehrerjob gehört in Bulgarien nicht zu den gut bezahlten, deshalb finden die Lehrer oft eine praktische Lösung – der Nebenverdienst vom Nachhilfeunterricht ist eine Selbstverständlichkeit. Ich kenne eine junge Notarin, deren Mutter eine kleine Pension führt. Der Notar-Beruf ist auch in Bulgarien angesehen und gut vergütet, dennoch ist sich das Mädchen nicht zu schade, der Mutter am Wochenende im Hotel auszuhelfen. Ich kann Ihnen noch viele Beispiele von Leuten geben, die einen Vollzeitjob mit einer oder mehreren zusätzlichen Beschäftigungen kombinieren, sodass sie letztendlich auf einen besseren Verdienst kommen. Aber das ist nicht alles. Selbst wer nur eine Arbeitsstelle hat, bleibt nach Betriebsschluss selten tatenlos. Auf dem Land wartet der Garten mit Tomaten, Paprika und anderem Gemüse. Oder das Haus, das gebaut oder renoviert werden soll, denn die Bulgaren nehmen gerne alles in der Hand, selbst den Bau ihres Hauses.

Die Leute hierzulande sind tüchtig. Lassen Sie sich vom ersten Eindruck der entspannten Bulgaren nicht beirren. Natürlich gibt es auch hier die Nichtstuer, die mit wenig Geld und noch weniger Arbeit auskommen. Die vollen Cafés und Restaurants können einen falschen Eindruck vermitteln, aber es gibt auch die arbeitsamen Bulgaren, die eine unglaubliche Menge an Arbeit leisten, meistens pfeifend und als wäre das nichts Besonderes. Richtig bewundernswert finde ich die bulgarische Fähigkeit, neben fleißiger Arbeit Zeit für Freunde und Familie zu finden.

*35. Grund*

## *Weil Frauen meist für die Küche zuständig sind, aber nebenbei noch Karriere machen*

Ich erinnere mich gut daran, dass ich etwas überrascht war, als die Diskussion über eine Frauenquote in Deutschland aufkam. In Bulgarien, so hatte ich zumindest den Eindruck, waren Frauen schon längst im Berufsleben (auch auf höheren Etagen) bestens integriert. Im Kommunismus hatte man sich doch die Gleichberechtigung der Geschlechter als großes Ziel gesetzt und unter dem Motto gelebt, die Frau solle aus der Küche herauskommen und neben ihrem männlichen Partner und Freund ihren gerechten Platz beim Aufbau einer besseren Gesellschaft einnehmen. Im kommunistischen Bulgarien (teilweise) groß geworden, hatte ich nie das Gefühl, dass Frauen weniger attraktive Jobs oder weniger Geld bekommen oder sonst auf irgendeine Art und Weise wegen ihres Geschlechts benachteiligt wären. In der Politik hört man heute oft weibliche Stimmen, und viele Firmenchefs sind Frauen. Für diejenigen unter Ihnen, die Zahlen mögen: Während in Deutschland 14 % der höheren Führungskräfte weiblich sind, sind es in Bulgarien 27 %[16]. Mit meiner Meinung gehöre ich zu 67 % der Bulgaren, die glauben, dass eine Gleichberechtigung der Geschlechter im Berufsleben erreicht wurde[17]. Beim genauen Hinschauen sieht es leider aber nicht ganz so rosig mit der Gleichberechtigung der Frauen in Bulgarien aus – selbst wenn viele politische Posten von Frauen besetzt sind, haben sie oft wenig Macht.

Die bulgarische Bevölkerung schrumpft, und wenn Sie bulgarische Zeitungen lesen würden, dann würden Sie teilweise vom dramatischen Untergang der Bulgaren in den nächsten Jahrzehnten erfahren. Die Zahlen sind zugegebenermaßen nicht sehr optimistisch – 1989 gab es 8,9 Millionen Bulgaren, 2019 waren es nur noch 6,9 Millionen. Man schätzt, dass ca. 1,5 Millionen Bulgaren im Ausland leben. Warum wandern so viele Menschen aus dem schönsten

Land der Welt aus, ist vielleicht Ihre berechtigte Frage? Niedriger Lohn und hohe Korruption sind für mich die zwei Hauptgründe, gegen die die Bulgaren zu kämpfen haben. Die schrumpfende Bevölkerungsgröße bringt allerdings neue Chancen und Möglichkeiten, oder wie die Bulgaren sagen – alles Schlechte ist für etwas gut. Dazu gehören die besseren Berufsmöglichkeiten der Frauen. So einfach ist es: Wenn weniger geeignete Leute zur Verfügung stehen, stellt man sogar Frauen ein – selbst wenn es um höhere Positionen geht! Diese Bulgarinnen sind selbstbewusst, hochgebildet und dennoch weiblich. So hält der bulgarische Mann zum Beispiel der Frau gerne die Tür auf, hilft beim Koffertragen oder zahlt die Rechnung. Nichts davon wird von der emanzipierten bulgarischen Frau als Zeichen von Schwäche oder Unterordnung interpretiert. Kavaliergesten der Männer und Unabhängigkeit der Frauen gehen in Bulgarien Hand in Hand. So war ich recht überrascht, als ich in Deutschland bei meinem ersten Date die Rechnung teilen sollte (zu einem zweiten kam es dann nicht), und als ich die Erklärung meines Freundes Markus hörte, war ich ganz verblüfft. »Ich will der Frau doch nicht das Gefühl geben, dass ich sie wenig wertschätze, wenn ich die Rechnung übernehme, als sei ich ein Macho«, meinte er zu mir. Er sei im Ruhrpott aufgewachsen und von emanzipierten Frauen erzogen worden, für die es undenkbar war, sich von einem Mann einladen zu lassen. Deshalb sei er beim Zahlen ganz vorsichtig.

Die bulgarischen Frauen arbeiten nicht nur neben den Männern, sondern sind sehr oft gleichzeitig auch für die Familie und den Haushalt zuständig. Ich persönlich kenne nur wenige bulgarische Männer, die in der Küche besonders aktiv sind. Selbst heute noch denken 81 % der bulgarischen Bevölkerung, dass die wichtigste Rolle einer Frau darin besteht, sich um ihr Heim und ihre Familie zu kümmern[18]. In Deutschland sind dagegen lediglich 28 % der Bürger dieser Meinung. Sie sehen hier einen Widerspruch? Wie kann man in Bulgarien die Frau zum Familienoberhaupt erklären und dennoch glauben, Gleichberechtigung im Beruf wäre größtenteils bereits erreicht? Indem man eine Superwoman schafft, natürlich! Das ist nämlich die bulgarische Frau – sie macht nicht nur den Haushalt und erzieht die Kinder, sondern verdient Geld und arbeitet fleißig neben dem Mann, manchmal sogar als seine Chefin. Das kommunistische Regime war einigermaßen erfolgreich damit, die Frau ins Berufsleben zu integrieren, die Küche blieb allerdings weiterhin ihr Revier. Die Lösung der modernen bulgarischen Frauen, die keine Superwoman sein möchten? Das Essen findet außerhalb statt oder wird per Telefon bestellt, eine Putzhilfe wird angestellt, oder die Großeltern werden ausgiebig in Anspruch genommen.

Liebe Damen, ich verspreche Ihnen, wenn Sie einen schnellen Karriereaufstieg anstreben, sind Sie in Bulgarien richtig. Vielleicht erwartet man dazu noch, dass Sie auch zu Hause alles in Ordnung bringen, aber keine Sorge, Sie können zur Lösung vieler modernen bulgarischen Frauen zurückgreifen – Restaurantbesuche sind in Bulgarien sehr günstig, für Gutverdiener erst recht. So können Sie gleichzeitig im Job aufsteigen und abends im Restaurant die Entspanntheit der Bulgaren genießen!

### *36. Grund*

## *Weil sich niemand vorstellen kann, was der Bulgare in der letzten Sekunde schaffen kann*

Auf die Frage, was für die Bulgaren besonders bezeichnend ist, antwortete Mercia McDermott in einem Interview, dass sich niemand vorstellen könne, was der Bulgare in der letzten Sekunde schaffen kann. Die Frau sollte es wissen: Sie ist eine britische Historikerin und Schriftstellerin, die knapp 30 Jahre in Bulgarien verbrachte und in den 70er-Jahren die ersten historischen Bücher über die bulgarische Geschichte und Bräuche für die englischen Leser schrieb. Ich finde, Frau McDermott hat vollkommen recht – in meinem bulgarischen

Umfeld passieren tatsächlich Wunder, wenn die Zeit knapp wird und die Arbeit erledigt werden muss.

Ich bin ein Paradebeispiel dafür, denn ich mache alles in der letzten Minute. Die lange Zeit in Deutschland hat diesen Charakterzug minimal geändert, und wenn es um berufliche Sachen geht, vor allem um Geschäfte mit deutschen Partnern, dann plane ich eher langfristig und erledige alles schrittweise. Kaum bewege ich mich aber auf bulgarischem Boden, wacht die Fähigkeit, alles in letzter Sekunde zu erledigen, wieder auf. Meinen Koffer packe ich grundsätzlich eine Viertelstunde vor Abreise – eine hilfreiche Methode, fand ich irgendwann heraus, um möglichst wenig Gepäck mitzunehmen. Bereits als Schülerin schrieb ich den Großteil meiner Hausaufgaben morgens, im öffentlichen Bus, auf dem Weg in die Schule. Nicht nur einmal habe ich Hochzeitsgeschenke am Morgen des großen Ereignisses vorbereitet. Die ganze Nacht vor Abgabefrist durchzuarbeiten, ist eine Selbstverständlichkeit, nicht nur für mich, sondern für viele Bulgaren. Und zwar nicht nur während des Studiums. In null Komma nichts verwandelt sich ein halb leerer Kühlschrank in einen reich gedeckten Tisch, wenn in Bulgarien unerwarteter Besuch kommt. Selbst eine große Steinkirche haben die Bulgaren innerhalb von 40 Tagen gebaut, so erzählt zumindest die Legende über den Bau der Kirche Sveta Bogorodica im Dorf Schiroka Laka in Rhodopen-Gebirge.

Der Satz der englischen Lady, einer echten Kennerin der bulgarischen Seele, bestätigte mich und beruhigte mich zugleich in meiner Meinung, dass diese Tugend typisch bulgarisch ist und dass man sich dagegen nicht allzu viel wehren kann. Auf Bulgarisch gibt es sogar einen Ausdruck dafür: »Wenn das Messer den Knochen reicht«. Erst wenn es richtig ernst wird, beginnen die Bulgaren zu handeln. Dann aber so kraft- und hingebungsvoll, dass sie Berge anheben können. Und weil hierzulande alle nach diesem Prinzip leben und es mit allen Vor- und Nachteilen gut kennen, unterstützt man sich in schwierigen Zeiten gegenseitig und »gibt eine Schulter«, damit die Arbeit doch noch einigermaßen fristgerecht geschafft wird.

Wenn Sie also in Bulgarien beruflich unterwegs sind und das Gefühl haben, man trödelt nur herum und die Zeit vergeht, ohne dass die Arbeit erledigt wird, dann machen Sie es wie die Bulgaren – bleiben Sie entspannt und gelassen. Denn Sie werden zum Schluss (höchstwahrscheinlich) die Fähigkeit der Bulgaren, Wunder in der letzten Minute zu vollbringen, kennenlernen. Falls nicht – dann übergehen Sie bitte zum Grund 33 – das Leben ist ja zum Leben da, und die Arbeit soll nicht alles andere überschatten.

*37. Grund*

## *Weil es in Bulgarien Lewski gibt*

Bereits im Kindergarten lernen die bulgarischen Kinder über Wassil Lewski, den bulgarischen Nationalhelden schlechthin. Er ist zwar nicht heilig, wird aber so behandelt. Lewski verkörpert alles Gute und Ehrenvolle. Kein schlechtes Wort über ihn, keine Kritik. Auf ihn werden Sie in Bulgarien überall treffen – sein Porträt hängt in Schulen, Regierungsgebäuden oder Warteräumen, nach ihm ist eine Straße in fast jeder Stadt benannt, auch eine der zwei größten Fußballmannschaften in Sofia heißt Lewski. »Wem willst du ähneln, wenn du groß wirst?«, fragte man uns Kinder früher öfter. »Lewski«, war meistens unsere Antwort. Als Erwachsene wurde ich etwas misstrauisch, ob Lewski wirklich so perfekt war. Ich wollte mir meine eigene Meinung bilden und nahm ein Buch mit seinen Briefen zur Hand – was war Lewski wohl für einer? Nachdem ich über 50 seiner Briefe gelesen habe, muss ich einräumen: tatsächlich ein toller Kerl. Jemand, den ich gerne kennengelernt hätte.

Geboren im letzten Jahrhundert des osmanischen Jochs, im Jahr 1837, in einem Städtchen im Rosental, widmete Wassil Lewski sein Leben dem Befreiungskampf der Bulgaren. Im Alter von 35 Jahren wurde er von der türkischen Polizei festgehalten und nach einem gerichtlichen Todesurteil im Februar 1873 in Sofia erhängt. Seine größte Leistung war, dass er die bulgarische nationale Revolution mitgestaltete und vorantrieb. Er vertrat die Meinung, eine Rettung komme nicht von außen; die Bulgaren sollten nicht auf die Hilfe Russlands oder der großen Mächte warten, sondern selbst für ihre Freiheit kämpfen. Um dies zu erreichen, begann er, im ganzen Land ein dichtes Netz von Revolutionszentren zur Befreiung Bulgariens aufzubauen. Das waren die ersten politischen Strukturen, die das bulgarische Volk vereinigten und im geheimen Zentralkomitee ein erstes Sprechorgan der Bulgaren aufstellten. Dort waren alle Gesellschaftsklassen vertreten, und jeder durfte sich daran beteiligen.

Das Besondere an Lewski war, dass er für ein freies Bulgarien aller Menschen und Religionen kämpfte, nicht gegen die Türken, sondern gegen den türkischen Sultan. In Bulgarien sollte jeder frei und gleich sein – Bulgaren, Juden, Türken. Während seine Mitstreiter die reichen Bulgaren vom Befreiungskampf fernhalten wollten und sie als Bösewichte und Verräter ansahen, suchte er ihre Unterstützung und bemühte sich, sie für den Kampf zu gewinnen. Sein Motto liest man oft auf Denkmälern und in Schulen: Wenn ich verliere, gehe nur ich selbst verloren, wenn ich gewinne, gewinnt ein ganzes Volk.

In turbulenten Zeiten großer politischer Umbrüche besinnen sich die Bulgaren auf Lewski und seine Botschaften. Und ist es nicht so, dass unsere Helden am besten zeigen, was uns am wichtigsten ist? Kein Krieg gegen die Andersgläubigen und Reichen, sondern ein Streben nach Freiheit und Gleichheit für alle.

# 5. Kapitel

# Leben und Alltag

*38. Grund*

## *Weil kreative Freiheit im Alltag ausgelebt wird*

Im bulgarischen Alltag werden Sie immer wieder merken, dass manches unpraktisch ist und das Leben erschwert. Glauben Sie aber bitte nicht, die Bulgaren würden das wortlos dulden und es über sich ergehen lassen. Nein, sie wissen sich selbst zu helfen. Ich nenne dieses Phänomen »Ausleben kreativer Freiheit im Alltag« – die Fähigkeit, dort kreativ zur Tat zu schreiten, wo der Staat fehlt oder inkompetent handelt. Sie werden staunen, wie oft besorgte Bürger kleine Maßnahmen ergriffen haben, um ihren Alltag zu verschönern, zu erleichtern oder einfach zu regeln.

Nehmen wir zum Beispiel die lange vierspurige Straße im Zentrum von Plowdiw mit jeweils zwei Spuren in jeder Fahrtrichtung. Dort befinden sich Bürgersteig und Fahrradspur nicht wie gewohnt am Straßenrand, sondern mittendrin als Trennlinie zwischen den Spuren. Damit Fußgänger und Radfahrer (die sich in der Mitte der Straße bewegen) vor den vorbeifahrenden Autos besser geschützt sind, stehen an beiden Seiten, von Ampel zu Ampel, lange Metallzäune. Will man als Fußgänger in eine Nebenstraße abbiegen oder einfach den Bürgersteig verlassen, wird man von den Zäunen daran gehindert und muss die komplette Länge des Bürgersteigs bis zur nächsten Ampel laufen und dann zurückgehen. Eine recht unbefriedigende Lösung für die eiligen oder faulen Fußgänger. Hier fühlt sich der kreative bulgarische Geist angesprochen und man entfernt einfach eines der Zaunteile in der Mitte. Alle Fußgänger können dort aus ihrem Bürgersteigkäfig heraushüpfen und müssen lediglich auf die vorbeifahrenden Autos aufpassen. Die Autofahrer wiederum kennen die tückischen Zäune und sind in der Regel darauf eingestellt, dass beim Fahren nicht nur die Straßenverkehrsordnung, sondern auch die Spontanität der bulgarischen Fußgänger zu beachten ist.

Ihren Höhepunkt erreicht die bulgarische Kreativität, finde ich, wenn es um Verschönerungsmaßnahmen in der unmittelbaren Umgebung geht. Einmal, als ich wieder eine Entdeckungsreise für meine Firma unternahm und das Gefühl hatte, am Ende der Welt zu sein, entdeckte ich eine ganz außergewöhnliche Bushaltestelle am Rande eines kleinen Dorfes. Sie war alt und nach dem gleichen Muster wie die meisten Bushaltestellen aus der kommunistischen Zeit gebaut: drei Wände aus Blech und Metall, in der Mitte eine Bank. Im Gegensatz zu den 1.000 anderen Bushaltestellen dieser Art im ganzen Land sah diese aber nicht nur sauber und gepflegt aus, sondern war in einem knalligen Lila bemalt. Diese Bushaltestelle war so auffällig und niedlich, dass ich sofort anhalten und Fotos machen musste. Später erfuhr ich, dass die Dorfbewohner bei einer Dorfversammlung entschieden hatten, mehr Farbe ins Dorfleben zu bringen. Lila sollte an Lavendel erinnern – 2010 war Bulgarien (und nicht Frankreich!) immerhin der größte Lavendel-Exporteur weltweit. In Deutschland wäre so etwas undenkbar (außer, es handelt sich um ein offiziell zugelassenes Kunstprojekt): Das einheitliche Erscheinungsbild der Haltestellen ist in den Haltestellenleitfäden der jeweiligen Bundesländer festgehalten.

Wenn Sie etwas richtig Schönes sehen möchten, fahren Sie bitte zum Dorf Staro Zhelezare im Rosental (nur einige Kilometer von dem Kurort Chissarja entfernt) und vergessen Sie Ihre Kamera nicht. Die meisten Häuser und Mauern dort sind mit Bildern bekannter

Persönlichkeiten bemalt. Auf den originellen Leinwänden treffen sich Dorfbewohner mit Donald Trump, Brigitte Bardot oder Angela Merkel. Diese eigenartige Freilichtgalerie wurde vom bulgarischen Künstler Ventzislav Piriankov ins Leben gerufen, der seine Kindheit in dem Dorf verbrachte. Jeden Sommer wächst die Zahl der Bilder auf den Gebäuden von Staro Zhelezare, und das früher vollkommen verschlafene Dorf erwacht heute zum neuen (Kunst-)Leben.

Eine der beeindruckendsten Natursehenswürdigkeiten in Bulgarien ist die Höhle mit den Gottesaugen. Die Beschilderung, wie man dahin kommt, ist landestypisch eher unauffällig, wenn überhaupt vorhanden. Das muss sich auch der Bulgare gedacht haben, der auf der Landstraße bei der Ausfahrt zur Höhle einen riesigen Pfeil aus Stein gebaut hat – zur Unterstützung der suchenden Touristen. Wenn es mal ein Loch mit der Größe eines Grabens auf der Straße gibt, so wissen sich die fleißigen Bulgaren ebenfalls selbst zu helfen und stecken große Äste hinein, damit man es von Weitem und vor allem nachts sieht und umfährt. Bei Löchern im Bürgersteig sperrt man es manchmal mit Klebeband ab, sodass die Fußgänger herumgehen.

Die Grünflächen zwischen den Wohnblocks sind in Bulgarien auch ein Feld, wo die kreative Freiheit ausgelebt werden kann. Oft legen die Bewohner dort Blumenbeete an oder pflanzen Fruchtbäume. Mein deutscher Ex-Freund Jörg war recht überrascht, als er bei einem Abendspaziergang in der Fußgängerzone in Sliven eine Oma sah, die mit Wasserkanistern ihre Blumen auf einer kleinen grünen Fläche in der Fußgängerzone goss. Auch ganze Gemüsegärten mit Tomaten, Zwiebeln und Kräutern werden von fleißigen Bulgaren in öffentlichen Grünflächen angebaut. Somit schlägt man zwei Fliegen mit einer Klappe: Die öffentlichen Flächen verwüsten nicht, und die Nachbarschaft kann die Früchte ihrer Arbeit ernten.

Dieses Ausleben der Kreativität kann natürlich ein Schwert mit zwei Klingen sein, da gebe ich Ihnen recht – es ist nie sicher, ob das, was der andere als schön empfindet, einem selbst auch gut gefällt. Das Ergebnis solcher Kreativität entspricht leider nicht immer meiner Vorstellung von Schönheit. Aber: Ist es nicht eine liebenswerte Eigenschaft, wenn sich die Bulgaren zusammentun, völlig unabhängig vom Staat und der Politik, um etwas für ihr Dorf, Stadt, Viertel, oder Alltag zu tun, was sie besser, einfacher oder schöner macht?

*39. Grund*

## *Weil es Tante-Emma-Läden und Knie-Shops gibt*

Es gibt sie noch, die kleinen Tante-Emma-Läden! Zumindest in Bulgarien. In Deutschland verstand ich lange Zeit nicht, was sich hinter diesem Begriff verbirgt. Für mich war Tante Emma eine Marke, so wie Tengelmann oder Rossmann, nur eben kein Mann, sondern eine Tante, und mir war nicht ganz klar, warum die Deutschen so verrückt nach ihr sind. In Bulgarien sind die kleinen Geschäfte zum Besorgen alltäglicher Dinge überall und somit keine Besonderheit. Im Gegenteil – sie sind so selbstverständlich und unscheinbar, dass sie noch nicht mal einen richtigen Namen im Volksmund haben, man nennt sie einfach »magazin«. Sie haben aber eine durchaus interessante Entstehungsgeschichte.

Bis Ende der 90er-Jahre gab es in Bulgarien kaum große Einkaufszentren (eine Ausnahme war »ZUM« – das Zentralkaufhaus, bereits im Kommunismus eine Institution im Zentrum von Sofia und die bulgarische Variante des Berliner KaDeWe). Eingekauft wurde damals im »Supermarket« – einem mittelgroßen Supermarkt mit Fleisch- und Käsetheken (so wie man es auch in Deutschland bei Tengelmann, REWE etc. kennt), oder gleich auf dem Markt. Nach der Wende, als der freie Handel auf einmal allen erlaubt war, schossen in Bulgarien buchstäblich an jeder Ecke kleine Shops wie Pilze aus der Erde. Sie waren in der Regel nicht größer als ein paar Quadratmeter, dafür aber bis zur Decke mit Lebensmitteln und Haushaltswaren gefüllt. Dort ging man nach der Arbeit schnell einkaufen und besorgte die Tageseinkäufe.

Nach der Eröffnung der großen ausländischen Handelsketten wie Metro, Kaufland, Lidl etc. Anfang dieses Jahrhunderts hat sich die »Einkaufskultur« in Bulgarien etwas verändert. Als Erstes kam Metro Ende der 90er-Jahre nach Bulgarien. Da viele Bulgaren damals auf irgendeine Art Geschäftsleute waren und die Firmenpolitik diesbezüglich sehr großzügig war, konnte man relativ leicht eine Metro-Karte bekommen. Vorerst sorgten die Größe der Ketchup-Eimer und des gesamten Geschäfts für großes Staunen, die Bulgaren haben sich allerdings schnell daran gewöhnt und die Vorteile des »Wocheneinkaufs« zu schätzen gelernt. Während man früher mehrmals pro Woche zum Supermarkt/kleinen Laden ums Eck gegangen ist, wurde jetzt (meist) am Wochenende ein Ausflug zu Metro/Billa oder Kaufland gemacht und dort richtig groß eingekauft. Einige der erst vor wenigen Jahren eröffneten kleinen Tante-Emma-Läden entsprachen nicht mehr dem neuen Einkaufsverhalten der Bulgaren und verschwanden wieder. Überraschend viele setzten sich aber dennoch durch, und heute sind sie noch überall in ganz Bulgarien verbreitet. Die Geschäfte sind fast immer im Familienbetrieb, man kennt sich, fragt die Kunden nach der Verwandtschaft oder gibt persönliche Empfehlungen für Produkte. Oft bekommen Sie sogar einen Kaffee in diesem Mini-Supermarkt, den Sie entspannt am Eingang austrinken können. Einmal drin, ist ein schmaler Körperbau hilfreich, denn solche Läden sind mit Waren dermaßen überfüllt, dass man sich drinnen kaum bewegen kann.

Eine bulgarische Besonderheit sind die Knie-Shops, auf Bulgarisch Kleck-Shops genannt, vom Wort kljakam, sich hinknien. Ich habe Ihnen bereits erzählt, dass die Bulgaren sehr innovativ sind und dass kreative Freiheit im Alltag ausgelebt wird. So verwandelten sich viele private Keller in den 90er-Jahren schnell in kleine Läden; das Kellerfenster wurde zum Schaufenster und der Fensterrahmen zur Theke. An der Hauswand brachte man große Fensterläden an, um die Schaufläche zu vergrößern. In einem Knie-Shop können Sie Süßigkeiten, Kaugummis, Zigaretten und Kaffee kaufen, aber auch manche Lebensmittel oder Haushaltswaren. Einige Knie Shops sind spezialisiert – zum Beispiel nur auf Alkohol, Unterwäsche oder Hygieneartikel. Selbst kleine Bäckereien, Copyshops, Schneidereien oder Übersetzerbüros können in einem Knieshop untergebracht sein. Der Kaufvorgang geht folgendermaßen: Sie knien sich hin und überreichen dem Verkäufer das Geld. Dieser hat vor allem im Sommer einen schönen Ausblick – man sagt, die bulgarischen Mädchen seien die hübschesten, und in den heißen Monaten können ihre schöne Beine von der anderen Seite der Theke bestens bewundert werden.

An dieser Stelle möchte ich Ihnen noch ein paar Tipps zum Einkaufen in Bulgarien mit auf den Weg geben. Obst und Gemüse kaufen Sie am besten wie die Bulgaren auf dem Markt. Achtung – die Kultur des Feilschens ist hierzulande nicht so ausgeprägt, die Preise sind grundsätzlich festgesetzt, und es ist nicht üblich, darüber zu verhandeln. Eine Ausnahme ist zum Beispiel der Antiquitätenmarkt in der Nähe der Alexander-Newski-Kathedrale im Zentrum von Sofia. Wie der Name verrät, finden Sie dort viele Antiquitäten (wie zum Beispiel Helme aus dem Zweiten Weltkrieg oder alte Kameras), aber auch Gemälde, Münzen, Briefmarken, etc. Dieser Markt wird vor allem von Touristen besucht, die Verkäufer sprechen meist mehrere Sprachen, und das Verhandeln über den Preis ist üblich.

In den letzten Jahren wurden in den größeren Städten viele Shopping-Malls gebaut. In diesen riesigen Einkaufszentren verbringen viele Neureiche und Jugendliche ihre Freizeit, und wie sonst überall auf der Welt finden Sie hier (fast) alles.

Schnell werden Sie in Bulgarien eine weitere Besonderheit entdecken: die Nussläden. An jeder Ecke werden in kleinen Pavillons alle möglichen Nusssorten verkauft – Erdnüsse, Walnüsse, Mandeln, Sonnenblumenkerne … Wenn Sie sich geröstete Mandeln kaufen möchten, wie auf dem Münchner Oktoberfest üblich, muss ich Sie leider enttäuschen – in Bulgarien werden die Nüsse in der Regel nicht mit Zucker gebraten. Die etwas ungesundere Version gibt es aber trotzdem – mit Salz gebacken, perfekt geeignet als Snack beim Biertrinken im Park. Wer es wie die (jüngeren) Bulgaren machen möchte, kauft sich am besten eine 2-Liter-Plastik-Bierflasche und sucht am Abend die nächste Grünfläche auf. Im Sommer sind Parks voll mit jungen (und nicht mehr so jungen) Menschen, die auf Bänken sitzen, lachen und aus Plastik-Bierflaschen trinken.

*40. Grund*

## *Weil es in jedem bewohnten Bauernhaus ein Gärtchen gibt*

Als in den 90er-Jahren, nach dem Fall des Eisernen Vorhangs, die ersten Bulgaren in die USA auswanderten, erzählten sie ihren Freunden zu Hause von manchen merkwürdigen Besonderheiten des amerikanischen Lebens. Größte Überraschung riefen meist zwei Behauptungen hervor: 1. Die Amerikaner können selbst nichts reparieren und nicht einmal eine Glühbirne wechseln (während sich die Bulgaren für große Alleskönner halten, siehe Grund 26); 2. Die Amerikaner seien so faul, dass sie in ihren Gärten weder Tomaten, noch Gurken anbauen, sondern nur Gras wachsen lassen.

Ich erinnere mich, wie entsetzt meine Eltern und Großeltern bei den Geschichten dieser Art waren. Kaum ein Bulgare kann verstehen, wie man einen Garten unbewirtschaftet stehen lassen und dort lediglich das nutzlose Gras wachsen lassen kann. Denn sein eigenes Gemüse zu produzieren, einen Kräutergarten und Obstbäume zu haben, ist für (fast) alle Bulgaren mit Haus das Selbstverständlichste auf der Welt. Sehen Sie sich in den bulgarischen Dörfern oder kleinen Städtchen um – solange noch jemand im Haus lebt, das verspreche ich Ihnen, finden Sie ein gepflegtes Gärtchen davor. Oft ist es sogar umgekehrt – das verfallene Haus verrät nicht, dass drinnen jemand wohnt, erst ein Blick in den schönen Garten davor zeigt, dass das Grundstück nicht verlassen ist. Und wo Tomaten, Paprika und Zwiebeln wachsen, da ist immer auch Platz für ein paar schöne Blumen – Rosenbüsche sind Pflicht, aber auch Tulpen, Hyazinthen, Narzissen, Primeln und vor allem Geranien dürfen nicht fehlen. Die Frauen im Dorf tauschen Samen und wetteifern um den schönsten Blumengarten. Immer wieder schaffen sie es, neue Blumensorten vom anderen Ende Bulgariens in ihrem Garten zu züchten. Eine bulgarische Freundin, die in München lebte, erzählte mir vom Besuch ihrer Oma in Deutschland. Die alte Dame war zum ersten Mal im Ausland und genoss die Spaziergänge in der Stadt mit dem Enkelkind sehr. Als meine Freundin ein Jahr später die Oma in ihrem Dorf besuchte, zeigte diese stolz eine neue Geranie im Garten. Die Blume roch zwar kaum, trug dafür aber viele schöne rote Blüten. »Ich weiß nicht, wie ich es dir sagen soll«, fing die Oma zu beichten an, »aber erinnerst du dich daran, wie du mir das Zentrum von München gezeigt hast. Da gab es ein schönes Gebäude – ein Rathaus oder ich weiß nicht, was es war. Mit einem Denkmal davor, mit vielen Blumen. Du bist Brezen kaufen gegangen, und ich habe mir dort eine kleine Blume abgerissen und mitgenommen, ich weiß ja, wie man Blumen fortpflanzt. Ich weiß nicht, ob das erlaubt ist, aber ich denke, da wird doch keiner was dagegen haben. In Bulgarien sagen die alten Leute, dass es keine Sünde ist, eine Blume zu stehlen, wenn man sie wieder einpflanzt. Und schau dir an, was daraus geworden ist – das hier ist die Münchner Blume.«

Legal oder nicht wachsen jetzt seit Jahren in einem bulgarischen Dorf im Balkan-Gebirge die Münchner Marien-Säule-Geranien. Diese strafrechtlich bedenkliche Geschichte traue ich mich Ihnen nur deshalb zu erzählen, damit Sie sehen, wie wichtig Blumen und der schöne Garten in Bulgarien sind und welche Opfer manche Omas bringen, um die Vielfalt zu erhalten. Falls Sie einmal eine bulgarische Oma treffen, bekommen Sie vermutlich einiges in die

Hand gedrückt; sollte es im Frühjahr noch nichts Essbares aus dem Garten zum Schenken geben, dann wird sie Sie vielleicht mit einem Blumenstrauß bescheren.

Sie werden hier und da in Bulgarien auch die »amerikanischen« Gärten finden – mit kurz gemähtem Gras und ohne Spur von Gemüsebeeten. Die Welt wird immer moderner, und Bulgarien macht da keine Ausnahme. Dennoch verspreche ich Ihnen – die netten kleinen Gärtchen befinden sich nach wie vor in der Überzahl. Die Bulgaren sind nämlich sehr mit dem Land verbunden. Selbst Leute, die ihr Leben lang in der Großstadt lebten und später ihre Rentnerjahre auf dem Land verbringen, greifen zu Gartenhandschuhen und entdecken zum ersten Mal die meditative und erfüllende Wirkung der Gartenarbeit. Was mich besonders freut, ist, dass diese alte Gartentradition auch von jungen Bulgaren weiter gepflegt wird. Vor allem unter gut verdienenden Sofiotern mit Kindern wird es immer moderner, aufs Land zu ziehen und die Kleinen möglichst nah an der Natur großzuziehen und mit Obst und Gemüse aus dem eigenen Garten zu versorgen. Die älteren Generationen helfen so viel sie können – mit Tipps aus Urzeiten, Ausrüstung (manchmal auch aus Urzeiten, mit etwas Glück auch etwas jünger) oder einfach mit guter Gesellschaft – denn junges Leben ist in den aussterbenden Dörfern mehr als willkommen, und der Tatendrang der Zuzügler ist ansteckend.

*41. Grund*

## *Weil ein »Ja« in Bulgarien kein »Ja« und ein »Nein« kein »Nein« ist*

Es steht in allen Reiseführern über Bulgarien, und dennoch passiert es jedem Ausländer immer wieder: Man fragt im Restaurant nach einem Kaffee, die Bedienung schüttelt den Kopf und verschwindet.

Etwas verärgert über die schlechten Manieren der Servicekräfte in Bulgarien, gleichzeitig aber auch halb verständnisvoll, weil man weiß, dass der Kommunismus seine Spuren bei der Kundenorientierung hinterlassen hat, macht sich der ausländische Tourist fast schon auf den Weg zu gehen, als plötzlich die Kellnerin wieder auftaucht und – siehe da – einen heißen Kaffee auf dem Tablett bringt. Die Freude ist so groß wie die Verwunderung, doch erinnert man sich an die Ratschläge aus den Reiseführern: In Bulgarien bedeutet Kopfnicken »nein« und Kopfschütteln »ja«! Wenn Sie genauer hinschauen, werden Sie feststellen, dass es sich nicht um das deutsche Kopfschütteln handelt (der Kopf bewegt sich bestimmt in einer vertikalen Linie). Nein, die Bulgaren haben eine Art, den Kopf von rechts nach links zu wackeln, die eher an Indien erinnert. Immer wieder vergisst man als Ausländer diese Regel und wundert sich über das komische Verhalten der Bulgaren, die mit ihrer Körpersprache das eine sagen und das Gegenteil tun.

Ich kann mich nicht daran erinnern, jemals Verständnisprobleme bei der nonverbalen Kommunikation mit Deutschen gehabt zu haben, als ich mit 18 nach Deutschland zog. Die Tatsache, dass jeder in Deutschland mit Kopfnicken »Ja« und mit Kopfschütteln »Nein« meint, wurde von mir automatisch immer richtig interpretiert. Als ich aber 18 Jahre später zurück nach Bulgarien kam, hatte ich ständig Probleme, meine Landsleute zu verstehen und mich selbst mit Gesten auszudrücken. Die deutschen Kopfbewegungen waren nun ein Teil meiner Körpersprache, und so kam es immer wieder vor, dass mich die Bulgaren für eine Ausländerin hielten oder einfach missverstanden. »Hast du einen Job?«, fragte meine Mutter. Kopfschütteln. »Hast du einen Freund?«, Kopfnicken. Nach jeder solchen Antwort versuchte ich möglichst schnell wegzugehen, damit keine weiteren Fragen folgen und jede von uns mit ihrer eigenen Kopfbewegungsinterpretation zufrieden ist.

Warum die Bulgaren so anders nicken und Kopf schütteln als der Rest der Welt, ist nicht bekannt, aber es gibt einige Theorien. Die beliebteste von allen ist, dass sich die Körpersprache in den 500 Jahren osmanischer Herrschaft zu einer Art Geheimsprache für Bulgaren entwickelte. Der türkische Bey sagt seinem bulgarischen Untertan: »Bring mir morgen fünfzig von deinen Schafen«, der Bulgare nickt mit dem Kopf und lässt sich nie wieder blicken. Abgesehen von den Kopfbewegungen gibt es aber noch andere Situationen, bei denen man Probleme mit »Nein« und »Ja« bekommen könnte. In Deutschland sagt man so schön: andere Länder, andere Sitten, und was damit tatsächlich gemeint ist, habe ich am eigenem Leib erfahren. Ich war zum ersten Mal bei der Familie meines ersten deutschen Freundes zum Essen eingeladen. Nach der Suppe kam das Hauptgericht mit zwei verschiedenen Beilagen. »Möchtest du Kartoffeln?«, fragte mich seine Mutter. »Nein, danke«, antwortete ich schüchtern, wie ich es von zu Hause kannte. »Möchtest du Salat?«, wieder Verneinung meinerseits. Etwas später: »Möchtest du noch ein paar Würste?«, »Nein, danke.« Kurz darauf stellte ich voller Entsetzen fest, dass ich tatsächlich nichts mehr auf den Teller bekam. Als ich halbhungrig ins Bett ging, verstand ich den Unterschied zu Bulgarien. Die gleiche Konversation beim Abendessen würde in Bulgarien in der Regel so ablaufen: »Möchtest du Salat?«, »Nein, danke.«, »Nimm doch!«, »Danke, nein, ich bin schon recht voll«, »Ah, komm, nimm, ein bisschen mehr geht ja immer!«, »Na gut, dann nehme ich noch ein bisschen.« Würde man sofort nach dem Essen greifen, gälte man als gierig und unerzogen. Dieses Nein-Ja-Spiel ist zeitraubend und nichts für die effizienten und direkten Deutschen. Aber sehen Sie es von der anderen Seite – ist es nicht toll, überredet zu werden, doch noch etwas Leckeres zu nehmen? Stellen Sie sich in Bulgarien am besten darauf ein, dass die Ablehnung guter Dinge nicht als endgültig betrachtet wird und dass man immer versuchen wird, Sie zu überreden, doch noch mehr zu essen, zu trinken, länger zu bleiben oder auf eine Feier mitzukommen. Die Bulgaren mögen es eben, das Leben zu genießen, und möchten ihre Liebsten daran teilhaben lassen.

*42. Grund*

## *Weil Bulgarien voller Wahrsagerinnen und Heilerinnen ist*

Ich heiße Sibila, ein Name, der in Bulgarien recht außergewöhnlich ist, sodass ich immer wieder gefragt wurde, woher er kommt und ob ich ausländische Wurzeln habe. Mein Name ist griechischer Herkunft, ich dagegen habe nichts Griechisches in mir, abgesehen von zwei bulgarischen Urgroßeltern, die bis Anfang des letzten Jahrhunderts im heutigen Griechenland lebten und nach dem verlorenen Balkankrieg 1912 nach Bulgarien flohen. »Sibila« bedeutet »Prophetin«, und obwohl ich so gut wie nie etwas ernsthaft vorhergesehen habe, fühlte ich immer eine gewisse Verbundenheit mit den Wahrsagerinnen.

In Bulgarien sind Hellseherinnen allgegenwärtig. Es gibt mehrere Fernsehsender, die von morgens bis abends Sendungen mit Wahrsagerinnen zeigen – die Zuschauer können anrufen, ihre Sorgen mitteilen, Geburtsdatum und Namen, und dann errechnet die Wahrsagerin irgendwelche Werte und gibt Ratschläge und Zukunftsvisionen. Letztens sah ich ein Schild auf einer Hauptstraße in Sofia, das so seriös aussah, dass ich zuerst dachte, es sei ein typisches Anwalts- oder Arzt-Schild. Erst beim genauen Hinsehen fiel mir auf: Hinter dem Namen der Frau stand ihr Beruf: Wahrsagerin. Ich kann mich nicht daran erinnern, irgendwo in Deutschland jemals ein ähnliches Schild gesehen zu haben.

Dass das Übernatürliche in Bulgarien zum Alltag gehört, war mir schon immer klar. Wie außergewöhnlich das allerdings ist, wurde mir erst bewusst, als ich im Ausland war. Einmal saß ich im Flieger von München nach Wien. Neben mir – ein Österreicher, der beruflich unterwegs war. Im Laufe des Gesprächs erzählte er mir, dass er eine Bulgarin kenne, sie sei nach Tirol ausgewandert und lebe jetzt in einem Nachbardorf dort. »Sie ist eine ausgesprochen herzliche und nette Frau, ganz natürlich. Das Ungewöhnliche ist, dass sie irgendwelche Kräfte besitzt«, erzählte er mir. »Ich bin Ingenieur, ich glaube nicht an so was, aber bei ihr muss ich sagen – da ist irgendwas. Sie ist eigentlich ganz normal, aber sie sagt selbst, dass sie eine besondere Energie spürt und Sachen machen und sehen kann, die normale Menschen nicht können. Mittlerweile ist sie in der ganzen Region bekannt – die Leute gehen zu ihr, und sie hilft denen. Ich weiß nicht, was sie genau macht, ich war nie dort, aber alle in Tirol, alle in meiner Gegend glauben, dass sie übernatürliche Kräfte hat. Ich denke, dass es bei euch in Bulgarien besonders viele Energien gibt und Menschen, die damit vertraut sind. Hier im Westen sind wir schon zu wissenschaftlich orientiert, das gibt es bei uns nicht, aber manchmal frage ich mich, was einem mehr hilft.« Nach dieser Geschichte spürte ich einen leichten Stolz, aus einem geheimnisvollen Land voller heilenden Menschen und Energien zu kommen, und wenn ich selbst bis jetzt niemandem bei seiner Genesung helfen konnte, dann teilte ich mit solchen Leuten immerhin die Herkunft und den Namen.

Ein anderes Mal war ich auf einem Boot in der Halong-Bucht in Vietnam – eine recht touristische, aber wunderschöne Gegend. Umgeben von Vietnamesen und Touristen aller Welt, war das Letzte, was ich erwartete, ein Gespräch über Baba Wanga. Aber genau so kam es! Als ich am Spätnachmittag auf einer Liege an Deck die letzten Sonnenstrahlen genoss, während unser großes Segelboot an wunderschönen, grünen Berg-Insel vorbeischwammm, setzte sich einer der Bootsmitarbeiter neben mich. Der schmale Vietnamese war Anfang 20 und machte gerade seine Ausbildung zum Tour-Guide. Im Gespräch erzählte er mir, dass er aus der Hand lesen könne. Sofort streckte ich ihm meine hin: Die Chance wollte ich mir nicht entgehen lassen, dass mir ein Vietnamese auf einem Boot die Zukunft vorhersagt (zum Glück erwartet mich ein tolles Leben). Dabei erzählte mir mein neuer Freund von der größten Wahrsagerin in der ganzen Welt – Baba Wanga. Sofort unterbrach ich ihn überrascht: »Baba Wanga ist eine Bulgarin – das ist doch unsere Hellseherin.« Ich konnte es kaum fassen, dass am anderen Ende der Welt ein junger Mann, der sich selbst Englisch beigebracht hatte, von der bulgarischen Heilerin wusste. Obwohl es die Frau schon längst in den internationalen Medien geschafft hat: *Focus* und *MoPo* in Deutschland, *Huffington Post* in Großbritannien sowie die russische Presse berichteten bereits über sie. Ihre Geschichte gibt tatsächlich viel Stoff für gute Journalisten: Oma Wanga erblindete als 13-jähriges Mädchen bei einem Sturm. Seitdem soll sie über übernatürliche Kräfte verfügt haben. Viele Bulgaren glauben, dass sie heilen, die Zukunft voraussagen sowie Botschaften von Verstorbenen überbringen konnte. Unter den Ratsuchenden bei ihr waren früher auch einige Funktionäre der kommunistischen Elite. 1996 verstarb sie im Alter von 85 Jahren, hinterließ aber viele Prophezeiungen, die immer wieder Platz in den Zeitungen finden. Machen Sie einfach einen Test – fragen Sie einen beliebigen Bulgaren nach Baba Wanga, und sie werden sehen – jeder kennt sie. Neben der »größten« Hellseherin gibt es aber auch viele regionale Berühmtheiten. Meine Oma erzählt zum Beispiel immer von djado Vlaicho – einem Wahrsager (längst verstorben) aus ihrem Nachbardorf. Ich persönlich kenne einige Bulgaren, die sich bei bösen Krankheiten nicht im Krankenhaus, sondern von einem Heiler helfen lassen. Um sicherzugehen, wählen viele den zweispurigen Weg – sowohl Ärzte als auch Heiler werden um Rat gefragt.

Kaffeelesen, Kartenlesen, Zahlen und Horoskope helfen den Bulgaren, mit ihren Sorgen und Problemen zurechtzukommen. Natürlich gibt es auch in Deutschland alternative Heilmethoden, aber nach einem Jahr in Bulgarien kann ich Ihnen sagen: Hierzulande zählt das Übernatürliche eher zur Normalität. Und ist es nicht schön, in einem Land zu leben, wo nicht nur die Wissenschaft, sondern auch die »Energien« einem helfen, Lösungen oder Ruhe zu finden?

*43. Grund*

## *Weil es Sprachschulen gibt*

Als ich zum Studieren nach München ging, waren die Leute oft überrascht, wie gut ich deutsch sprach. Ich erklärte allen, dass ich die Deutsche Schule in Sofia besucht hatte, und versuchte ihnen in einem Schnellkurs die Vorteile des bulgarischen Bildungssystems zu erklären. Mit 13 saß ich in der sog. »Vorbereitungsklasse« dieser öffentlichen Schule und musste täglich mehr als 100 neue deutsche Wörter lernen. Einmal pro Woche gab es eine Klausur, bei der ich konsequent immer eine 2 bekam. Das wäre nicht so schlecht, wäre ich in Deutschland zur Schule gegangen. In Bulgarien ist allerdings die beste Schulnote 6 und die schlechteste – 2. Sie können sich also denken, dass es geradezu ein Wunder ist, dass ich jetzt ausgerechnet mithilfe dieser Sprache mit Ihnen kommuniziere (dass aber in Bulgarien öfters Wunder passieren, erfahren Sie bei Grund 51).

In diesen ersten zarten Jahren meiner Teenie-Zeit machte mir die deutsche Sprache sehr zu schaffen. Hätten Sie mir damals gesagt, dass ich eines Tages ein Buch auf Deutsch schreiben würde, hätte ich Sie ausgelacht. Hätten Sie mir gesagt, dass ich in diesem Buch erklären würde, dass die Deutsche Schule eine der besten Sachen in Bulgarien ist, hätte ich Sie bestimmt für verrückt erklärt. So überraschend aber wie das Leben eben ist, erkläre ich hiermit, dass die Sprachschulen in Bulgarien etwas ganz Besonderes und Tolles sind! Bevor ich aber mein Liebeslied über die Sprachschulen beginne, möchte ich Ihnen etwas mehr über das bulgarische Schulsystem erzählen. An dieser Stelle bitte ich alle Leser, die nicht aus Bayern kommen, um Verzeihung – da ich in Deutschland das bayerische Schulwesen am besten kenne, findet der Vergleich immer mit Bayern statt.

Während der Ernst des Lebens für die bayerischen Kinder bereits mit zehn Jahren beginnt, wenn sie sich in der vierten Klasse mit der Entscheidung über den weiteren Werdegang in ein Gymnasium, eine

Realschule oder eine Hauptschule auseinandersetzen müssen, bleiben die bulgarischen Kinder bis zum Ende ihres siebten Schuljahres in der gleichen Klasse. Erst dann wird entschieden, wie es weitergeht, und zwar nicht vom Lehrer wie in Bayern, sondern vom Kind und seinen Eltern. Der Teenager bewirbt sich für seine Wunschschule, und je nachdem, wie beliebt diese ist, reicht entweder die Abschlussnote oder man muss Prüfungen ablegen und einen Platz ergattern. Für viele Eltern steht dabei die Zukunft ihres Kindes auf dem Spiel, deshalb wird weder Geld noch Zeit für Unterstützung und Nachhilfeunterricht gespart – die Ausbildung des Kindes ist für die meisten Bulgaren das Wichtigste. Zur Auswahl stehen die besonders beliebten Sprachgymnasien (Englisches, Deutsches, Spanisches, Französisches, Italienisches und so weiter, in Sofia sogar mit exotischen Sprachen wie Japanisch), die Mathematik-, Kunst-, Sport- oder Musikschule oder die »Technikums«. Das sind technische Fachschulen, zum Beispiel für Elektrotechnik, für Holzbearbeitung, für Bauwesen etc., oder aber auch für Buchhaltung, für Friseure, für Lebensmittel oder für Tourismus. Alle diese Fachschulen haben einen besonderen Schwerpunkt und bieten mehr Unterrichtsstunden in dem jeweiligen Fach an. Wer in keine spezielle Schule gehen möchte, besucht die reguläre Mittelschule. Das Beste an diesem System ist der leichtere Zugang zur Uni im Vergleich mit Bayern: Der Weg zur Hochschule steht jedem offen, der einen mittleren Schulabschluss hat, unabhängig davon, welche Schule man besucht hat, wenn man Aufnahmeprüfungen der jeweiligen Uni schafft.

Die Sprachschulen haben die Besonderheit, dass das erste Schuljahr als eine Art »Vorbereitungsjahr« gilt. Wenn Ihr Kind zum Beispiel das Spanische Gymnasium besucht, wird es im ersten Jahr jeden Tag vier bis sechs Unterrichtsstunden Spanisch lernen. Dazu kommen zwei bis drei Stunden Mathe und Bulgarisch pro Woche und eine Stunde Sport und Kunst. Alle weiteren Fächer wie Geografie, Geschichte, Physik und Philosophie lernt Ihr Teenager erst im nächsten Jahr, dann aber in der Regel auf Spanisch (je nachdem, welche Kapazitäten die Schule in Bezug auf ausländische oder fremdsprachige Lehrer hat, nur notfalls ist der Unterricht auf Bulgarisch). Am Ende des Vorbereitungsjahres muss das Kind eine Sprachprüfung bestehen – hat es die geschafft, darf es in der Sprachschule bleiben, ansonsten muss es in die reguläre Mittelschule wechseln.

Ich kann mich gut daran erinnern, dass im Jahr 1996 Deutsche noch Exoten in Bulgarien waren. Wie spannend ich es fand, als ich in der 8. Klasse im Biologieunterricht einen jungen deutschen Lehrer aus Dresden hatte! Er sprach natürlich kein Wort Bulgarisch und unterrichtete alles auf Deutsch. Für mich war das der allererste Kontakt mit einem Deutschen. Heute steigt die Zahl der in Bulgarien lebenden Deutschen ständig, für viele Kinder ist es jedoch immer noch eine Besonderheit, mit einem Muttersprachler deutsch zu sprechen. Scheuen Sie sich deshalb bitte nicht davor, junge Bulgaren auf der Straße nach dem Weg zu fragen – auf Deutsch, Englisch oder in einer anderen Sprache – Sie helfen ihnen damit, die gelernte Sprache im echten Leben zu praktizieren.

So mühsam es für mich auch war, ich lernte in fünf Jahren auf der Sprachschule tatsächlich Deutsch und konnte nach dem Schulabschluss sofort mein Studium der Rechtswissenschaften in München beginnen. Ich gebe zu, es hat noch einige Zeit gebraucht, bis ich mit der juristischen und mit der bairischen Sprache zurechtkam, aber wenn ich jetzt zurückblicke, kann ich meiner Sprachschule nur dankbar sein, wie sehr sie mir den Weg in eine neue Welt erleichtert hat. Bevor ich zu sentimental werde, möchte ich Ihnen zum Schluss noch von einer anderen netten Besonderheit in Bulgarien erzählen. Hierzulande ist es üblich, dass die Schüler ihrer Lehrerin am ersten Schultag Blumen schenken. Das Schuljahr beginnt immer am 15. September. Sollten Sie also am 15. September in Bulgarien sein und Frauen auf der Straße sehen, die wie Inhaberinnen eines Blumengeschäfts aussehen, da sie Hunderte Blumensträuße in den Händen tragen, können Sie sicher sein, dass es sich um Lehrerinnen handelt. Und wenn Sie junge Bulgaren mit ausgezeichneten Fremdsprachenkenntnissen auf der Straße kennenlernen, dann seien Sie sicher – sie haben eine Sprachschule besucht.

*44. Grund*

## *Weil man sonntags einkaufen gehen kann*

An eine Sache konnte ich mich in Deutschland nie gewöhnen. Selbst nach 18 Jahren in Bayern stellte ich immer wieder ausgerechnet sonntags fest, dass ich kein Brot habe und auch sonst nichts zum Essen übrig geblieben ist. Und jetzt waren alle Geschäfte geschlossen. Kein Wunder, dass die Deutschen für die Organisationstalente Europas gehalten werden – dachte ich oft –, wenn man selbst das Besorgen des täglichen Brots planen und organisieren muss. Jeden Samstag und zwar vor 20 Uhr muss man daran denken, dass man am nächsten Tag Hunger leidet oder viel Geld im Restaurant lassen muss, falls man nicht rechtzeitig einkaufen geht. Die Schlangen im Supermarkt kurz vor Ladenschluss erinnerten mich an meine kommunistische Kindheit in Bulgarien mit dem kleinen Unterschied, dass die Bulgaren damals etwas gelassener wirkten, da sie im Schlangestehen viel geübter waren als die Einwohner des kapitalistischen Deutschlands.

Ganz anders geht es den Bulgaren, die sorgenfrei darauf warten können, wann sich der Hunger meldet, und keinen einzigen Gedanken daran verlieren müssen, wie dieser am Sonntag zu stillen ist. Gelassen geht man zum nächsten Supermarkt und kauft sein Brot. Falls der Hunger mitten in der Nacht kommt, dann braucht man sich auch nicht allzu große Sorgen zu machen, da es in jeder Stadt Läden gibt, die 24 Stunden geöffnet haben. Wenn Sie jetzt berechtigterweise fragen, wie die Leute in den kleinen Dörfern auskommen, dann muss ich zugeben, dass sie sich meistens auf Einkäufe von ihren Kindern in der Stadt verlassen, da der Dorfladen am Sonntag meist geschlossen ist. In der Regel merkt man aber auf dem Land den Unterschied zwischen Werktag und Wochenende kaum, da die Meisten ihre eigenen Produkte herstellen.

Nicht nur Lebensmittelgeschäfte, die sich tagtäglich um das Überleben der Nation sorgen, sind jeden Tag geöffnet. In Schabla zum Beispiel, einem kleinen Städtchen in der Nähe der Schwarzmeerküste, erklärte mir die Verkäuferin eines kleinen Baumarkts stolz, dass sie 364 Tage im Jahr geöffnet hätten, nur am 1. Januar machen sie Urlaub. Nicht nur Baumärkte warten sonntags auf ihre Kunden. Auch Bekleidungsläden machen meistens sonntags Geschäfte, und vor allem am Wochenende gehört es für junge bulgarische Mädchen zum Zeitvertreib, in einer Mall einzukaufen. In den letzten 10 bis 20 Jahren haben viele westeuropäische Supermarktketten Niederlassungen in Bulgarien eröffnet. In Lidl, Billa, Kaufland, DM, Praktiker finden Sie die vertrauten deutschen Waren, meistens auch zu deutschen Preisen. Großer Unterschied ist allerdings – es gelten die bulgarischen Öffnungszeiten. Das heißt, dass Sie entspannt und gemütlich täglich bis 22 oder 23 Uhr einkaufen können (in manchen kleineren Städten nur bis 21 Uhr).

Im fünften Semester meines Jurastudiums in München hatte ich in einer Klausur im öffentlichen Recht folgenden Fall zu lösen: Eine Eisdiele in einem Markt in Bayern wollte auch sonntags öffnen und klagte gegen die Rechtmäßigkeit des Gesetzes, das die Öffnungszeiten und die Ruhetage im Bundesland Bayern regelt. Für mich als Bulgarin, die sich selbst jeden Sonntag über diese Regelung ärgerte, war es eine schwere Arbeit, Argumente zu finden, warum alle Läden am Sonntag geschlossen bleiben sollen. Da ich dank meiner kommunistischen Kindheit dem sozialen Gedanken doch nicht ganz fremd bin, konnte ich die Klausur mit Argumenten wie Schutz der Arbeiter und Recht auf Ruhe gerade noch retten. Mich selbst haben meine eigenen Argumente jedoch kaum überzeugt. Der Kapitalismus hat mich doch schon so weit verdorben, dass ich die täglich geöffneten Geschäfte in Bulgarien sehr genieße und die bulgarische spontane Art des Einkaufens nicht missen möchte. Wenn Sie auch so wie ich gerne die Wahl hätten, sonntags shoppen zu gehen, dann verspreche ich Ihnen – Sie werden sich in Bulgarien wohlfühlen.

### *45. Grund*

## *Weil sich die Bulgaren nicht verstellen, selbst im Service-Bereich nicht*

In Bulgarien merken Sie schnell, dass Sie nicht in einem touristischen Land sind. Keiner rennt Ihnen hinterher und will Ihnen irgendetwas verkaufen (einzige Ausnahmen – Goldstrand und Sonnenstrand im Juli und August und Bansko im Winter). Vor keinem Museum und keiner Sehenswürdigkeit müssen Sie Schlange stehen, nicht einmal vor den knapp zweieinhalbtausend Jahre alten UNESCO-Kulturerbe-Stätten. Sie begegnen keinen Touristenmassen (die obere Ausnahme gilt hier auch). Sie werden nicht angeglotzt und als ein laufender Geldbeutel gesehen. Sie werden nicht mit Fragen nach Ihrem Zustand, Durst, Hunger, Qualität des Essens etc. überschüttet. Im Gegenteil – Sie werden in Ruhe gelassen und nicht belästigt (manchmal vielleicht mehr, als es Ihnen lieb ist). Manche (West-)Deutsche sind die Service-orientierte Kultur von zu Hause so gewohnt, dass sie mit der bulgarischen Mentalität erst mal nicht zurechtkommen. Dass sie von der Verkäuferin oder der Bedienung in Ruhe gelassen werden, empfinden sie als Desinteresse und Unhöflichkeit. Während man in Deutschland immer eine Begrüßung und Verabschiedung hört, kaum hat man ein Geschäft betreten oder sich der Ausgangstür genähert, wartet man in bulgarischen Läden oft vergeblich darauf.

Wundern Sie sich nicht, falls Sie in ein Restaurant gehen und der Kellner sich mit dem Handy spielend an einem Tisch breitgemacht hat. Er wird Sie vielleicht höflich begrüßen, aber erwarten Sie nicht, dass er sofort aufspringt, um Sie zu bedienen. Nichts Ungewöhnliches ist es auch, wenn Sie in einem großen Restaurant am Nachbartisch die Bedienung speisen sehen. In München habe ich einige Zeit parallel zum Studium gekellnert; später in Bulgarien war ich von diesem freizügigen Verhalten der Servicekräfte ziemlich schockiert. Ich durfte damals in Deutschland bei Dienst nicht einmal mein Handy dabeihaben, geschweige denn vor den Kunden etwas anderes tun, außer nett zu lächeln und sie zu bedienen. Hier in Bulgarien ist es für viele eine Frage des Stolzes, nicht vor dem Klienten zu knien. Bevor Sie sich über die unaufmerksame Bedienung in Bulgarien ärgern, denken Sie aber bitte auch daran – Sie werden nie das Gefühl haben, dass man sich verstellt. Ein freundliches Lachen erwartet Sie nur dann, wenn es ehrlich gemeint ist. Keiner wird versuchen, Ihnen zu gefallen. Man schaut nicht auf Ihren Geldbeutel und bemüht sich nicht ums Trinkgeld. Wenn man freundlich ist, dann ist das eine herzliche und unverfälschte Freundlichkeit.

In einem Antiquitätenladen habe ich etwas erlebt, was ich mir in Deutschland kaum vorstellen kann. Eine junge Frau kam herein und fragte nach dem Buch eines bestimmten bulgarischen Autors. Der Geschäftsinhaber suchte einige Minuten lang, fand das Buch, überreichte es ihr und sagte dabei laut vor sich hin: »Gibt es noch Leute, die diesen Lügner und Dummkopf lesen?« Wortlos legte die Dame das Buch auf den Tisch und verließ den Laden. »Ich kann es nicht glauben, dass dieser Idiot noch gelesen wird, sehen Sie sich doch sein Gesicht an, man sieht sofort, dass das ein Scharlatan ist!«, fuhr er verärgert fort, diesmal zu mir gewandt. Wenn das keine ehrliche Meinung eines Verkäufers zur Qualität seiner Ware ist!

Bei dem Jordanovden-Fest in Kalofer war ich recht überrascht, dass es kaum Imbiss- oder Getränkestände gab. In dem kleinen Städtchen Kalofer findet jährlich ein einziges Ereignis statt, das die Stadt aus allen Nähten platzen lässt und Touristen aus ganz Bulgarien (und ein paar aus dem Ausland) anlockt. Raten Sie, wie viele Restaurants an diesem einen Morgen in Kalofer offen waren? Kein einziges. Als ich einen Einheimischen danach fragte, erklärte er mir: »Unsere Burschen sind heute beim Horo-Tanz dabei. Alle wollen beim Fest mitmachen, weil es das größte Ereignis im Jahr für uns ist, das will keiner verpassen. Das bisschen Geld, das man an diesem Tag verdienen wird, wenn man das Geschäft aufmacht, ist niemandem wert, um auf die alte Tradition zu verzichten.«

Die Bulgaren sind ein stolzes Volk, und Sie werden kaum bettelnde Menschen auf der Straße sehen. Betteln ist traditionell sehr verpönt, und man würde eher verhungern, bevor man sich der Scham stellt, zu betteln. Das gleiche Prinzip gilt auch beim Trinkgeld. Oft rechnet die Bedienung nicht mit großzügigem Trinkgeld (die Ausnahme in den Orten von oben gilt weiterhin). Vor allem in kleineren Städten oder Dörfern erwartet man zwar, dass man die Summe auf einen Lew aufrundet, aber mehr nicht. Mancherorts kennt man das Prinzip des Trinkgelds gar nicht und ist beinahe beleidigt, falls Geld am Tisch gelassen wird. Ich empfehle Ihnen dennoch, auch in solchen Orten lieber Trinkgeld zu geben, wenn Sie zufrieden sind, und keine Angst zu haben, dass Sie jemanden beleidigen.

*46. Grund*

## *Weil Kaffeetrinken in Bulgarien ein soziales Event ist*

Wenn Sie in Bulgarien gefragt werden, ob Sie Kaffee trinken gehen möchten, überlegen Sie genau, was Sie antworten und vor allem, wie viel Zeit Sie haben. Denn unter Kaffeetrinken versteht man in Bulgarien nicht (nur) das Konsumieren eines koffeinhaltigen Getränks zwecks Aufwecken und Aufmunterung. In Bulgarien steckt hinter dem Kaffeetrinken viel mehr! Freunde treffen, Päuschen machen, Entspannen, Zeitung lesen, Wichtiges besprechen – diese Dinge stehen im Vordergrund. Und wo wir bei Cafés sind – auch diese ähneln nicht unbedingt den deutschen. Sie finden sie überall in Bulgarien – Cafés und Läden, wo man Kaffee kaufen kann. Oft sind sie als solche nicht gleich erkennbar: ehemalige Garagen oder Keller wurden in kleine Shops umgewandelt. Ihren Kaffee können Sie so wie viele Bulgaren besonders günstig in einem Kleck-Shop kaufen und ihn im Park auf einer Bank trinken. Seit ein paar Jahren finden Sie an (fast) jeder Ecke Kaffeeautomaten, die schnell beliebt und zum Treffpunkt in der Umgebung wurden. Sie stehen überall, und die Leute versammeln sich um sie: auf dem Hauptplatz im Dorf, am Eingang vor dem Krankenhaus in der Stadt, vor der Schule oder im Justizgebäude, vor dem Eingang eines 15-stöckigen Plattenbau-Hochhauses ...

Die meisten Bulgaren, die Deutschland besuchen, sind vom deutschen Filterkaffee eher enttäuscht. Wie in Italien lieben die Bulgaren starken schwarzen Kaffee. Anders als die Italiener trinken die Bulgaren ihren Kaffee aber nicht in zwei Schlückchen auf dem Sprung. Nein, hier gilt die gleiche Regel wie bei Rakija – Kaffeetrinken ist Genießen. Man lässt sich Zeit, trinkt langsam, redet dabei viel, bespricht dringende Probleme oder meckert über Ärgernisse, diskutiert die Politik, macht einen Ausflug in die Geschichte des 2. Jh. n. Chr., bevor man wieder zu seinen alltäglichen Aufgaben übergeht.

Wenn Sie einmal in Bulgarien Kaffee bestellen, dann sollten Sie ein paar Eigenheiten kennen. Man wird Sie fragen, ob *kusso* (kurz) oder *dulgo* (lang). Dabei geht es um die Wassermenge im Espresso. Der kurze Kaffee ist ca. 25–30 ml groß und der lange – zwischen 90–120 ml. Sie können aber auch »*normalno*« (normal) antworten, dann bekommen Sie das Zwischending von 50–60 ml. Nicht zu verwechseln – der lange Kaffee ist kein Filterkaffee, sondern ein Espresso mit mehr Wasser; der »deutsche« Filterkaffee ist hier als *amerikansko kafe* bekannt.

Was viele vielleicht nicht wissen – die Bulgaren kamen zeitlich etwas früher in den Genuss des Kaffees als die Deutschen. Der Kaffee gelangte über das Osmanische Reich nach Europa. Die Ausbreitung des Osmanischen Reichs auf Syrien, Jemen und Ägypten brachte auch die Kaffeeanbaugebiete in türkische Hand. 1554 wurde in Istanbul (damals die Hauptstadt der Bulgaren) das erste Kaffeehaus eröffnet. Das neue Getränk wurde von Sultan Murad III. allerdings verboten, auch sein Nachfolger verfolgte die Kaffeetrinker und ließ die Kaffeehäuser zerstören. Nichts half aber gegen die Ausbreitung des muntermachenden Genussmittels. Viele Lokale überlebten, als Barbierladen getarnt. Der Weg des Kaffees nach Deutschland dauerte ein gutes Jahrhundert länger, und 1673 wurde das erste Kaffeehaus in Bremen eröffnet. Das Getränk nannte man in Deutschland lange Zeit wenig kreativ »Türkentrank«.

In Bulgarien trinkt man heute noch oft den türkischen Kaffee, mancherorts wie z. B. in Trjawna oder Scherawna sogar ganz traditionell auf Sand gekocht. Als ich Kind war, liebte ich die Nachmittage, an denen sich meine Oma mit ihren Nachbarinnen traf. Es wurde türkischer Kaffee gekocht, der in kleinen Porzellantassen serviert wurde, und wir Kinder durften einen Keks kurz hineintun und sehr schnell aufessen, bevor er auseinanderfiel.

Beim Kaffeetrinken in Bulgarien muss übrigens nicht unbedingt Kaffee getrunken werden. Denn wie Sie ja wissen – darum geht es nicht: Für die Bulgaren ist diese Aktivität ein Anlass zum Treffen und Ratschen. Ich trinke zum Beispiel keinen Kaffee, was aber nicht bedeutet, dass ich nicht täglich Kaffee trinken gehe. Mein Freund Michael, der mich einmal im Winter in Bulgarien besuchte, meinte sogar, ihm sei aufgefallen, dass hierzulande viel mehr Tee als Kaffee getrunken würde. In vielen schönen Cafés werden verschiedene Hauskräuter angeboten, die im Geschmack besonders intensiv sind. Egal ob mit Kaffee (kurz oder lang), Tee (am besten Kräuter-) oder Saft (lieber Pfirsich- oder Aprikosen- anstatt Orangensaft, außer wenn dieser frisch gepresst ist, ist meine persönliche Empfehlung) genießen Sie das Kaffeetrinken in Bulgarien und schauen Sie bitte nicht auf die Uhr!

47. Grund

## Weil in Bulgarien nicht nur die Vögel Sonnenblumenkerne essen

Eine Sache, die die Bulgaren vor ihren ausländischen Freunden oft verheimlichen, ist, wie gerne und wie oft man hierzulande Sonnenblumenkerne isst. Dabei begann der Anbau dieser schönen Pflanze auf bulgarischem Boden erst recht spät, im Jahr 1917, gelangte aber schnell zu großer Beliebtheit, weniger als Snack, sondern vor allem wegen des wertvollen Öls. Seit einigen Jahren gehört Bulgarien zu den größten Exportländern von Sonnenblumen weltweit. Wenn Sie durch das Land reisen, wird Sie diese Statistik nicht länger überraschen, denn die vielen gelben Felder am Straßenrand fallen auf. Nach Getreide ist die Sonnenblumenpflanze übrigens die meistverbreitete in Bulgarien.

In meiner Kindheit gab es noch oft Leute, die in den Parks vor einem kleinen improvisierten Tischchen saßen. Auf dem Tisch lag ein großer Haufen gebackener, schwarzer, gesalzener Sonnenblumenkerne, am Rand davor standen Tüten aus Zeitungspapier, die voller Sonnenblumenkerne waren und für ein paar Münzen verkauft wurden. Nach der Wende und spätestens seit dem EU-Beitritt Bulgariens verschwanden diese Verkäufer fast vollkommen aus dem Straßenbild. Heute trauen sie sich nur zu großen Fußballspielen oder an großen Feiertagen aus ihrem Versteck. Dass die Sonnenblumenkernstraßenverkäufer verschwunden sind, bedeutet aber noch lange nicht, dass die Bulgaren in den modernen kapitalistischen Zeiten auf ihre Lieblingsbeschäftigung verzichten. Die Sonnenblumenkerne sind heutzutage in jedem Getränkeladen (und diese sind an jeder Ecke), jeder Tankstelle und jedem Supermarkt in bunten Plastiktüten zu finden. Die freie Wirtschaft brachte viele verschiedene Marken zur Auswahl auf den Markt, wobei Preis und Qualität variieren. Am Inhalt änderte sich im Laufe der Zeit allerdings nichts – Sonnenblumenkerne, die mit etwas Salz einige Minuten lang im Ofen gebacken werden – das ist alles.

Ich vertrete die Theorie, dass das Verschwinden der Sonnenblumenkernverkäufer mit der Europäisierung des Landes zu tun hat und damit, dass die Bulgaren sich ein bisschen für solche orientalische Sitten schämen. Das Entkernen von Sonnenblumenkernen sieht weder elegant noch kultiviert aus, wie sich die Bulgaren gerne nach außen hin zeigen möchten. Niemals werden Sie als Deutscher zum Beispiel bei einem Besuch in einer bulgarischen Familie am Ende des Abendessens ein Schüssel Sonnenblumenkerne bekommen. Obwohl die Gastgeber ihre Dosis der »schwarzen Droge« vor dem Fernseher sicher selbst immer wieder zu sich nehmen. Diese Aktivität hat fast schon eine meditative Wirkung und ist gesünder als die deutsche Alternative des Biertrinkens vor dem Fernseher.

*Ljupene* oder *tschoplene* nennt man das Entkernen des Sonnenblumenkerns. Glauben Sie mir, *ljupja semki* (Sonnenblumenkerne) ist eine der beliebtesten Beschäftigungen der Bulgaren. Ich habe gehört, es soll Menschen geben, die Sonnenblumenkerne nicht mögen, aber ich persönlich kenne keinen.

Ich habe bereits einige Versuche unternommen, diese tolle bulgarische Aktivität in die deutsche Gesellschaft zu integrieren. Jeder deutsche Freund, den ich hatte, musste sich nach einer bestimmten Beziehungsdauer (meistens dauerte die Probefrist ein paar Monate) dem Phänomen des *Ljupene na semki* stellen. Jeder machte brav mit und war trotz größter Mühe katastrophal schlecht. Bei den Sonnenblumenkernen ist es leider so, dass die Ergebnisse eindeutig und sofort zeigen, wie tüchtig man beim Entkernen war: Während ich bis zu der ersten Fernsehwerbepause bereits eine volle Schüssel mit schwarzen Schalen hatte, war der Schüsselboden meines deutschen Freundes gerade mal mit einer dünnen Schicht schwarzer Hüllen bedeckt.

Für alle, die es gerne zu Hause probieren möchten, eine kleine Anleitung an dieser Stelle: Sie nehmen eine Tüte bulgarischer Sonnenblumenkerne (sollten Sie keinen Vorrat aus Bulgarien haben, können Sie in Deutschland notfalls in einem türkischen Laden auch türkische kaufen. Zu Übungszwecken werden auch die reichen). Sie nehmen eine große, leere Schüssel und setzen sich vor den Fernseher, die Beine auf dem Tisch, die Schüssel auf dem Schoß. Während Sie auf den Fernseher glotzen, nehmen Sie einen Sonnenblumenkern und platzieren ihn mit zwei Fingern – Daumen und Zeigefinger – mit der scharfen Kante zwischen den Schneidezähnen. Sie beißen leicht zu, sodass sich die Schale vom Kern abtrennt. Achtung! Der Biss darf nicht zu stark sein, weil Sie dann den Kern zerschneiden, und das wollen wir nicht.

Die weitere Vorgehensweise hängt grundsätzlich von dem Ort ab, wo man sich befindet. Ist man in der freien Natur (zu empfehlen), isst man den Kern und spuckt die Schale auf den Boden. Sind Sie in geschlossenen Räumlichkeiten oder auf der Straße und möchten höflich und kultiviert wirken, nehmen Sie die Hülle mit den Fingern und werfen sie in die Schüssel. Wenn Sie diese Art des Sonnenblumenkernessens bereits mehrmals probiert haben, aber mit dem Ergebnis unzufrieden sind, lassen Sie nicht den Kopf hängen! Selbst in Bulgarien gibt es Leute, die wegen Zahnproblemen oder strenger Eltern, die Ihnen das *Ljupene na semki* in der Kindheit nicht beigebracht haben, die Sonnenblumenkerne mit den Händen entkernen. Manche Bulgaren sind so gut darin, die Sonnenblumenkerne mit den Händen zu entkernen, dass sie fast die Geschwindigkeit eines »normalen« Sonnenblumenkernessers erreichen.

Jetzt, nachdem Sie wissen, wie man Sonnenblumenkerne isst, kommen wir zur nächsten Frage: Wo? Ich habe es bereits angedeutet – es gibt einige besonders beliebte Orte zum *Ljupene na semki:* Strand im Sommer, Fußballstadion, Couch vor dem Fernseher, Parkbank. Die Bulgaren, die besonders gut erzogen sind, spucken die Überreste in die Hand und schütten sie dann in eine mitgebrachte Mülltüte, selbst wenn sie draußen auf der Straße, am Strand oder im Park sind. Andere sehen es nicht so eng und geben der Erde ihre Früchte (bzw. deren Hüllen) zurück. Dritte wiederum (die anderen beiden schämen sich für diese) spucken die Hüllen sorglos überall auf den Boden. Eine in Deutschland lebende Bulgarin erzählte mir, dass sie in ihrer Wohnung ein spezielles Tuch für *Ljupene na semki* hat, das sie auf den Boden legt, wenn sie abends vor dem Fernseher Sonnenblumenkerne isst, damit sie die Schalen ungestört auf den Boden ausspucken kann.

Aber warum sollte man überhaupt Sonnenblumenkerne essen, die nicht geschält sind? Über alle Nahrungsstoffe dieser Kerne will ich gar nicht anfangen zu sprechen. Etwas anderes ist viel wichtiger: *Ljupeneto na semki* ist, wenn man es allein ausübt, wie eine Art Therapie – die Zeit bleibt stehen, der Kopf ist gedankenfrei, wie in Trance macht man weiter und findet Ruhe und Entspannung. Bei der gemeinschaftlichen Sonnenblumenkerneentkernung kommt noch ein soziales Element dazu – man unternimmt etwas zusammen, es ist aber keine Arbeit; man kann essen, wird aber nicht richtig satt, und währenddessen kann man die ganze Zeit reden. Damit man *ljupi semki* kann, muss man die Zeit haben und auf Arbeit vollkommen verzichten. Lediglich die angenehmen Dinge im Leben lassen sich mit dem Entkernen von Sonnenblumenkernen kombinieren, denn die Hände sind bereits anderweitig beschäftigt: Buch lesen, Radio hören, Filme sehen, mit Freunden reden. Glauben Sie mir jetzt, dass es sich lohnt, sich die Zeit zu nehmen, Sonnenblumenkerne zu entkernen und ihre entspannende Wirkung kennenzulernen? Ihre bulgarischen Freunde helfen Ihnen sicher gerne dabei!

*48. Grund*

## Weil Bulgarien das Heimatland des Tschuschkopeks (Paprikabraters) ist

Glauben Sie, dass jedes Land seinen eigenen Geruch hat? Wonach, denken Sie, riecht Bulgarien? Wenn Sie den Bulgaren diese Frage stellen, bekommen Sie neben »Lindenblüten« oder »Rosen« sicherlich oft folgende Antwort: »Der typischste bulgarische Geruch ist der Geruch von gegrillten Paprika an einem warmen Spätsommerabend.« Auch mein Herz springt vor Freude, wenn meine Nase diesen spezifischen Geruch wahrnimmt.

Als ich zum Studieren nach Deutschland ging, ist mir schnell aufgefallen: In meiner neuen Heimat brät niemand Paprika! Überhaupt konnte keiner meiner deutschen Freunden verstehen, was ich so sehr mit diesen Paprika am Hut habe. Ich versuche es Ihnen deshalb zu erklären: Das Braten/Grillen von Paprika ist für jeden Bulgaren ein wichtiger Teil nicht nur der bulgarischen Küche, sondern vielmehr – es gehört zur bulgarischen Kultur, und ich würde behaupten sogar zur bulgarischen Identität.

Alles fing mit Columbus an, dessen Arzt Paprika-Samen von Amerika nach Spanien brachte und seiner Königin Isabelle schenkte. Die Paprika erreichte den bulgarischen Boden vermutlich im 16. oder 17. Jahrhundert. Der Gebrauch und vor allem das Braten von Paprika haben ihren Höhepunkt allerdings erst im Kommunismus erreicht. In Zeiten der Planwirtschaft, als die Menschen hauptsächlich auf die eigenen Wintervorräte angewiesen waren, war Folgendes ein gängiges Bild im Spätsommer: In den grünen Flächen zwischen den Plattenbauten in den Städten oder im Garten vor dem Bauernhaus auf dem Dorf sammelten sich abends alle Nachbarn und fingen an, Paprika zu grillen. An einem Abend grillte der eine Nachbar, an dem nächsten der andere; ganze Familien und Nachbarschaften saßen tagelang, stundenlang zusammen, drehten die Paprikas auf einem großen Bleichblech und schälten sie danach bis spät in die Nacht (tagsüber kann die Hitze unerträglich für diese Art von Beschäftigung sein). Dabei wurden enorme Mengen von Paprika gekauft – nicht nur ein paar Kilo, sondern gleich 100 oder 150 pro Familie. Denn man sorgte für den ganzen Winter vor, ein Winter ohne Tiefkühlschränke, ohne gefrorenes Obst und Gemüse in den Supermärkten und mit exotischen Früchten wie Bananen und Orangen nur zu Silvester. Diese notgedrungene, geruchsintensive, gesellige Beschäftigung ist es, die bei den meisten Bulgaren eine Erinnerung an Zusammenhalt, Familie und Geborgenheit weckt.

Grundsätzlich gibt es drei Möglichkeiten, Paprika zu grillen:

1. Auf der Herdplatte (am einfachsten, funktioniert aber nicht gut mit modernen Induktions-Herdplatten).

2. In einem Tschuschkopek (noch einfacher als Nummer 1, allerdings muss man ein Tschuschkopek besitzen, dazu gleich mehr).

3. Draußen am Feuer auf dem Blech (am geselligsten, heute aber immer seltener zu sehen).

Von der zweiten Variante haben Sie vermutlich noch nie etwas gehört. Dabei wurde der Tschuschkopek (auf Deutsch übersetzt »Paprikabrater«) von den Zuschauern des Bulgarischen Nationalfernsehens im Jahr 2010 zur größten Haushaltserfindung des 20. Jahrhunderts gewählt (die Elektrizität kam in der Umfrage übrigens erst an zweiter Stelle, vor Fernseher und Radio auf dem dritten Platz). Der Tschuschkopek hat einen steinernen Hohlzylinder, der elektrisch erhitzt wird, und eine kleine Öffnung oben, in die Sie die Paprika geben. Es dauert ein, zwei Minuten, bis sie von allen Seiten perfekt gebacken sind. Das Paprikagrillen mit dem Tschuschkopek ist die beste Lösung für alle, die ihre Paprika, aus welchem Grund auch immer, nicht draußen am Feuer grillen können. Also räumt man einen kleinen Platz auf seinem Balkon frei, setzt sich abends auf einen Klappstuhl, stellt einen großen Topf mit Deckel daneben und wirft rote und grüne Spitzpaprikas in den Tschuschkopek. Aufgrund der Hitze (selbst abends) im Sommer und der unbequemen Position wechselt man sich bestenfalls jede Stunde mit anderen Familienmitgliedern ab. Der Tschuschkopek ist übrigens kein Gerät aus alten Tagen: Ein Bekannter von mir, Partner in einer großen internationalen Anwaltskanzlei in Wien, postete letztens stolz ein Foto auf Facebook: Das beste Geburtstagsgeschenk, das er je bekommen habe, ein Tschuschkopek, der die Wiener Luft ab sofort mit dem »bulgarischsten Duft« schlechthin bereichern wird. Ich verstehe seine Freude, muss Sie aber warnen, bevor Sie nach dem Lesen dieses Abschnitts auf neue Geschenkideen kommen – der Tschuschkopek ist recht schwer und nicht das beste Mitbringsel aus Bulgarien, wenn Sie das Land mit dem Flieger verlassen. Wenn Sie mit Auto unterwegs sind – greifen Sie zu!

Als ich nach Deutschland zog, wählte ich die erste Variante des Paprikabratens. In unserer Studentenstadtküche erwies sie sich als besonders praktisch für kleine Paprikamengen, und falls Sie diese bulgarische Tradition in Ihrem deutschen Haushalt einführen möchten, empfehle ich Ihnen, auf diese Art zu beginnen.

Geselligkeit hin oder her – das Braten von Paprika wäre keine große Sache in Bulgarien, wenn die angebratenen Paprika nicht so herrlich schmecken würden! Dabei gilt es einige wichtige Regeln zu beachten. Egal, welche der drei Varianten des Grillens Sie wählen: Die Paprika ist erst dann fertig, wenn sie von allen Seiten schwarz ist und kleine dunklen Bläschen wirft. Stecken Sie sie dann sofort in einen Topf mit Deckel, und wenn sie Ihnen nicht mehr die Finger verbrennt, schälen Sie sie. Die fertigen Paprika können Sie im Glas konservieren oder im Tiefkühlschrank einfrieren. Die viele Arbeit zahlt sich im Winter aus: Mit klein geschnittener Zwiebel oder Knoblauch, Öl, Essig und etwas Salz (das Ganze ist bekannt als *Pecheni chushki*-Salat) genießen Sie dann, wie die Bulgaren, auch in den kalten Monaten den Sommergeschmack der Paprika.

Zugegeben – heute sieht man die improvisierten Feuerstellen in den kleinen grünen Flächen zwischen den Wohnblocks immer seltener. Anders als im Sozialismus kann man heutzutage überall alles kaufen, und die jungen Leute haben keine Zeit für nachbarschaftliches Paprikagrillen. Dennoch werden Sie im Spätsommer immer noch den spezifischen Geruch nach gebratener Paprika wahrnehmen – Eltern und Großeltern bereiten weiterhin fleißig Wintervorräte für den Nachwuchs vor, und der Tschuschkopek wird vielerorts nach wie vor eingesetzt und sogar in großen deutschen Baumarktketten in Bulgarien verkauft. Junge Bulgaren wollen nicht auf den guten Geschmack ihrer Kindheit verzichten und entdecken aufs Neue die Vorteile der selbst gemachten Vorräte – die Gutverdiener mit wenig Zeit zahlen für hausgemachte gebratene Paprikas, die anderen machen sich selbst an die Arbeit, unterstützt von Großeltern und Nachbarn. Wenn Sie im September in Bulgarien sind, hören Sie sich bitte um – irgendwo bereitet immer jemand Paprika und Sie können sicherlich an einem arbeitsintensiven, lustigen und geselligen Abend teilnehmen.

*49. Grund*

## *Weil Autofahren in Bulgarien viel besser ist, als man erwartet*

Hand aufs Herz – wie stellen Sie sich das Autofahren in Bulgarien vor? Alle, die eher skeptisch sind, kann ich an dieser Stelle beruhigen – Sie werden positiv überrascht sein, wie unerwartet angenehm, gleichzeitig aber auch spannend das Autofahren in Bulgarien ist. Wenn diese Aussage Ihnen widersprüchlich vorkommt, haben Sie recht. So ist nämlich der Straßenverkehr in Bulgarien.

Ich habe Ende der 90er-Jahre in Sofia meinen Führerschein gemacht. Damals galten die Autofahrer der Stadt als die verrücktesten in Bulgarien. Als ich ein Jahrzehnt später das Vergnügen hatte, in Mailand mit Auto unterwegs zu sein, begriff ich, wie sehr die Bulgaren noch von den Italienern zu lernen haben. Mit anderen Worten: Auto fahren ist in bulgarischen Großstädten (da es nicht so viele davon gibt, sind damit eigentlich hauptsächlich Sofia, Plowdiw und Warna gemeint) nicht schwieriger oder anspruchsvoller als in jeder italienischen Großstadt.

Lustig fand ich noch ein Jahrzehnt später das Jammern der Bulgaren, wie voll die Autobahn sei. Beachten Sie an dieser Stelle bitte die Singularform: Es gibt tatsächlich nur eine fertig gebaute Autobahn in Bulgarien. Sie führt von Sofia nach Burgas (am Schwarzen Meer). Die zweite Autobahn von der Hauptstadt nach Warna (noch mal zum Schwarzen Meer, diesmal aber im Norden), ist nur zum Teil fertig gebaut, genauso wie die dritte Autobahn – von Sofia direkt nach Süden Richtung Griechenland. Auf jeden Fall beschweren sich die Bulgaren oft, dass es am Wochenende (vor allem im Sommer und um Feiertage herum) viel Stau auf der Autobahn gäbe. Ich bin ein Jahr lang ständig durch das ganze Land gereist, und glauben Sie mir – ein so entspanntes Fahren habe ich auf keiner Autobahn in Deutschland erlebt (Nachtsfahren nicht mitgezählt). Das, was für das bulgarische Empfinden eine volle Autobahn ist, ist die deutsche A8 zum Beispiel zu den entspanntesten Fahrtzeiten. Anders als in Deutschland herrscht in Bulgarien eine Höchstgeschwindigkeitsgrenze von 140 km/h, sodass man nicht jede Sekunde im Rückspiegel prüfen muss, ob nicht auf einmal ein ungeduldiger Porsche hinter einem fährt. Ich gebe zu – die Bulgaren sehen Geschwindigkeitsbeschränkungen nicht so eng, und manche neuen Autos (oft bekannter deutscher Luxusmarken) haben es manchmal richtig eilig auf der Autobahn, was allerdings von Weitem mit allen möglichen Mitteln – Leuchten, intensiveres Leuchten, Nichtbeachtung des Abstands zum Vorderauto – eindeutig signalisiert wird, sodass man noch rechtzeitig in die rechte, langsamere Spur wechseln kann.

Während meines Aufenthalts in Bulgarien überraschten mich aber auch die Straßen. In meiner Kindheit gab es noch viele Straßenlöcher und große Krater. Heute sind die meisten Straßen frisch mit EU-Geld saniert. Zum Glück nicht alle – ansonsten würde man ja beim Fahren nachmittags bei Sonnenschein schnell mal einnicken. Es gibt immer noch genügend »alte« Straßen, die voller Überraschungen sind, sodass man jederzeit wachsam sein sollte und bereit, den Lenker herumzureißen, um einem Riesenloch gerade noch zu entgehen. Ich erinnere mich gut daran, wie mein damaliger Freund Christian (ein deutscher Ingenieur) zum ersten Mal eine unsanierte bulgarische Bergstraße fuhr. Am Anfang schrie er laut bei jedem großen Straßenloch. Nach wenigen Minuten änderte sich sein Verhalten (anderenfalls hätte er sicher Halsschmerzen vor lauter Schreien bekommen): Er blickte konzentriert nach vorne und glich einem Formel-1-Piloten. Er blinzelte nicht, er hörte nichts, er runzelte die Stirn und machte mit dem Steuer schnelle Drehbewegungen. Das Auto fuhr zwischen den Löchern wie bei einem Computerspiel. Nach einiger Zeit entspannte er sich, seine Fahrmanöver wurden immer sanfter, und auf seinen Lippen sah ich ein kleines Lächeln. Spätestens nach einer halben Stunde waren seine Freude und Spaß am Fahren nicht zu übersehen. Die Herausforderung, die die Straßenbeschaffenheit ihm brachte, machte die Fahrt zu einem spannenden Erlebnis, nach dem er süchtig wurde. Jedes Mal, wenn wir auf eine nicht renovierte Straße trafen, wollte er Plätze tauschen und selbst fahren.

Ich persönlich bin eher ein Fan von Bergstraßen. Was für ein Glück, in einem Land wie Bulgarien mit 70 % Gebirgen zu leben! Dazu kommt, dass Klettern und Skitouren zu meinen Hobbys gehören, sodass die Freude am Bergstraßenfahren voll ausgelebt werden kann. Das Allerbeste an den bulgarischen Bergstraßen ist, dass sie oft menschenleer sind. Fahren Sie unter der Woche nachmittags, und Sie werden nur selten anderen Autos begegnen. Die Fahrt durchs Rhodopen-Gebirge ist ein purer Genuss – schöne Wälder, duftende Wiesen und kaum ein anderes Auto auf der Straße –, was wünscht man sich mehr?

Machen Sie sich also keine Sorgen um das Autofahren in Bulgarien: Abgesehen von der Hauptstadt und vielleicht ein paar Großstädten herrscht hierzulande recht wenig Verkehr. Man fährt ganz entspannt auf (oft) neuen Landstraßen und kann nebenbei die Natur genießen. Und wenn Sie es mir nicht glauben, dann lasse ich jetzt einige meiner Kunden zu Wort kommen. In einem anonymisierten Umfragebogen nach ihren Erfahrungen gefragt, antworten nicht wenige der Reisende so: »Wir waren überrascht von dem friedlichen und problemlosen Straßenverkehr.«

*50. Grund*

## *Weil die Bulgaren großen Wert auf ihr gutes Aussehen legen*

»Wie stellen sich die Deutschen die Bulgaren vor?«, fragte ich meine deutschen Freunde. »Dunkelhaarig, mit großem Bart und mit Fellkappe«, war eine Antwort. »Die Mädels haben Ostblock-Outfit: kurze Röcke, lange Haare, schön geschminkt«, sagte ein anderer. »Die Männer tragen goldene Ketten, Jogginghosen und Lederjacken«, ahnte der Dritte.

Für die erste Beschreibung machte ich den Hersteller eines bulgarischen Joghurts in Deutschland verantwortlich. In den ersten Wochen nach meiner Ankunft in Deutschland vor knapp 20 Jahren machte ich bei Tengelmann eine glückliche Entdeckung: Man kann in Deutschland bulgarischen Joghurt kaufen! Sofort schickte ich meiner Mutter ein Foto davon – sie sollte sich keine Sorgen machen, dass das Kind ohne echten bulgarischen Joghurt in Deutschland verhungert. *Was soll dieser alter Opa auf der Verpackung? Sind das die Bulgaren, oder was?*, schrieb sie mir empört zurück. *Warum haben sie kein hübsches Mädchen draufgemalt? Wer soll denn diesen Joghurt mit dem alten hässlichen Bauern kaufen?*, ärgerte sie sich weiter. Ich fand, dass sie recht hatte, denn im normalen Alltag habe ich noch nie einen Bulgaren gesehen, der der Zeichnung auf dem deutschen »bulgarischen Joghurt-Becher« ähnelt. Selbst die bulgarischen Hirten von heute haben meist keine langen Bärte, sondern eher eine Baseball-Mütze und ein Handy in der Hand.

Was bulgarische Mädchen angeht: Da habe ich meine eigenen Erfahrungen gemacht. Wie ich Ihnen bereits erzählte, begann ich Ende der 90er-Jahre, in München Rechtswissenschaften zu studieren. Schnell stellte ich fest, dass meine Kommilitonen einen ganz anderen Kleidungsstil haben, als ich es aus Bulgarien gewöhnt war: Perlenohrringe, Blazer, längere Röcke für die Frauen, Schal für die

Männer, Poloshirt oder Hemd (zu meinem großen Erstaunen trug ein Student sogar ein rosa Hemd – undenkbar in Bulgarien). Die ersten Wochen in der Uni zog ich mich eher unauffällig an. Eines Tages aber, als ich besonders viel Heimweh hatte, beschloss ich, mich »bulgarisch« zu kleiden – kurzer Rock (und damit meine ich wirklich kurz), Sandaletten mit Absatz, enges, bauchfreies Top. Ich lief durch die langen Uni-Korridore und spürte ständig fremde Blicke. Kein Wunder eigentlich, denn kein anderes Mädchen war so angezogen wie ich. Schnell erkannte ich, dass ein sexy Outfit in Deutschland eher außergewöhnlich ist, in Bulgarien dagegen – gang und gäbe. Verstehen Sie mich nicht falsch – in Bulgarien laufen nicht immer und überall knapp angezogene Schönheiten herum. Es fällt mir aber immer wieder auf, was für ein großer Wert auf ein gutes Aussehen gelegt wird: wie perfekt geschminkt die bulgarischen Mädchen sind, wie selten man hier kurzhaarige Frisuren bei Frauen sieht und wie bedacht sich die Bulgarinnen kleiden.

Wenn wir bei Kleidung sind: Tragen Sie »Hauskleidung«? In Deutschland stellte ich überrascht fest, dass viele Deutsche keine »Hauskleider« besitzen. In Bulgarien zieht man sich zu Hause um, man trägt seine Hausschuhe und seine Hauskleider. Diese werden sofort angezogen, nachdem das Haus betreten wird. Sich mit der Hose von draußen auf das Bett zu legen, ist für viele Bulgaren ein unvorstellbarer Gedanke. Das gilt für Jung und Alt, Männer und Frauen. Die 85-jährige Oma meiner Freundin Vanja geht nicht aus dem Haus (nicht einmal um Müll wegzubringen), ohne dass Sie sich umzieht und Lippenstift aufträgt. Ihre 60 Jahre jüngere Enkelin übrigens auch nicht.

Meine bulgarischen Besucher in Deutschland haben mich oft gefragt, warum die Deutschen so sportlich und (noch schlimmer!) so »heruntergekommen« durch die Fußgängerzone laufen. Auch das ist eine bulgarische Besonderheit – in die Fußgängerzone geht man zuerst, um zu sehen und um gesehen zu werden, und erst sekundär, um Geschäfte zu erledigen oder zu shoppen. Nicht nur einmal musste ich mir von verschiedenen Verwandten anhören, ich sei mit meiner Thai-Hose unpassend für einen Spaziergang im Zentrum angezogen. Elegant (höchstens sportlich elegant), jedenfalls gepflegt soll man sich auf der bulgarischen Straße zeigen. Man wartet nicht auf einen Opernbesuch, um ein schönes Kleid anzuziehen.

Kommen wir dann zu den Männern. Lange Bärte, die in Deutschland bereits seit Jahren nicht nur unter den Hipstern recht beliebt sind, sieht man in Bulgarien nach wie vor eher selten, vor allem außerhalb von Sofia. Die meisten Bulgaren achten auf ein rasiertes Kinn, starken Parfümduft und (in jüngeren Jahren) auf Oberarmmuskeln. Mit den goldenen Ketten und Ledertäschchen lagen meine deutschen Freunde tatsächlich nicht falsch – Gold- oder Silberschmuck sehen Sie in Bulgarien bei Männern bestimmt häufiger als in Deutschland.

Zu guter Letzt: Die Bulgaren sind besonders stolz darauf, dass hierzulande die hübschesten Frauen der Welt leben. Ich war etwas überrascht, dass das keiner in Deutschland wusste, aber alle Deutschen, denen ich diese Tatsache im Laufe der Jahre mitteilte, waren höflich genug, zu antworten, dass sie mir sofort glauben würden. Wundern Sie sich deshalb nicht, wenn Sie in Bulgarien an jeder Ecke einen Friseur- oder Schönheitssalon sehen – im Land der hübschen Frauen gibt es viel Arbeit für solche Geschäfte!

*51. Grund*

## *Weil in Bulgarien Wunder passieren*

Vor vielen Jahren gab es einen Priester aus der Walachei (heute in Rumänien), der eine Pilgerreise zum heiligen Berg von Athos (im heutigen Griechenland) unternahm. Dieser Berg ist für alle orthodoxen Christen ganz besonders – seit frühchristlichen Zeiten befinden sich dort mehrere Klöster, und die Mönche regieren das Land. Der

Berg Athos ist selbst heute noch eine autonome Republik der Mönche. Vom Athos nahm der Mönch eine schöne Ikone als Geschenk mit nach Hause. Auf der Rückreise von Griechenland in die Walachei kam er an Trojan im Herzen Bulgariens vorbei. In dem Berg dort lebte seit einiger Zeit ein gläubiger Einsiedler, dem der Priester einen Besuch abstattete. Die beiden verbrachten einige Zeit mit Fasten und Beten. Langsam sprach sich in der Umgebung herum, dass die Ikone Wunder vollbringe, und viele Leute kamen von weither, um vor ihr zu beten. Eines Tages beschloss der Mönch, dass die Zeit gekommen sei, seine Heimreise fortzusetzen. Er sattelte das Pferd, belud es mit der Ikone und mit dem Gepäck und ritt los. Nach wenigen Schritten jedoch fiel das Pferd zu Boden. Der Pilger sah darin ein Zeichen Gottes, dass er die Reise nicht an diesem Tag beginnen sollte, und blieb einen Tag länger. Am nächsten Morgen wiederholte sich das Ganze – alles war bereit, als das Pferd wieder an der gleichen Stelle zu Boden fiel. Der Priester verstand, dass es sich um ein Zeichen handelte und dass die Ikone diesen Ort nicht verlassen möchte. So geschah es, dass man auch heute noch die Wunderikone der heiligen Maria Dreihändige in der Klosterkirche des Trojan-Klosters sieht.

Eine Wunderikone, fragen Sie? Auf der Ikone sind drei Hände zu sehen – auch das sei einem Wunder zu verdanken. Es gab einmal einen Mann, der einen kleinen Sohn hatte. Der Junge war behindert – er hatte nur einen Arm. Der Vater hörte, die Ikone der Mutter Gottes bei Trojan helfe den Gläubigen und könne heilen. Um seinem Kind zu helfen, machte er sich auf den Weg und betete vor der Ikone. Über Nacht wurde das Kind gesund, und am nächsten Morgen sahen die Gläubigen, dass auf der Ikone eine dritte Hand erschienen war.

Bulgarien ist voller Wunder oder zumindest voll von solchen Geschichten über Wunder. Sie werden heute noch von Mund zu Mund weitererzählt, und am Wochenende und an Feiertagen warten Hunderte Menschen in einer Schlange vor den Wunderikonen, um diese berühren zu können. Jedes Kloster birgt mehr als eine Wundergeschichte, viele Orte sind heilig. Viele Gläubige machen zum

Beispiel jedes Jahr eine Pilgerreise zum Krastowa gora in Rhodopen-Gebirge, um geheilt zu werden oder die Lösung eines Problems zu finden. Wenn Sie sich mit Bulgaren unterhalten, werden Sie schnell merken – Wunder sind in Bulgarien alltäglich und gegenwärtig, und Ihre bulgarischen Freunde erzählen Ihnen sicherlich gerne die eine oder andere Geschichte.

# 6. Kapitel

# Traditionen und Bräuche

*52. Grund*

## *Weil die Bulgaren alte Traditionen pflegen*

Ich lebte bereits seit einigen Monaten in Bulgarien, als ich langsam merkte, wie lebendig die Traditionen hierzulande noch sind. Während ich in Bayern nur wenige deutsche Traditionen kennenlernte, gibt es in Bulgarien fast jeden Monat ein Ereignis, das mit jahrhundertealten Bräuchen zu tun hat.

Mit Jordanovden am 6. Januar geht es los. Im privaten wie im staatlichen Fernsehen wird den ganzen Tag lang über nichts anderes berichtet als über die Männer-Horos und das Springen um das Kreuz im eiskalten Gewässer. Die Bulgaren tanzen gern Horo. Auch am 6. Januar, also mitten im Winter, bei Schneefall und Eis, im eiskalten Wasser. Die Bulgaren, die in der Nähe eines Flusses wohnen, tanzen im Fluss. Diejenigen von der Schwarzmeerküste springen ins Meer, andere wiederum in den nächstgelegenen See. Fleißige Reporter berichten aus dem ganzen Land und zeigen halb nackte oder in nasse weiße Hemden mit roten Stickereien gekleidete Männer, die bis zur Brust im Wasser tanzen. Dabei ist das Tanzen nur eine Nebensache – das Hauptereignis am Jordanovden ist der Wettkampf um das

Kreuz. Früh am Morgen behelligt der Priester das Kreuz und wirft es ins eiskalte Wasser. Die jungen Männer stürzen sich ihm nach, und derjenige, der es herausholt, wird gesund und glücklich durch das Jahr kommen.

Was ich schon lange vom Fernsehen kannte, wollte ich auch live erleben – das Männer-Horo im Fluss Tundscha bei Kalofer. Bis auf eine Schneekanone am Rande des Flusses, die für bessere Fotos sorgte, war tatsächlich alles an diesem bekanntesten Reigentanz im Winter authentisch. Frauen warteten neben kleinen Feuerstellen mit trockenen Decken und Jacken auf ihre Söhne und Männer, die aus dem kalten Wasser stiegen. Von Unbekannten hörte ich, dass die Männer am Abend davor ordentlich Wein trinken, damit das Blut heiß wird, wenn sie ins Wasser gehen.

Einige Wochen später stieß ich auf die nächste lebendige Tradition – die Kukeri. Ungefähr zur selben Zeit, wenn in Deutschland, Österreich und der Schweiz Fastnacht oder Fasching gefeiert wird, kommen in Bulgarien die Kukeri auf die Straße. Die Ähnlichkeit mit der westlichen Tradition besteht darin, dass sich die Leute verkleiden. Der große Unterschied ist, dass in Bulgarien keine modernen Verkleidungen geduldet werden. Nur alte Pelze und Glocken sind erlaubt, und die Männer basteln das ganze Jahr lang an ihren Masken.

Acht Wochen vor Ostern, am Sirni Zagovezni, war ich im Dorf Hrabrino. Dort wurde (so wie in ganz Bulgarien an diesem Tag) am Abend ein riesiges Feuer entzündet und das längste Horo, das ich bis damals gesehen hatte, getanzt. Während wir verschwitzt um das Feuer tanzten und die Volksmusik den Rhythmus vorgab, hatte ich das Gefühl, in einer Zeit von vor Tausenden Jahren und wie in Trance versetzt zu sein. Alle Geschichten über Hexen, böse Geister und übernatürliche Kräfte kamen mir ganz real und glaubwürdig vor. (Ausführlich über das Fest Sirni Zagovezni in einer anderen Region Bulgariens bei Grund 53).

Am 1. März binden alle Bulgaren Marteniza um das Handgelenk ihren Liebsten (mehr dazu bei Grund 57). Am 6. Mai feiert man Gergiovden (Georgstag). Dieser Namenstag (mehr über die Namenstage bei Grund 97) ist den Bulgaren so wichtig, dass er zum Nationalfeiertag erklärt wurde. Am Gergiovden ist es Pflicht, Lamm zu essen, auch Frühlingsknoblauch und ein grüner Salat gehören dazu. Enjovden am 24. Juni ist der Kräutertag (mehr über Kräuter bei Grund 65). In der Früh gehen die Frauen Kräuter sammeln, die an diesem Tag eine besonders starke und heilende Wirkung haben. Am Abend gibt es wieder große Feuer, über die die Kinder und Jugendlichen springen. Am Ilinden, 20. Juli sollten Sie nicht im Meer baden – dem Volksglauben nach fordert das Meer an diesem Tag die meisten Opfer. Stattdessen machen die Bulgaren an diesem Tag Kurban (mehr über Kurban bei Grund 56). Am Nikulden (Nikolaustag) am 6. Dezember bekommen die Kinder in Bulgarien zwar keine Geschenke, aber auch der Krampus bleibt ihnen erspart. Pflicht ist allerdings, Fisch zu essen, bestenfalls mit der Familie oder Freunden. Auch am Heiligen Abend und Weihnachten gibt es bestimmte Regeln, die seit Jahrhunderten gelten und von jedem strikt eingehalten werden.

Das sind nur einige der größten traditionellen Feste, die jeder Bulgare kennt und feiert. Dazu gibt es noch viele regionale Kirchen- oder Dorffeste, die meisten von ihnen basieren auf alten Traditionen. Sie sehen bereits – Traditionen werden heute auch von modernen Bulgaren immer noch gelebt und weitergegeben, und ich verspreche Ihnen – ihre Spuren werden sie bei Ihrer Reise durchs Land häufig entdecken.

*53. Grund*

## *Weil es einen Tag gibt, an dem die Bulgaren um Vergebung bitten*

Es gibt einen Brauch in Bulgarien, den ich nirgendwo sonst gesehen habe. Obwohl er (wie üblich) Gesundheit bringen soll, werden Sie gleich merken, dass diese alte Tradition nach heutigem Kenntnisstand der Medizin eher die Verbreitung von Viren fördert. Es geht um »Hamkane« am »Sirni Zagovezni«. Als ich Kind war, machten wir es in unserer Plattenbauwohnung im 10. Stock in Sofia. Am Abend versammelte sich die ganze Familie um den feierlich gedeckten Tisch, und nach dem Abendessen kam der spannendste Teil für uns Kinder: Meine Mutter band ein Stückchen Halva ans Ende eines dicken roten Fadens (in manchen anderen Familien wurde anstatt Halva ein Ei angebunden). Halva klingt für die deutschen Ohren vielleicht etwas exotisch, hierzulande ist es allerdings spätestens nach der Eroberung Bulgariens von den Osmanen weit verbreitet. Halva ist eine süße Spezialität aus Sonnenblumenkernen und Zucker. In Deutschland finden Sie es vor allem in türkischen oder arabischen Läden. Früher, als es noch keine Schokolade gab, muss es ganz oben auf den Wunschlisten der Kinder gestanden haben. Traditionell wird der Faden mit dem Halva an der Decke befestigt, was in den Bauernhäusern sicherlich kein Problem war, in unserer Plattenbauwohnung aber eher schwierig. Meine Eltern banden es dann entweder an einen Stock, oder das größte Familienmitglied streckte seinen Arm nach oben und hielt ihn so, dass das Halva frei in der Luft schwang. Wir Kinder versuchten nun mit den Händen hinter dem Rücken das Halva mit dem Mund zu beißen. Wer es schaffte, verspeiste schnell das Stückchen, die anderen waren in der Regel sauer und erklärten weinend: »Aber das war nicht fair, weil sie hat …« Oder: »Aber er ist größer und er hat …«, sodass das Spiel meist mehrere Durchgänge hatte, bis alle Kinder das Halva-Stückchen erwischt hatten.

In meinem deutschen Alltag hatte ich das Fest »Sirni Zagovezni« fast vergessen. Eines Abends rief mich mein Vater an. Zu dieser Zeit lernte ich für mein juristisches Staatsexamen und beschwerte mich gleich, dass ich das ganze Wochenende bis Mitternacht in der Stadtbibliothek verbrachte. »Wir warteten darauf, dass du uns anrufst und um Vergebung bittest«, sagte er. Erst verstand ich überhaupt nicht, wovon er sprach. Sollte ich mich bei meinen Eltern fürs Lernen entschuldigen? Plötzlich fiel es mir wieder ein. Es war wohl dieser eine Tag in Bulgarien, an dem die Jungen die Alten darum bitten, dass sie ihnen die Fehler verzeihen und vergeben und vice versa. »Vergib mir«, sagt man und die Antwort ist (bestenfalls) »Es wird dir vergeben und vergib du auch«. Das hatte mein Vater wohl gemeint. Ich habe recht junge, aufgeschlossene und moderne Eltern, die zwar Traditionen pflegen, aber keine solchen Erwartungen an ihre Kinder stellen. Dennoch ärgerte ich mich, dass ich Sirni Zagoverzni vergessen hatte. Was allerdings nicht schwer war, und zwar nicht wegen meines Staatsexamens, sondern deshalb, weil sich das Datum des Festes jedes Jahr ändert und von Ostern abhängt – Sirni Zagovezni ist immer am siebten Sonntag vor Ostern. Allerdings ist das bulgarische Ostern fast immer (außer in Schaltjahren) eine Woche später als in Deutschland. Sie sehen schon – in der Hektik des Alltags fällt es leicht, dass man alte bulgarische Traditionen vergisst.

Nicht so in Bulgarien. Radio, Fernsehen und Zeitungen berichten den ganzen Sonntag lang über das Fest, das regional kleine Abweichungen aufweist. Überall gleich ist, dass es am Abend große Feuer und »Hamkane« für die Kinder gibt – hier mit Ei, dort mit Halva. In den meisten bulgarischen Dörfern springen junge Burschen über das Feuer, in manchen werden brennende Pfeile in die Luft geschossen, in anderen verkleiden sich die Leute.

Meine Rückkehr nach Bulgarien sah meine Oma Iwanka als Chance, mir und den restlichen Enkeln und Urenkeln viele alte Traditionen nahezubringen und sie wiederzubeleben. Als wir klein waren, waren manche dieser Bräuche etwas eingeschlafen, da sie meistens mit kirchlichen Feiertagen in Verbindung standen und sich Kirche und Kommunismus schlecht vertrugen.

So geschah es, dass sich meine komplette Familie am Sirni Zagovezni Anfang März in einem kleinen Dorf – dem Geburtsort meiner Oma – versammelte. Großtanten und Onkel, die ich seit meiner Kindheit nicht mehr gesehen hatte, Nichten und Neffen, die sich teilweise nicht kannten, Alte und Junge reisten aus ganz Bulgarien an, um an diesem einen Abend zusammen zu sein und sich gegenseitig um Vergebung zu bitten. Das Wort *Zagovezni* kommt von dem Verb *zagojavam*, das auf Deutsch »fasten« bedeutet, *Sirni* kommt vom »Sirene«, also Käse. Käse-Fasten: Gleich bei dem Namen des Feiertags weiß man, worum es hier geht – es ist der letzte Tag, an dem man vegetarisch isst. Käse, Eier, Milch und Joghurt, sogar Fisch, sind noch erlaubt, ab dem nächsten Tag bis Ostern (ganze sieben Wochen lang) darf man sich nur vegan ernähren. Den Sonntag vor Sirni Zagovezni nennt man Mesni Zagovezni, und wenn ich Ihnen sage, dass *Meso* »Fleisch« bedeutet, wissen Sie sofort, dass man bis Mesni Zagovezni (acht Wochen vor Ostern) Fleisch essen darf. Aber genug von religiösen Regeln, gehen wir zurück zu unserem Familien-Treffen am Sirni Zagovezni.

Tagsüber gingen wir zum Friedhof, wie man es früher machte, und trafen dort auf andere Dorfbewohner und Besucher. Am Sirni Zagovezni erinnert man sich an die Verstorbenen und ehrt sie. Das Wetter war wunderschön – warm und sonnig. Bäume und Büsche fingen an zu blühen, die Natur erwachte nach dem langen Winterschlaf.

Richtig spannend wurde es dann am Abend. Wie Sie bereits wissen, werden am Abend von Sirni Zagovezni in ganz Bulgarien riesige Feuer entzündet. Meistens konkurrieren zwei Dorfviertel, wer das größere Feuer hinkriegt, und die Jugend ist die ganze Woche davor mit dem Sammeln von Laub und Holz beschäftigt. In manchen Regionen geht es noch abenteuerlicher zu: Die jungen Burschen schnitzen kleine Holzpfeile, die an einem Ende angezündet und dann brennend in die Luft gefeuert werden. Allerdings nicht einfach so gen Himmel, sondern ganz gezielt zum Haus des Mädchens, das man mag. »Am aufregendsten war die Nacht an Sirni Zagovezni für die Väter hübscher Töchter«, erzählte mir mein Vater. »Sie mussten viele brennende Pfeile in ihrem Hof befürchten, was die Wahrscheinlichkeit eines Brands deutlich erhöhte, sodass der glückliche Vater mit gesammelter Verwandtschaft und bereitstehenden Wassereimern die

Nacht über unruhig ausharren musste. Sirni Zagovezni wurde im Dorf meiner Großeltern von den Erwachsenen immer mit großer Anspannung erwartet und mit großer Erleichterung verabschiedet.«

Zurück im Bauernhaus, fingen meine Onkel an, aus einem nicht allzu trockenen Holz kleine Pfeile zu schnitzen – eine Arbeit, die um einiges anspruchsvoller war, als ich dachte. Man sah ihnen aber sofort die Erfahrung aus jungen Jahren an. Alle Männer waren sehr tüchtig und begabt und gravierten hübsch ihre kleinen Pfeile. Am Esstisch gab es Baniza (Blätterteig mit Weißkäse), gekochte und geschälte Eier, Kartoffelsalat und Fisch. Jeder bat jeden um Vergebung und küsste dem ältesten Familienmitglied – in dem Fall meiner Oma – die Hand. Die Kinder spielten und warteten auf das Hamkane. Von den Nachbarhäusern hörte man Lachen und Geschrei, das ganze Dorf war voller Familienfreude und Gemütlichkeit. Am nächsten Tag war meine Facebook-Seite überfüllt von Fotos alter Freunde, die die Ergebnisse des Hamkane-Spiels ihrer Kinder präsentierten. Selbst heute wird mir warm ums Herz, wenn ich an diesem Tag denke, und ich weiß es sehr zu schätzen, dass die Bulgaren ihre alten Traditionen auch im modernen Alltag bewahren.

### *54. Grund*

## *Weil man sonntags auf dem Hauptplatz Horo tanzt*

Wochenende in Bulgarien: Tagsüber hört man in den Plattenbauwohnungen in den Städten Staubsauger, es riecht nach gebratenen Zwiebeln und Paprika. In den Autowaschanlagen stehen Männer Schlange, die Shoppingmalls in den Großstädten und die Cafés in den Kleinstädten sind voll.

Spätnachmittags und am früheren Abend gilt: sehen und gesehen werden. Man zieht sich hübsch an und geht in die Fußgängerzone. Im Gegensatz zu den deutschen Fußgängerzonen stehen in der Regel die

Cafés und nicht die Geschäfte im Mittelpunkt. Welche bulgarische Stadt auch immer Sie besuchen – im Zentrum werden Sie immer eine Fußgängerzone finden, und sie wird immer viele Cafés haben. Sonntags läuft man die Straße hoch und runter. Klingt einfach, aber diese Aktivität kann bis zwei, drei Stunden in Anspruch nehmen. Denn man begegnet alle paar Meter einem Freund oder Bekannten und lässt sich Zeit für den anderen. Ist man einmal durch, kann man sich in ein Café setzen, um den anderen Teil der Haupt-Wochenendbeschäftigung auszukosten – die treibende Menschenmasse zu beobachten und hier und da zu kommentieren.

Für mich persönlich ist das Highlight eines faulen Sonntags in der Stadt der Horo-Tanz auf dem Hauptplatz. Die Schüchternheit der deutschen Männer beim Tanzen ist dem bulgarischen Mann fremd (der bulgarischen Frau sowieso). Ich kann mich daran erinnern, wie überrascht meine deutschen Freunde waren, als sie auf einer bulgarischen Geburtstagsparty in der Studentenstadt in München landeten. Diese sah genauso aus wie alle Geburtstagspartys in Bulgarien, die ich kannte: Die Musik war um das Dreifache lauter als bei einer deutschen Party, und alle tanzten sofort los, ohne erst einmal mit reichlich Alkohol die Hemmungen überwinden zu müssen.

Die Liebe zum Tanzen scheint in Bulgarien seit Jahrhunderten zu existieren. Während der osmanischen Herrschaft gab es hierzulande wenig Vergnügungsmöglichkeiten. In England begeisterten Shakespeares Theaterstücke die Massen, in Deutschland baute man Theater- und Konzerthäuser, im Osmanischen Reich haben sich die bulgarischen Untertanen mit Liedern und Reigentänzen amüsiert. Am Sonntag versammelten sich alle auf dem Dorfplatz. Dudelsack-, Fidel-Spieler und Trommler fehlten nicht. Die besten Sänger konnten ihre Kunst zeigen, und Alte und Junge gaben sich die Hand und hüpften zu den 7/8-Rhythmen der bulgarischen Volksmusik. Früher waren die Dorffeste mit ihren Horo-Tänzen übrigens auch die größte Partnerbörse. So beschreibt es Felix Kanitz[19] in den Jahren 1870–1878: »Am wichtigsten waren die großen Hora – am Sonntag und an großen Feiertagen. Der junge Mann hält sich neben dem geliebten Mädchen – wenn sie ihn mag, tanzt sie weiter, wenn nicht, lässt sie sich von dem Horo ab unter dem Vorwand, dass sie müde ist. Die Frau ist passiv, sie darf aber ablehnen oder zustimmen, beim Ablehnen darf sie aber nicht grob sein.«

Auf Bulgarisch sagt man Horo zum Reigen- oder Kreistanz, und je nach Gebiet gibt es ca. 100 verschiedene Hora, wie zum Beispiel Schopsko und Graevsko aus dem Sofia-Gebiet, Dunawsko aus Nord-Bulgarien, Malaschewsko aus Mazedonien, Sborenka aus Dobrudscha etc. Im Kommunismus wurden die Bulgaren mit Hora überschüttet. Tagtäglich hörte man Volkslieder im Radio, und im Fernsehen liefen Horo-Tänze. Und nichts anderes. Übersättigt von so viel aufgedrängter Traditionsmusik wollten viele Bulgaren nach der Wende erst einmal nichts mehr davon wissen. Es brauchte ein, zwei Jahrzehnte Verschnaufpause in den 90er-Jahren und Anfang des 21. Jahrhunderts. In den letzten Jahren entdecken die Bulgaren ihre Liebe zum Horo wieder. Meine Cousine, mein alter Freund aus der Schulzeit, die beste Freundin meiner Mutter – viele Bulgaren besuchen ein-, meist zweimal pro Woche einen Volkstanzkurs.

So schließt sich der Kreis der Sonntagnachmittage – nach einem ausgiebigen Sehen-und-gesehen-Werden geht man zum Hauptplatz, wo jemand große Lautsprecher aufgestellt hat, aus denen laute Volksmusik erklingt (in der Regel stellen die Betreiber der größten Horo-Tanzschulen in der Stadt und nicht die Stadtverwaltung Musikanlage und DJs zur Verfügung). Vorbeilaufende, sich völlig unbekannte Leute reihen sich ein, halten sich die Hände und tanzen im (meist) richtigen Schritt Horo. Man kennt sich nicht, wird aber dank der Musik zum Teil eines großen Ganzen – des Horos. Die Jungen haben die Schritte in einem Kurs gelernt, die Älteren kennen sie bereits von ihren Großeltern. Die mutigsten Zuschauer auf dem Hauptplatz schließen sich an, die schüchterneren machen Fotos und applaudieren nach jedem Lied. Alles verläuft spontan und unverbindlich und dauert zwei bis drei Stunden. Ganz patriotisch enden solche Tanzveranstaltungen meist mit der bulgarischen Hymne. Am Ende sind alle verschwitzt, fröhlich und haben ein riesiges Lächeln im Gesicht.

Übrigens – Horo wird in Bulgarien nicht nur sonntags auf dem Hauptplatz gespielt. Einmal stand ich kurz vor Weihnachten in einem Stau auf der Autobahn von Sofia. Es schneite, und die Autobahn war schneebedeckt. Ich staunte nicht schlecht, als ich ein paar junge Männer sah, die um die Autos herumhüpften und zum Zeitvertrieb Horo in der Kälte tanzten. Die Leute aus den im Schritttempo vorbeifahrenden Autos feuerten sie an, pfiffen, riefen *Hop-a* und *Ura* und klatschten amüsiert, während sie an der improvisierten Tanztruppe vorbeifuhren. Hochzeiten, Geburtstage, große Feiertage – zu all diesen Anlässen tanzt man Horo, so wie die Bulgaren es vor Jahrhunderten gemacht haben. Horo ist das bulgarische Rezept für gute Laune und um in Form zu bleiben. Wenn Sie einmal dabei sind, trauen Sie sich, selbst wenn Sie nicht gleich auf Anhieb den richtigen Schritt erwischen sollten!

*55. Grund*

## *Weil der erste Tag des Jahres mit Schlägen beginnt*

Was machen die Bulgaren am Morgen vom 1. Januar? Verkatert im Bett liegen? Von wegen! Traditionell fängt der erste Tag im Jahr mit Schlägen an. Ja, Sie haben richtig gelesen – es geht ums Schlagen, und zwar mit einem Holzstock auf den Rücken. Und nein, das ist keine Folge eines erhöhten Rakija-Konsums am Abend davor, sondern eine uralte Tradition. Bevor Sie entsetzt Ihren Silvesterbesuch in Bulgarien absagen, lassen Sie mich bitte weiter erklären.

Fangen wir damit an: Was genau passiert in einer durchschnittlichen bulgarischen Familie am ersten Morgen im Jahr? Die Kinder stehen selbstverständlich unmenschlich früh auf und versuchen, ihre (oft) verkaterten und (immer) übermüdeten Eltern aus dem Bett zu bringen. Haben sie es geschafft, fängt der lustigste Teil des Tages an – das »Survakane«. Dafür hat jedes Kind seine eigene »Survatschka«.

Survatschka ist ein Baumzweig, geschmückt mit Ketten aus Popcorn, getrockneten Paprika und Früchten, kleinen runden Brezeln, Münzen und bunten Fäden. So sieht zumindest die traditionelle Survatschka aus, und sie wird mithilfe der Oma, der älteren Schwester oder der Mutter in den Tagen davor vom Kind selbst gebastelt. Die moderne Familie von heute, die wenig Zeit hat, kauft die Survatschka auf der Straße. Zwischen Weihnachten und Silvester tauchen überall kleine Verkaufsstände für Survatschkas auf, wobei sich meistens die Verkaufsfläche lediglich auf einen Eimer voller Survatschki beschränkt. Die moderne Survatschka ist sehr bunt und aus wenig natürlichen Materialien gebastelt – sie wird mit Alufolie, Stanniol und buntem glitzernden Papier geschmückt.

Survatschka macht man nicht aus irgendeinem Baum. Nein, es darf nur Kornelkirschbaum sein. Als ich Kind war und meinen Opa fragte warum, erklärte er mir: weil der Kornelkirschbaum unter allen Bäumen am frühesten blüht, aber am spätestens Früchte gibt und sein Holz besonders stark und gleichzeitig biegsam ist. Dieser Baum nimmt am längsten die Sonne auf, bevor er Früchte gibt.

Jedes Kind hält also am Morgen des 1. Januar so eine Survatschka in der Hand und geht zum Ältesten im Haus. In meiner Kindheit war das mein Opa. Er drehte mir die Rücken zu und bückte sich etwas, damit ich ihn besser erreichen konnte. Mit der Survatschka schlug ich ihn auf den Rücken und sagte dabei ein kleines Gedicht, das ich im Kindergarten gelernt hatte:

»Auf ein neues Jahr,
gesunder und starker Rücken,
roter Apfel im Garten,
goldene Ähre auf dem Feld,
volles Haus mit Seide,
wie viel Sand am Meer,
so viel Gesundheit in diesem Haus,

gesund und munter bis zum nächsten Jahr,
bis zum nächsten Jahr und zum Ende der Tage!«

Am Schluss gab mir mein Opa Geld. Danach ging ich zur Zweitältesten – meiner Oma. Auch sie wurde auf den Rücken geschlagen und hörte sich das gleiche Gedicht an, am Ende wurde ich wieder mit Geld beschert. So machte ich die Runde der Erwachsenen durch und sammelte einiges an Münzen, die ich später in mein Sparschweinchen steckte. Die gleiche Zeremonie folgte bei meinem Bruder, alles begleitet von fröhlichem Geschrei, Aufmunterung und Klatschen. Geschenke gab es keine, dafür bekam aber jedes Kind Geld (das kann allerdings in anderen Familien anders sein – manche meiner Mitschüler bekamen kleine Geschenke, Süßigkeiten oder Obst statt Geld).

Das letzte Silvester feierte ich mit Freunden und deren Kindern in Bulgarien zusammen, und siehe da, nichts hatte sich beim Survakane seit meiner Kindheit geändert – dieselben Liedchen, dieselben Survatschki, dieselben glücklichen Gesichter. Auf dem Land bleiben die Kinder nicht nur zu Hause, sondern gehen durch das Dorf und besuchen Freunde und Verwandte. Ist es nicht schön, wenn ein Volk seine Traditionen heute noch so lebendig hält und weitergibt?

Warum es Survakane gibt, ahnen Sie vermutlich bereits – damit man gesund durch das Jahr kommt. In diesem Sinne: keine Angst vor den Schlägen am 1. Januar!

*56. Grund*

## *Weil die Bulgaren in die Kirche gehen, Kurban machen, Blei gießen und auf ihre Kinder spucken*

Was ich in Bulgarien auffällig finde, ist, wie abergläubisch die Bulgaren sind. Sie wollen die übernatürlichen Kräfte auf ihrer Seite haben. Deshalb wendet man sich sicherheitshalber an alle Götter und Geister – egal wer, Hauptsache irgendjemand hilft. So gehen die

Bulgaren, gläubig oder nicht, in die Kirche und zünden eine Kerze an. Sie vergessen dabei aber ihre alten heidnischen Bräuche nicht und binden sich am 1. März rot-weiße Bändchen an die Hand (siehe Grund 57), stecken an Weihnachten eine Münze ins Brot (siehe Grund 59) oder spucken auf ihre Kinder (dazu gleich mehr).

Ob Muslime, Juden, Christen oder Ungläubige – viele Bulgaren machen Kurban, was eigentlich »Tieropfer« im alten Judentum und im islamischen Opferfest bedeutet. Hierzulande hat der Kurban aber einen anderen Sinn. Wenn man einen sehnlichen Wunsch hat (meistens, dass jemand gesund wird oder Erfolg bei einer wichtigen Sache hat) oder wenn man ein Unglück knapp überlebte, legt man ein Gelübde ab, jedes Jahr an diesem Tag ein Tier zu schlachten und alle Verwandten und Nachbarn zum Essen einzuladen, sollte der Wunsch in Erfüllung gehen oder als Dankbarkeit fürs Überleben. Praktischerweise entscheidet man selbst, wie lange das Gelübde gilt – ob zum Beispiel 10 oder 20 Jahre, oder ein Leben lang. Das Opferfest soll einen immer wieder daran erinnern, kurz innezuhalten und sich den Wert des Lebens bewusst zu machen.

Meine Familie mütterlicherseits wird zum Beispiel »Gotteslügner« genannt. Mein Urgroßvater war schwer krank und legte ein Gelübde ab, Kurban zu machen, falls er die Krankheit überlebt. Er wurde gesund, aber keiner sah oder roch etwas vom reichen Opfertier-Essen. So bekam er seinen neuen Spitznamen, und alle Nachbarn im Dorf warteten darauf, dass Gott die Rechnung beglich.

Das Kurban-Gelübde ist heute genauso lebendig wie vor Hunderten vor Jahren. Ich persönlich kenne die Tradition aus unserem Dorf. Der Nachbarsjunge hatte als Kind eine schwere Operation überlebt, und seine Eltern machen jedes Jahr an diesem Tag einen Kurban; sie schlachten ein Lamm und laden uns zum Essen ein. Denken Sie aber bitte nicht, das wäre eine Tradition, die nur bei den Bauern auf dem Land erhalten ist. Im größten Chat-Forum Bulgariens »www.bg-mamma.com«, wo man von verantwortungsbewussten bulgarischen Müttern Antworten und Ratschläge für jede Lebenslage bekommt, werden immer wieder Meinungen ausgetauscht, wie man in der Großstadtwohnung Kurban macht, wer eingeladen werden, wann es stattfinden soll und welches Tier geschlachtet werden darf. Kochbücher und ihre modernere Version – Webseiten mit Kochrezepten – bieten etliche Rezepte für Kurban an. Was ich persönlich besonders schön finde – es gibt keine strenge Regeln, und auch hier gilt (so wie bei vielen anderen Sachen, wenn es um Regelungen in Bulgarien geht, siehe 32): Jeder macht das Kurban nach seinen Vorstellungen, man macht es ja für sich.

Blei gießen ist in Bulgarien keine Silvesterbeschäftigung, sondern eine Rettungsmaßnahme bei großen Lebensbedrohungen. Als der kleine Bruder meiner besten Schulfreundin angefangen hatte zu stottern, schickten ihn seine Eltern (beide Geschäftsführer eines mittelständischen Unternehmens) nicht nur zum Kinderpsychiater und zum Logopäden, sondern auch zum Bleigießen bei einer alten Frau in einem kleinen Dorf in der Nähe von Sofia. Die alte Frau gießt Blei, um einen von Angst zu befreien. Hierzulande wird dieser alte Orakelbrauch nur von erfahrenen Frauen ausgeübt und soll bei Angst und Schreck helfen. Ungeklärt blieb, welche dieser Maßnahmen half, jedenfalls hörte der Bruder nach einigen Monaten mit dem Stottern auf. Der Versuch der Bulgaren, alle Mächte zu besänftigen, ist überall im Alltag zu sehen. Wenn Sie zum Beispiel Ihre Handtasche auf den Boden stellen, werden vermutlich alle um Sie herum sofort aufspringen, die Tasche hochheben, einen Stuhl organisieren, die Tasche darauf stellen und Ihnen erklären, Sie sollen nie eine Handtasche auf den Boden stellen, weil Sie dann kein Geld haben werden. Falls Sie sich an die Ecke eines Tisches setzen, weil Ihre Gruppe größer als die Anzahl der Tischplätze ist, dann wird man Sie von dort wegschieben – wer an der Tischecke sitzt, der wird von zwei Seiten gezogen und wird nicht heiraten. Wundern Sie sich also nicht, wenn sich Ihre bulgarischen Freunde merkwürdig verhalten – Sie wollen vermutlich nur Ihr Bestes und Sie vor einem Unglück bewahren.

Im Frühjahr traf ich eine Freundin und bekam von ihr Komplimente für meine neue Frisur. Sowie ihre Feststellung, ich sei wohl nicht abergläubisch, denn man solle im März seine Haare nicht schneiden. Als ich meine Freundin Katja eines Tages nicht erreichen konnte, erklärte sie mir am nächsten Tag, sie hätte ihr Handy zu Hause vergessen. Zwar merkte sie das sofort, als sie auf der Straße war, konnte aber nicht zurückgehen, weil es Unglück bringt, wenn man wegen etwas Vergessenem zurückkehrt. Als ich im Frühling meinem Vater im Garten helfen wollte, gab er mir ein paar Münzen und meinte, ich solle sie in die Hosentasche stecken. Vielleicht höre ich zum ersten Mal im Jahr den Kuckuck rufen, und wie ich bereits wisse, müsste ich dann Geld dabeihaben, damit es das ganze Jahr lang nicht ausgeht.

Falls Rakija oder Wein verschüttet wird oder etwas vom Essen auf den Boden fällt, glauben die Bulgaren, dass die Verstorbenen durstig oder hungrig sind. Damit die Kinder Glück haben, spuckt man auf sie. Sie staunen, aber ich meine es ernst! Man benutzt keine richtige Spucke, es ist eher die Geste, die zählt: so tun, als würde man spucken und dabei »Pu, pu, dir soll kein Unheil geschehen« zu dem Kind sagen. Schon im 17. Jahrhundert wurden ausländische Reisende auf diesen Brauch aufmerksam und beschrieben ihn.

Sie sehen schon – die christliche Religion ist nicht die einzige geistige Stütze der Bulgaren. Ihr Alltag ist voll von abergläubischen Bräuchen, alten Traditionen, heidnischen Ritualen, die als doppelte Absicherung für ein gutes Leben dienen. Mit (meist) wenig Mitteln wendet man das Böse ab und kann danach sorglos und entspannt leben. Eine Herangehensweise im Leben, die in einer Gesellschaft voller Technik und wissenschaftlicher Erklärungen etwas verloren geht, aber wenn Sie mich fragen, für mehr Gelassenheit im Alltag sorgt.

*57. Grund*

## *Weil man sich am 1. März gegenseitig ein rot-weißes Band um das Handgelenk bindet*

Am 1. März begrüßt man sich in Bulgarien nicht mit Dobar den, sondern mit *Chestita Baba Marta!* Auf Deutsch übersetzt, heißt das so viel wie »Frohe Oma März!«. Wenn diese Begrüßung Ihnen etwas komisch vorkommt, warten Sie, bis Sie sehen, was darauf folgt: Ihnen wird entweder ein weiß-rotes Bändchen um den Handgelenk gebunden, oder zwei kleine Wollpüppchen (Mann und Frau), die an einem Faden zusammengebunden sind, an das Hemd, den Pullover, oder an den Kragen gesteckt. Wenn Sie Glück haben und von einem Kind beschenkt werden, bekommen Sie während des Bindens noch ein Liedchen vorgesungen (»Oma März hatte es eilig, sie hat Martenizi gebunden, weiße und rote ...« und so weiter).

Dies ist ein jahrhundertealter bulgarischer Brauch, der am 1. März und in der Woche danach stattfindet. Die Martenizi sollen Gesundheit und Glück bringen und vor bösen Geistern schützen. Sie werden in den Wochen vor dem 1. März meistens von den Omas oder deren Enkelkinder selbst geknüpft, gedreht oder geflochten. Traditionen ändern sich allerdings, und heutzutage werden Martenizi auch überall auf der Straße oder in deutschen Supermarktketten verkauft. Aufgrund der Globalisierung gibt es mittlerweile sogar in China produzierte Martenizi und Facebook-Gegenbewegungen zum Schutz der in Bulgarien produzierten »Bulgarischen Marteniza«.

Wer darf wem Martenizi schenken? Das ist ganz einfach – jeder jedem (selbst Haustiere bekommen oft eine Marteniza). Allerdings gibt es einige Pflichtschenker- und -beschenkte, so schenkt z.B. jeder Schüler seiner Lehrerin eine Marteniza, der Mitarbeiter dem Chef, die Eltern den Kindern, Verliebte, Verlobte und Freunde beschenken sich gegenseitig. Am Ende des Tages hat man viele Martenizi gesammelt, sodass beide Handgelenke voll mit den weiß-roten Bändchen geschmückt sind. Darf man sie zu Hause weglegen? – fragen Sie. Auf gar keinen Fall! Wie lange trägt man sie? Hier ist die Antwort etwas komplizierter. Die Marteniza – dieses ganz besondere Geschenk – müssen Sie bis zum Frühlingsanfang tragen. Und da der Begriff »Frühlingsanfang«, zumindest in seiner traditionellen Bedeutung, recht subjektiv ist, gilt die folgende Vorgehensweise:

Wenn Sie eine Schwalbe oder einen Storch sehen, dann dürfen Sie die Marteniza ablegen. Aber bitte nicht in den Müll werfen! Sie müssen sie unter einem großen Stein verstecken und sich den Ort gut einprägen. Weil Sie nächstes Jahr dorthin zurückgehen sollen, um nachzuschauen, ob sich unter dem Stein viele Ameisen (notfalls auch andere Insekten) befinden. Ist das der Fall, werden Sie unermesslich viel Glück und Gesundheit haben.

Wenn Sie den ersten blühenden Baum sehen (hier ist wichtig – Baum und nicht Busch!), dürfen Sie die Marteniza ebenfalls wegnehmen. Diesmal brauchen Sie nicht nach einem Stein zu suchen, sondern hängen Sie sie bitte an den Baum. Auch ein Ameisentest findet in diesem Fall nicht statt. Was aber weiterhin gilt: Sie werden gesund und glücklich sein. Woher dieser Brauch kommt, kann heute keiner sagen. Einigkeit besteht darüber, dass er sehr, sehr alt ist. Eine Legende erzählt vom Krieg und einer Taube als Bote mit weißem Faden am Fuß, die verletzt wurde, sodass das Blut den Faden färbte. In Bulgarien wird man Ihnen sicherlich oft erzählen, dass dieser Brauch nur hier existiert, denn die wenigsten Bulgaren wissen, dass er auch in den Nachbarländern Rumänien, Moldawien und Griechenland (teilweise mit kleinen Abweichungen) bekannt ist.

Seien Sie nicht enttäuscht, falls Sie nicht im März nach Bulgarien reisen. Die Spuren von Marteniza können Sie das ganze Jahr lang sehen, wenn Sie die Augen offen halten und die Bäume aufmerksam beobachten. Die weiß-roten Marteniza-Bändchen entdecken Sie fast überall – sie hängen meistens in Überzahl an manchen Bäumen, so wissen Sie auch gleich, welcher Baum im Frühjahr als erster geblüht hat.

*58. Grund*

## *Weil man am Heiligen Abend den Tisch nicht abräumt*

Die ersten Jahre in Deutschland war ich neugierig darauf zu erfahren, wie man in Deutschland Weihnachten feiern. Schnell stellte ich große Unterschiede zur bulgarischen Feier fest. Gefragt nach den typischen deutschen Traditionen, erzählten mir meine deutschen Freunde von Weihnachtskrippen, Plätzchen, Lebkuchen und Weihnachtsliedern unter dem Weihnachtsbaum. Ich fragte immer wieder nach dem Essen, aber jede Familie schien etwas anderes zu essen, und viele konnten sich nicht einmal so richtig daran erinnern. Das könnte in Bulgarien nie passieren, dachte ich mir. Denn wenn es um das Essen am Heiligen Abend, am 24. Dezember, geht, sind die Bulgarien sehr traditionell, und alle machen das Gleiche, selbst wenn sie weit weg von zu Hause sind und in Berlin, New York oder Kapstadt leben.

Falls Sie einmal das Glück haben, zu einem solchen feierlichen Essen eingeladen zu werden, werden Sie über die Anzahl und die Zutaten der Gerichte staunen. Wenn Sie Veganer sind, werden Sie gleich ein Lied an die Freude singen wollen. Wie viele Gerichte am Heiligen Abend auf den Tisch kommen, wird nicht dem Zufall überlassen, sondern folgt strengen Regeln: Es muss immer eine ungerade Zahl, aber nicht weniger als sieben sein. Je nach Tüchtigkeit der Hausfrau kann es auch neun oder sogar elf Speisen geben. In meiner Familie haben wir einen kleinen Trick (und ich bin sicher, dass wir nicht die Einzigen sind, die sich so behelfen): Wenn alle Hauptgerichte eine gerade Zahl ergeben, wird eine kleine Schüssel mit Honig dazugeholt, das zählt dann auch. Meistens fällt uns dann auf, dass wir das Brot vergessen haben, sodass wir wieder in das Dilemma der geraden Zahl geraten. Dann bringt jemand eine andere Schüssel und füllt sie mit Kompott oder trockenen Früchte – Hauptsache, die Speisen auf dem Tisch haben eine ungerade Zahl. Und wenn ich von sieben (neun, elf) Gerichten spreche, dann denken Sie bitte nicht an ein 7-Gänge-Menü. Alle Speisen stehen bereits zu Beginn des Abendessens auf dem Tisch, denn der Sinn der Sache ist, dass der Tisch möglichst reich gedeckt ist – so soll auch das nächste Jahr sein.

Der 24. ist außerdem der letzte Tag der Fastenzeit in Bulgarien. Alle Gerichte werden also vegan – ohne Fleisch, Milch, Käse oder Eier – vorbereitet, auch Fisch ist nicht erlaubt (erst am nächsten Tag, an Weihnachten, kommt Fleisch auf den Tisch). Sie werden am Heiligen Abend vermutlich getrocknete Paprika, gefüllt mit Bohnen, Knoblauchpaste mit Walnüssen, mit Reis gefüllte Weinblätter- oder Sauerkrautrouladen, Bohnensuppe, mit Kürbis gefüllte Teigblätter, süß gekochte Weizenkörner auf dem Tisch sehen.

Der Heilige Abend ist ein Familienfest, und dieses verbringen die Bulgaren mit den nächsten Verwandten. Nur ausnahmsweise, falls die Familie nicht da ist (was in den letzten Jahren der großen Auswanderungen nicht selten der Fall ist), wird man von engsten Freunden zum Familienfest eingeladen. Hauptsache, keiner bleibt allein.

Am Heiligen Abend werden Sie das Brot nicht einfach so im Brotkorb finden. Auch hier versteckt sich eine lange Tradition: Der Älteste in der Familie teilt das Brot (das übrigens speziell zum Heiligen Abend vegan gebacken wurde) und gibt jedem ein Stückchen. Das erste Stück wird auf die Seite gelegt – es ist für die verstorbenen Verwandten und für das Haus. Dieses Brot müssen Sie vorsichtig essen, denn drinnen ist eine Geldmünze versteckt, die das nächste Jahr demjenigen viel Glück, Geld und Gesundheit bringen wird, der sie bekommt und sich dabei die Zähne nicht ausbeißt.

Sind Sie auch der Meinung, dass Feiern eine schöne Sache ist, aber das Abräumen danach weniger Spaß macht? Dann verstehen Sie, warum ich eine der bulgarischen Traditionen am Heiligen Abend besonders gern habe: Der Tisch wird nach dem Essen nicht abgeräumt. Man kann, nein, man muss alles über Nacht stehen lassen, denn die Bulgaren glauben, dass die verstorbenen Verwandten in der Nacht an den Tisch kommen und sich bedienen. Hinzu kommt der

Glaube, dass das Abräumen das Glück aus dem Haus jagen würde. Die Lebenden können sich nach dem reichlichen und leckeren Essen also entspannen und sich nach Mitternacht den Geschenken unter dem Weihnachtsbaum widmen, ohne auch einen Gedanken an Abwaschen oder Aufräumen zu verlieren. So ist es zumindest in den meisten Wohnungen in den Großstädten. Auf dem Land und in den kleineren Städtchen wird es nach dem Essen richtig interessant. Dort ziehen nach Mitternacht die Koledari (junge Männer mit großen Holzstöcken) in Grüppchen von 10–15 Personen durch die Häuser, um jeder Familie einen Besuch abzustatten und für die Hausbesitzer Weihnachtslieder zu singen. Die Koledari bringen Glück und Gesundheit und werden mit kleinen ringförmigen Brötchen, Wein oder Geld beschenkt.

Ein Stückchen bulgarischer Tradition bringe ich jedes Mal nach Deutschland mit. Wenn ich aus meiner Heimat nach Bayern zurückkomme, schenke ich meinen deutschen Freunden Walnüsse. Jeder bekommt eine Walnuss und muss sie knacken – denn so, wie der Inhalt ist, wird das neue Jahr für denjenigen sein.

*59. Grund*

## *Weil man zwischen den Jahren im Brot nach seinem Glück sucht*

An Silvester gießt man in Deutschland traditionell Blei. Viel zu gefährlich, fanden die europäischen Behörden und das Bundesumweltamt und verboten im Jahr 2018 den Verkauf von Silvester-Blei. Auch die Bulgaren gießen Blei, allerdings nicht jeder, nicht an Silvester und nicht zum gleichen Zweck (wie Sie bei Grund 56 lesen können). Um die Zukunft für das neue Jahr vorherzusagen, fanden die Bulgaren einen ungefährlicheren und definitiv schmackhafteren Weg: Man sucht im Brot nach seinem Glück. Oder in der Baniza, einem Blätterteiggebäck mit Weißkäse, frisch gebacken, warm und herrlich schmackhaft. An Silvester gibt es eine ganz spezielle Baniza – eine *Baniza s kasmeti*, also mit Glücksbringern. Denken Sie jetzt an chinesische Glückskekse? Ganz falsch liegen Sie nicht, denn auch im bulgarischen Brot oder in der Baniza versteckt man kleine Zettelchen mit Glückwünschen. Allerdings werden diese traditionellerweise um kleine Kornelkirschenzweige mit Knospen gewickelt (warum dieser Baum so speziell ist und in mehreren Traditionen zum Einsatz kommt, kann bei Grund 59 nachgelesen werden). So köstlich die Baniza auch schmeckt – seien Sie beim Essen bitte vorsichtig! Die kleinen Zweige sind nach dem Backen zwar recht weich und für Ihr Gebiss harmlos, aber das größte Glück für das neue Jahr bringt eine Münze, die sich auch in der Baniza versteckt.

Ein großer Vorteil der Baniza mit Glücksbringern ist, finde ich, dass man selbst entscheiden kann, was auf den Zettelchen stehen wird und welches Glück einen erwartet. So waren in meiner Familie einige Zeit lang mein Bruder und ich mit der verantwortungsvollen Aufgabe des Schreibens von Glückwünschen für die Silvester-Baniza beauftragt. Was dazu führte, dass meine Oma zum Beispiel im neuen Jahr eine neue Liebe erwartete, mein Opa sich auf ein bestandenes Staatsexamen freuen durfte und für meinen Vater eine Reise nach Indien in Aussicht gestellt wurde. Als meine Mutter die Sache irgendwann selbst in die Hand nahm, folgten Häuser, Babys und Hochzeiten. Diese landeten allerdings meist genauso in den falschen Händen wie die von meinem Bruder und mir geschriebenen Glücksbringer. Meine Familie atmete erleichtert auf, als irgendwann die größten bulgarischen Zeitungen eine praktische Beilage zur letzten Jahresausgabe hinzuzufügen begannen – eine Seite mit 20 unterschiedlichen kleinen Glückwunsch-Texten zum Ausschneiden. Sie waren gut geschrieben, mehrdeutig, und das Wichtigste – sie konnten zu jeder Lebenslage passend interpretiert werden.

Nach ein, zwei Jahren gaben wir auch diese Art des Schicksalslesens auf. Heute versuchen wir wieder mehr Kreativität ins Brot zu bringen und uns mithilfe von Google und Facebook ausgefallene und schöne Glückswünsche für das neue Jahr auszudenken.

Falls Sie an Silvester von Bulgaren zum Feiern eingeladen werden und in den Genuss einer leckeren Baniza kommen, aber mit ihrem Glücksbringer nicht 100 % zufrieden sind, keine Sorge. Selten bleibt es bei einer *Baniza s kasmeti*. An den Feiertagen sind immer Besuche bei Freunden und Verwandten geplant, und überall bekommen Sie Baniza-Stückchen, sodass sich Ihre Chance, doch den gewünschten Glückszettel zu erlangen, erheblich erhöht. Ich wurde dieses Jahr zum Beispiel mit drei Glückszetteln beschert: »Geld« (darauf warte ich noch), »Neue Geschichten über uns und die Welt« (daran arbeite ich gerade) und »Heiratsantrag« (das steht auch noch in der Warteschlange).

Freuen Sie sich also jetzt schon über Ihren Silvesterbesuch in Bulgarien – Sie werden nicht nur das gute Silvester-Brot oder -Baniza kosten können, sondern erfahren, welche schönen Dinge Sie im nächsten Jahr erwarten. Und falls Sie in Deutschland bleiben – trauern Sie dem Bleigießen nicht nach, sondern schauen Sie im Internet nach einem Baniza-Rezept und nehmen Sie Ihre Zukunft selbst in die Hand!

*60. Grund*

## *Weil Bulgaren durchs Feuer gehen*

Ja, Sie haben richtig gelesen, Bulgaren gehen durchs Feuer, und das ist nicht einmal metaphorisch gemeint. Nestinarstvo nennt man diese uralte Tradition, die heute noch lebendig ist. Männer und Frauen tanzen barfuß auf Glut, ohne sich dabei zu verbrennen. Na gut, das machen nicht alle Bulgaren. Um genauer zu sein, sind es sogar ganz wenige – nur die Nestinari – die den alten Brauch heute noch ausüben. Den Feuertanz kennt man auch nicht überall in Bulgarien, sondern nur im Südosten des Landes, im Strandscha-Gebirge (wohl auch in manchen Dörfern im Nordgriechenland, aber dort kenne ich mich nicht aus). Aber auch in den Touristenorten am Schwarzen Meer werden Sie den Nestinarski-Tanz als eine Touristen-Attraktion erleben können und merken, dass heidnische Bräuche und Geschäfte heutzutage Hand in Hand gehen.

Liest man in den ethnografischen Büchern nach, erfährt man, dass der Brauch vermutlich einen thrakischen Ursprung hat. Er findet jedes Jahr am Tag der Heiligen Konstantin und Elena im Sommer statt. Abends wird ein großes Feuer gemacht, danach verteilt man die glühenden Kohlen auf einer kreisförmigen Fläche mit Durchmesser drei mal fünf Meter. Jetzt folgt der Höhepunkt des Fests: Die Feuertänzer, die Nestinari, betreten wie in Trance und unter lauten Zurufen das glühende Kohlenbett. Sie tanzen in kleinen, gleichmäßigen Schritten auf der glühenden Kohle, ohne sich die Füße zu verbrennen. Dabei tragen sie die Ikone des heiligen Konstantin und der heiligen Elena, die sie während des Tanzes schützen und ihnen manchmal Botschaften schicken. So können die Tänzer, in Trance versetzt, Wahrsagungen machen. Am Ende tanzen alle Dorfbewohner und Gäste zusammen ein Horo, aber keine Angst – dieser Horo wird nicht auf den glühenden Kohlen, sondern drum herum getanzt.

Nicht jeder kann Nestinar werden, erzählen die Ethnologen; die Fähigkeit, im Feuer zu tanzen, sei erblich. Manchmal können Zuschauer aber selbst in Trance versetzt und zu Feuertänzern werden.

Der Vater meines Großvaters war Kommunist, mein Opa war auch Mitglied der kommunistischen Partei, er studierte Ingenieurwesen und hatte in seinem Leben wenig für Gott und noch weniger für heidnische Bräuche übrig. Und dennoch ist er die einzige Person, die ich persönlich kenne, die durchs Feuer gegangen ist. Leider lebt mein Opa nicht mehr, und ich kann nichts Genaueres von ihm erfahren, aber immerhin habe ich zu seinen Lebzeiten die wichtigste Frage gestellt: »Wie hast du das gemacht?«, »Ah, das war kein Ding«, war seine Antwort, »es ist nichts Außergewöhnliches, den ganzen

Sommer lang sind wir Kinder barfuß gelaufen, dann bekommt man eine dicke Hornhaut unter den Füßen, ganz grob und fest. Dann merkst du nichts, wenn du auf die glühende Kohle läufst. Außerdem gibt es eine Technik: Du musst schnell laufen und kleine Tritte machen, sodass du die Füße kaum vom Boden bewegst, so spürst du keinen Schmerz und verbrennst dich nicht.« Ich muss zugeben, ich habe eine zauberhaftere Erklärung erwartet und war von seiner nüchternen Beschreibung der Lauftechnik etwas enttäuscht. Als ich diese Geschichte einer Freundin erzählte, die sehr belesen ist und vieles über Nestinarstvo weiß, beruhigte sie mich, dass nur bestimmte Menschen Nestinari werden können, das sei nicht jedermanns Sache. »Dein Opa muss wohl diese Fähigkeit gehabt haben, ohne es zu wissen und ohne dieser Sache große Bedeutung zu geben, ansonsten hätte er es nicht geschafft«, meinte sie.

Verstärkt von meinem Namen (mehr dazu bei Grund 42) habe ich die Hoffnung noch nicht aufgegeben, dass auch ich über außergewöhnliche Kräfte verfüge und zu den auserwählten Bulgaren gehöre, die auf Feuer tanzen können. Sollte mein Mut irgendwann ausreichen, werden ich Ihnen davon berichten. Bis dahin verweise ich Sie auf die erfahrenen Nestinari im Dorf Bulgari in Südosten des Landes, das als Zentrum der Feuertänzer gilt. Dort können Sie jedes Jahr am 3. Juni die Feuertänze live erleben.

### *61. Grund*

## *Weil es wunderschöne Stickereien gibt*

Ich bin ein großer Fan der bulgarischen Tracht: von Region zu Region unterschiedlich, aber immer mit wunderschönen Stickereien, die aufwendig in Handarbeit gefertigt wurden. Ein deutscher Reisender aus dem 16. Jahrhundert berichtete, dass die Bulgarinnen grobe Hemden mit schönen, bunten Stickereien tragen[20]. Als er einmal seinen Mantel auszog und eine Bäuerin sein Hemd aus feinem Stoff sah, das komplett weiß und nicht gestickt war, fand sie es nicht so schön wie das eigene hübsch bestickte Hemd aus grobem Leinen.

Wenn Sie sich eine alte bulgarische Tracht ansehen, dann werden Sie merken, wie viel Arbeit in jedem Stich steckt. Die Frauen haben ihre Träume und Hoffnungen in die hübschen Stickereien geflochten. Früher war es ein Zeichen der Tüchtigkeit der jungen Frau, wie viele Hemden, Stoffe, Teppiche und Decken sie für die eigene Hochzeit bestickt und genäht hat. Jedes Dorf hatte seine eigene Tracht und so verriet die Bekleidung lange Zeit die Herkunft. Durch die Globalisierung sind die billigen Textilien aus Asien heute natürlich längst Teil des bulgarischen Alltags. Ich musste sehr, sehr lange nach jemandem suchen, der bereit war, die monatelange Arbeit des Bestickens eines Volkskleids auf sich zu nehmen.

Selbst wenn die handgemachte Herstellung heute wenig beliebt ist, erlebt das Tragen der bulgarischen Tracht in den letzten Jahren eine wahre Renaissance. Das jährliche Volksfest in Scherawna Ende August, bei dem es nicht erlaubt ist, moderne Kleidung zu tragen, wird von Jahr zu Jahr beliebter. Neuerdings werden immer mehr Hochzeiten mit traditionellen Volkskleidern gefeiert. Selbst auf dem Abiball ziehen immer mehr junge Leute Tracht an. Anders als in Bayern werden Sie die Bulgaren nicht in Tracht auf der Straße sehen (und wenn schon, dann sind diese vermutlich Mitglieder einer Volksmusik- oder Tanzgruppe). Aber besuchen Sie einmal sonntagnachmittags den Platz vor dem Nationaltheater in Sofia – dort werden Sie die bulgarische Tracht finden. Denn dort trifft man sich ganz unverbindlich zum Horo-Tanzen, und nicht wenige Bulgaren tragen dazu traditionelle Kleider.

Ich empfehle Ihnen, wenn Sie in Bulgarien sind, ein Konzert bulgarischer Volkstänze zu besuchen. Zu den bekanntesten Tanzgruppen gehören Bulgarani, Rosna kitka, Philip Koutev, Folklorika, aber auch Amateur- und Schulgruppen sind meist sehr gut und sehenswert. Die Volkslieder sind immer lebendig und voller Lebensfreude.

Die Tänzer bilden Figuren, kommen im Kreis zusammen, trennen sich wieder, bilden zwei Reihen, die sich wieder ineinander verketten – alles vollkommen aufeinander abgestimmt und synchronisiert. Das Sahnehäubchen dieser Magie aus Musik und Bewegung sind die Kleider der Frauen und Männer. Am Ende einer solchen Veranstaltung werden Sie das Gefühl haben, ein Stück Göttlichkeit auf Erden erlebt zu haben.

*62. Grund*

## *Weil in Bulgarien keiner größer als das Brot ist*

Brot ist den Bulgaren heilig. »Keiner ist größer als das Brot«, sagt ein altes bulgarisches Sprichwort, das man heute noch oft hört. Ein Essen ohne Brot – in Bulgarien unvorstellbar. Warum Sie dann niemals Brot im Restaurant bekommen, selbst wenn Sie einen Salat bestellt haben? Ich habe dafür eine eigene Erklärung: Das Brot ist hierzulande so wichtig, dass man es nicht unaufgefordert einfach so auf den Tisch stellt, wo die Gefahr besteht, dass es einfach liegen bleibt. Nein, Sie müssen sich genau überlegen, wie viele Scheiben Brot Sie essen möchten, und dem Kellner die exakte Zahl verraten. Kein Stück mehr oder weniger wird dann gebracht, und kein Brot wird verschwendet.

Das Brot spielt bei vielen traditionellen Festen eine große Rolle: An Weihnachten und Silvester wird es mit Geld oder Glückszetteln gefüllt. Wenn ein Kind das Laufen gelernt hat, backt man einen Laib, rollt ihn über den Boden und lässt das Kind hinterherlaufen. Auf der Hochzeit füttert die Schwiegermutter das frischvermählte Paar mit einem Stückchen Brot mit Salz und einem mit Honig. Mit den Rücken zueinander streckt das Brautpaar die Arme über den Kopf, der Trauzeuge hält einen Brotlaib drüber und fordert die beiden auf, an beiden Seiten zu ziehen und so das Brot zu teilen. Wer das größere

Stück in Händen hält, wird das Sagen in der Familie haben und das Geld nach Hause bringen.

Viele der alten Traditionen haben ihren Weg in den heutigen Alltag gefunden. Laibe werden beispielsweise mit der Hand gestückelt und geteilt und nicht geschnitten (am Heiligen Abend darf das nur das älteste Familienmitglied machen). Was Sie in Restaurants vermutlich nicht sehen werden, obwohl es die Bulgaren hinter verschlossenen Türen sehr gern machen: Man lässt nichts auf dem Teller liegen, sondern tunkt kleine Brotstücke in die Soße, steckt sie auf die Gabel und isst so auch die letzten Reste des Essens.

Eine weitere Besonderheit: In Bulgarien isst man fast ausschließlich Weißbrot. Dass es dunkles Brot gibt, habe ich erst erfahren, als ich Ende der 90er nach Deutschland auswanderte. Heute findet man Vollkorn- und Dunkelbrot auch in bulgarischen Bäckereien (vor allem in den Großstädten) und in gehobenen Restaurants, aber ich sage es Ihnen gleich – Sie werden das deutsche Brot sicherlich vermissen.

Die Bulgaren essen Brot nicht nur zum Salat. Ein Hauptgericht ohne Brot – das ist kein Essen. Erst als Pizza und Pasta ihren Weg ins Land fanden, begann man zumindest in italienischen Restaurants auf diese Beilage zu verzichten.

Wenn es um Brot geht, möchte ich Ihnen noch ein paar Tipps mit auf den Weg geben: In Restaurants müssen Sie es, wie gesagt, extra bestellen. Meist folgt der Frage: »Wie viel?«. In der Regel erwartet man von Ihnen, die gewünschte Anzahl von Brotscheiben (Sing. *Filia*/Pl. *Filii*) oder Brötchen (*Pitka*/*Pitki*) zu nennen. Die Bedienung wird dann meist wissen wollen, ob das Brot »Prepechen?« sein soll – am Grill kurz angebraten. Falls Sie gefragt werden »Welches Brot?«, dann bietet das Restaurant neben Scheiben auch selbst gemachtes Brot an, das sogenannte »Parlenka«, das je nach Restaurant und Koch Pita-Brot, Pizza-Brot oder auch Fladen-Brot ähneln kann. Wie gut das »Parlenka« schmeckt, kann sehr variieren. Seien Sie mutig und testen Sie sich durch!

# 7. Kapitel

# Natur

*63. Grund*

## *Weil Bulgarien das schönste Meer hat*

Das Schwarze Meer (zumindest der Teil, wo sich die bulgarische Küste befindet) ist das beste Meer der Welt! Ich weiß, das klingt recht subjektiv, aber ich kann das begründen! Hier kommen gleich neun Hauptgründe:

### *1. Es ist kaum salzig.*

Wenn Sie das salzige Wasser im Mittelmeer oder im Atlantik gewohnt sind, dann werden Sie beim Schwimmen im bulgarischen Meer eine angenehme Überraschung erleben: keine juckende, austrocknende Haut, keine roten Augen jedes Mal, wenn Sie aus dem Wasser kommen. Es ist kein Problem, im Schwarzen Meer auch ohne Brille zu schwimmen und unter Wasser sehen können. Glauben Sie mir: Ihre Augen und Ihre Haut werden Ihnen für jeden Schwarzmeer-Badeurlaub dankbar sein. Ein bulgarischer Freund von mir (zugegeben, ein Hippie) ist der festen Überzeugung, dass das Schwarze Meer ein Heilmittel für seine Haut ist. Deshalb verbringt er im Sommer Monate an der Küste und badet täglich im Meer, ohne danach mit Süßwasser zu duschen (ich muss gestehen, dass er tatsächlich sehr gute

Haut hat). Tatsächlich beträgt der Salzgehalt im Schwarzen Meer nur 1,7 %, während er im Mittelmeer, Atlantik oder Pazifik mit 3,5 % doppelt so hoch ist.

### *2. Es ist ruhig.*

Im Vergleich zu den Ozeanen ist das bulgarische Meer selten stürmisch. Die Wellen hierzulande sind im Sommer in der Regel so klein, dass Sie mit ihnen toll spielen können und keine Angst haben müssen, in eine natürliche Waschmaschine auf Stufe »Schleudern« zu geraten. Alte bulgarische Fischer sagen, dass sich das Meer am 1. August »dreht« – bis dann ist es ruhig, danach wird es stürmischer und welliger. Ich kann diese alte Weisheit nach mehreren Monaten am Meer nur bestätigen: Im Juni und Juli war das Wasser meistens so still, dass das Meer wie ein Schwimmbad aussah. Oft schwamm ich mehrere Kilometer und beobachtete die kleinen Fische am Meeresboden ganz ohne Schwimmbrille. Im August änderte sich das Bild – es gab zwar immer noch genügend ruhige Tage, aber sehr oft eben auch Wellen und weißen Schaum. Die Kinder lieben es, in diesen Wellen springen und tauchen zu üben. Auch im Erwachsenenalter macht dieses Spiel sehr viel Spaß und ist bei Weitem nicht so anstrengend und anspruchsvoll wie in den Ozeanen mit ihren großen gewaltigen Wellen.

### *3. Es ist warm.*

Im Sommer ist das Wasser im bulgarischen Schwarzen Meer angenehm warm. Sie können stundenlang im Meer verbringen, ohne dass Ihnen kalt wird. Selbst dann, wenn Sie sich auf dem Rücken vom ruhigen Wasser tragen lassen und sich kaum bewegen. Für jeden Warmwasser-Liebhaber ist Bulgarien ein Paradies. Von Juni bis September liegt die durchschnittliche Wassertemperatur bei 24 bis 27 °C. Zur gleichen Zeit erreicht der Nordsee nicht mehr als 17 °C und die etwas wärmere Ostsee 20 °C.

### *4. Es gibt keine gefährlichen Tiere und keine großen Algen.*

Im bulgarischen Schwarzen Meer brauchen Sie keine Angst zu haben. Es gibt keine Haie, es gibt keine Seeigel. Überhaupt, Sie können ganz entspannt und sorglos baden, weil hier keine Gefahr besteht. Und nicht nur das! Während es in den Ozeanen riesige Algen gibt, die sich um einen winden, findet man im Schwarzen Meer nur ganz kleine, harmlose und auch die nur zu bestimmten Jahreszeiten oder bei bestimmten Strömungen. Ich weiß noch, wie überrascht und erschrocken ich war, als ich zum ersten Mal ans kalifornische Meer kam. Bei San Francisco waren die Strände zwar endlos und menschenleer, dafür war aber das Wetter selbst im Hochsommer zu kalt für angenehmes Baden. In Los Angeles und San Diego war die Außentemperatur sehr einladend, an entspanntes Schwimmen war dennoch nicht zu denken, da die Wellen viel zu hoch waren und sich ständig riesige grüne Pflanzen um meine Beine wanden und mir einen Schreck einjagten. In getrockneter Form beherrschten sie auch den Großteil des Strandes. Beides kannte ich aus unserem kleinen und ruhigen Schwarzen Meer nicht. Wie entspannt ich in Thailand badete, nachdem ich das Buch *The Beach* gelesen hatte, in dem manche Figuren von Haien angegriffen wurden, können Sie sich denken.

### *5. Es gibt Delfine.*

Delfinen können Sie im Schwarzen Meer hingegen sehr wohl begegnen. Letzten Sommer ist es mir fünfmal passiert, dass ich Delfine im Schwarzen Meer aus unmittelbarer Nähe sah. Einmal schwamm ich im Wasser, kam heraus, blickte glücklich aufs Meer und sah genau an der Stelle, wo ich vor wenigen Sekunden noch geschwommen war, vier Delfine. Ein paar Tage später wurde es noch besser: Noch während ich im Wasser war, sah ich in 10 bis 15 Metern Entfernung einige Delfine springen. Ich stellte mir bereits filmreife Szenen mit mir als Hauptdarstellerin und zwei Delfinen neben mir schwimmend vor und schwamm so schnell ich konnte in ihre Richtung. Die Delfine hatten aber wenig Interesse daran, mit mir Filmszenen nachzuspielen. Sie entfernten sich schnell und jagten wahrscheinlich einem Fischschwarm hinterher. Ich denke, das kann man trotzdem gerade noch als »Schwimmen mit Delfinen« durchgehen lassen. Welches andere Meer kann so etwas schon bieten?

### *6. Das Wasser ist sauber.*

Wie oft ich im Schwarzen Meer bereits kleine Fische oder Algen unter Wasser beobachtet habe! Glasklares Wasser – das steht nicht nur in Reiseführern und Broschüren, es entspricht der Realität. In der Hochsaison kann es aber passieren, dass Sie immer wieder auch einen anderen Eindruck von der Wasserqualität bekommen. Glauben Sie dann aber bitte nicht, alles sei nur ein Marketing-Trick, sondern machen Sie sich auf die Suche nach den schönen Örtchen. Die Einheimischen wissen, wo die besten Ecken (selbst in der Hochsaison) sind. Oder folgen Sie meinem Tipp – gehen Sie so lang zu Fuß am Strand entlang, bis Sie ein ruhigeres Örtchen finden. In der Regel haben die meisten Strände irgendwo abseits eine einsamere Ecke, wo nicht nur der Strand leerer, sondern auch das Wasser klarer ist.

### *7. Tolle Strände*

Damit das Glück vollkommen ist, bietet das bulgarische Schwarze Meer neben tollem Wasser auch traumhafte Sandstrände. Nicht umsonst sind Goldstrand (auf Bulgarisch Goldene Sande genannt) und Sonnenstrand überall bekannt und seit den 60er-Jahren Lieblingsurlaubsort (nicht nur) deutscher Touristen. Neben diesen beiden Touristenorten gibt es noch zahlreiche kleinere und größere Städte mit wunderschönen Stränden. Ab Mitte Juli bis Ende August wird es an den Hauptstränden jedes Urlaubsorts in Bulgarien etwas voller, dafür aber auch viel interessanter. Dort können Sie am besten Studien über die Bevölkerung anstellen.

Bulgarische Männer erkennen Sie an der Sonnenbrille, hinter der sie hübsche Mädels anstarren. Und wenn Sie feststellen, wie viele bulgarische Mädchen Sonnenbrille tragen, dann wissen Sie, dass das Anschauen wohl gegenseitig ist. Zu den restlichen Lieblingsbeschäftigungen der meisten Bulgaren am Strand gehören: Zeitunglesen, Musikhören, Sonnenblumenkerne essen (das Letztere geht auch gleichzeitig mit den Ersteren, mehr dazu bei Grund 47), Schlafen, Kartenspielen.

Wer sich unters Volk mischen möchte, besuche einen überfüllten Strand im August am Schwarzen Meer. Achtung! Alle bulgarischen Urlaubsorte, die man in Deutschland kennt, sind zu meiden (Sonnenstrand, Goldstrand, etc.), falls man das bulgarische und nicht das deutsche, englische oder skandinavische Volk kennenlernen möchte. In diesen großen Urlaubsorten, die in den 60ern künstlich entstanden sind, findet man zwar vereinzelt Bulgaren, allerdings hauptsächlich als Bedienung und Service-Personal oder höchstens als partysuchende Jugendliche. Bulgarische Männer haben im Kommunismus einen Spitznamen bekommen – die Möwen (Glarusi). Unter Möwen verstand man solche Männer, die auf der Suche nach einer ausländischen Frau waren, die den Zugang zum gelobten Ausland ermöglichte, oder zumindest westliche Jeans, Platten oder andere beliebte Waren besorgte.

### *8. Felsige Küste*

Sie langweilen sich am Strand, baden nicht so gern, wollen nicht mit Delfinen schwimmen und ziehen lange Spaziergänge an schroffen Felsküsten vor? Bulgarien wird auch Sie nicht enttäuschen. Bei Kap Kaliakra können Sie bizarre bis zu 70 Meter hohe rötliche Steine entlanglaufen. Taucher, Kletterer und Klippenspringer werden sich in die nördliche bulgarische Küste verlieben: Felsenbögen, die ins Wasser abfallen, Kletterfelsen mit zahlreichen Höhlen, die bereits in prähistorischer Zeit bewohnt wurden, und versunkene Piratenschiffe warten auf Sie. Achtung – alle, die etwas Luxus oder zumindest eine gute touristische Infrastruktur erwarten, sollten lieber einen Bogen um diese Region machen. Bis auf ein paar teure Golfanlagen mit Hotels ist dieser Teil Bulgariens noch sehr untouristisch und wenig luxuriös.

### *9. Feigen*

Etwas, was das bulgarische Meer besonders schön macht, ohne direkt damit in Verbindung zu stehen, sind die Feigenbäume. Sie lieben das milde Klima an der Küste und verleihen einen ganz spezifischen süßlichen Duft und dicken Schatten.

Sie sehen selbst, es gibt viele gute Gründe, das bulgarische Schwarze Meer zu lieben. Dabei habe ich noch kein Wort über zwei der ältesten Städte Europas – Nessebar und Sosopol – verloren, die sich – wer hätte das gedacht? – ausgerechnet in Bulgarien befinden, oder die beste Bar an der Küste (Korabcheto) mit Blick aufs Meer, wo man abends bei entspannter Musik den Sonnenuntergang hinter den grünen Wäldern des Strandscha-Gebirges sehen kann, oder von den berauschenden Strand-Partys, von dem Felskloster, dem botanischen Garten, den frischen Muscheln, den guten Restaurants mit Meeresblick, den breiten Sonnenblumenfeldern, die direkt am Meer enden, den schicken Jachthafen und den Naturparks an der Flusseinmündung von Veleka und Ropotamo. Es gibt noch sehr vieles, was ich Ihnen nicht verraten habe und was jeder am besten für sich selbst entdeckt.

*64. Grund*

## Weil Bulgarien das Land der Rosen ist. Und neuerdings des Lavendels

Die Bulgaren glauben, dass sie in der ganzen Welt für drei Dinge bekannt sind: Joghurt, Rosen und hübsche Frauen. Als ich nach Deutschland kam, stellte ich schnell fest, dass das Deutschen vollkommen unbekannt ist. Dabei begrüßte die hübsche bulgarische Sängerin Pascha Christowa Ausländer schon vor einem halben Jahrhundert (1970) mit dem Lied *Eine bulgarische Rose*.

Vielleicht hätte sie das Lied nicht auf Bulgarisch, sondern auf Deutsch singen sollen, dann hätten die Deutschen die Botschaft besser verstanden:

*»Guten Abend, junger Freund!*
*Guten Abend, Kamerad!*
*Herzlich willkommen in unserer Stadt,*
*Herzlich willkommen in Bulgarien!*
*Nimm an diesem schönen Tag*
*eine bulgarische Rose von mir!*
*Lass sie dir erzählen, mit ihrer wohlriechenden Stimme*
*über den Balkan, über das Meer und über uns alle.*
*Und wenn du, junger Freund,*
*und wenn du, Kamerad,*
*unsere Stadt verlässt,*
*Bulgarien verlässt,*
*nimm an diesem schönen Tag*
*eine bulgarische Rose von mir!*
*Lass sie dich erinnern, mit ihrer wohlriechenden Stimme,*
*an den Balkan, an das Meer, und an uns alle.*
*Und vergiss an keinem einzigen Tag*
*diese bulgarische Rose und mich!*

*Lass sie dich erinnern, mit ihrer wohlriechenden Stimme*
*an den Balkan, an das Meer und an uns alle,*
*uns alle, uns alle …«*

Von diesem Lied inspiriert, warte ich (fast) jedes Mal, wenn ich in Bulgarien bin und Besuch aus Deutschland bekomme, mit einer Rose am Flughafen auf meine deutschen Freunde.

Den nahen Bezug zu der schönen Blume haben die Bulgaren dem Rosental zu verdanken, einer Tiefebene zwischen Balkan- und Sredna gora-Gebirge im Zentral-Bulgarien. Anfang des 18. Jahrhunderts wurden hier die ersten Rosengärten angepflanzt. Damals war das Tal wie der Rest des heutigen Bulgariens ein Teil des Osmanisches Reich, wie auch Syrien, von wo aus die syrische Rose »Damascena« ihren Weg ins Tal fand. Zu dieser Zeit begann in Europa die Kosmetikindustrie zu wachsen. Rosenöl wurde zu einem teuren Gut, und die tüchtigen Bulgaren begannen immer mehr Felder anstatt mit Weizen oder Mais mit Rosen zu bepflanzen. Im Laufe der Jahre wurde Bulgarien ein immer wichtigerer Exporteur von Rosenöl und in den 50er-Jahren des letzten Jahrhunderts sogar der größte Rosenöl-Hersteller weltweit. Heute gehört das Land immer noch zu den Top 3.

Ab Mitte Mai bis Anfang Juni blühen die Rosen. In manchen Städten und Dörfern im Rosental feiert man entweder den Beginn (wie in Karlowo) oder das Ende (so in Kazanlak) der Rosenernte mit einem großen Fest. Etwas bekannter (und somit touristischer) ist das Rosenfest in Kazanlak am ersten Wochenende im Juni. 2019 wollte ich aber das Rosenfest in Karlowo live erleben (nach Kazanlak die zweitgrößte Stadt im Rosental mit ca. 20.000 Einwohnern). Es findet jedes Jahr an einem Wochenende Mitte Mai statt. Das Fest begann am Samstag um 9 Uhr in der Früh in den Rosengärten bei Karlowo.

Die Ortschaft hätte kaum schöner sein können – Rosenbüsche voller zarten Blüten und das große Balkan-Gebirge im Hintergrund, dazu Sonnenschein, intensive grüne Farbe und ein herrlicher Rosenduft. Mehrere große Busse hatten in der Nähe geparkt, Touristengruppen aus Japan und China pflückten fleißig die Blüten und fotografierten die bulgarischen Omas. Diese wiederum waren in ihren schönsten Trachten gekommen und standen brav zu mehreren vor den Rosenreihen, lächelten für die Kameras und ließen sich mit oder ohne Touristen fotografieren. Ein kleiner runder Platz wurde von ein paar Mädchen mit Körben voller Rosen freigehalten. Kurze Zeit später verwandelte sich der Kreis in eine improvisierte Bühne. Auf einem kleinen Podest mit rosa Hintergrund wurde die diesjährige Rosenkönigin gekrönt, ein wunderhübsches Mädchen mit schwarzen Haaren, dunklen Augen und glücklichem Lächeln. Mehrere Tanzgruppen in Tracht spielten Volkstänze aus der Region, danach kamen die Kukeri, die mit ihren Glocken läuteten und die bösen Geister vertrieben. Am Ende schlossen sich alle dem Horo an – die Japaner hüpften glücklich mit, die jungen Mädchen lächelten stolz in die Menge, die Jungen scherzten. Nach einer dreiviertel Stunde war alles zu Ende, und das Fest wurde auf den Hauptplatz im Zentrum Karlowos verlagert.

Bevor ich zurück in die Stadt fuhr, machte ich aber noch einen kleinen Spaziergang um die Rosenfelder. Und siehe da – die Bulgaren hatten sich nicht nur für die Touristen chic gemacht und so getan, als würde man hier Rosen pflücken. Vereinzelt sah ich Menschen zwischen den Rosenreihen, und gleich kamen mir zwei Männer mit durchsichtigen Plastiksäcken voller Rosenblüten entgegen. Sie lächelten freundlich und begrüßten mich. In der Nähe stand der Abgabepunkt, ein kleiner überdachter Platz mit einer großen Waage in der Mitte und mehreren Säcken mit Rosenblüten, die bereits auf Abholung warteten. Es war gerade mal 10 Uhr morgens, und der Arbeitstag schien bereits zu Ende zu sein. Darüber hatte mich bereits mein Bekannter Dani aufgeklärt.

Dani wuchs in Kanada auf, wohin seine bulgarischen Eltern nach der Wende ausgewandert waren. Mit Ende 20 beschloss er, sich in der Heimat seiner Großmutter niederzulassen. Vor dem Zweiten Weltkrieg hatte die Familie mehrere Hektar Land im Rosental, was ihr nach der Demokratisierung des Landes bei der sog. Restitution zurückgegeben wurde. Der junge Mann, der bis zu diesem Zeitpunkt nicht die geringste Ahnung von Rosen hatte, bildete sich fort: Er verbrachte viele Wochen in der Nationalbibliothek, besuchte das Institut für Rosen und das Museum für Rosen, traf sich mit Experten und Bauern und machte ähnliche Erfahrungen wie ich: 1. Die Bulgaren helfen einem gern, wenn sie merken, dass man es ernst meint und man etwas Gutes aufbauen möchte, und 2. die Bulgaren verlangen einen mehrfach höheren Preis, wenn sie erfahren, dass man aus dem »reichen Ausland« kommt. Im Laufe der Zeit gelang es ihm, die Felder zu bewirtschaften und Rosenöl herzustellen, das er nach Deutschland, wo seine Freundin herkam, exportierte. »Am besten pflückt man die Rosen gegen 5.30 Uhr morgens, dann ist der Duft am intensivsten«, erklärte er mir. »Wir stehen in der Nacht auf und gehen aufs Feld, bis halb zehn, zehn Uhr morgens sind wir fertig, danach wird die Sonne zu stark und die Blüten duften nicht mehr so intensiv. Wenn du die Rose am Nachmittag pflücken würdest, dann hättest du 50 % weniger Rosenöl. Diese drei Wochen während der Rosenernte ist das ganze Dorf auf den Beinen. Jung, Alt, Gesund, Krank – alle gehen auf die Felder und pflücken die Blüten. Denn es ist ein Kampf gegen die Zeit, wir haben nur drei Wochen, und dann ist die Rosenernte vorbei. Meine Oma hat mir erzählt, dass das schon immer so war. Alles ist »Handarbeit« – die Rosen werden nur per Hand gepflückt und in großen Säcken gesammelt, ca. 20 kg schafft man an einem Tag. Für ein Kilo Rosenöl braucht man drei bis vier Tonnen Rosenblüten.«

In Karlowo ging das Rosenfest mit Konzerten, Horas und Kinderspielen weiter. Was mir dabei besonders gut gefiel, war, dass die ganze Veranstaltung kaum kommerziell wirkte. Es gab zwar einige Verkaufsstände für Souvenirs und Kinderspielzeuge, aber keine Imbissbuden oder Bierausschank.

Wenn die Rosenernte vorbei ist, beginnt die Lavendelzeit. Im Juni habe ich ein paar Wochen in Karlowo im Rosental verbracht.

Morgens, wenn ich auf die Straße ging, strömte mir ein zarter Lavendelduft von den nahe gelegenen Feldern entgegen. Wie mir der Betreiber einer Rosenöl-Destillerie aus der Region berichtete, beginnt der Lavendel Anfang/Mitte Juni zu blühen, wenn die Rosenzeit vorbei ist. Und natürlich gibt es in Karlowo auch ein Lavendel-Fest. Wussten Sie, dass Bulgarien der größte Hersteller und Exporteur von Lavendel weltweit ist? Zusammen mit Frankreich beherrscht Bulgarien zwei Drittel des gesamten europäischen Lavendel-Exports. Seit einigen Jahren wächst die Zahl der lilafarbenen Felder nicht nur im Rosental, sondern auch in Dobrudscha – der fruchtbaren Hochebene im Nordosten Bulgariens. Wenn Sie sich die bulgarischen Berge bereits angesehen haben, besuchen Sie am besten auch diese touristisch noch recht unerschlossene Gegend, und Sie werden den großen Kontrast zu Südbulgarien feststellen – flaches und leicht hügliges Land mit gelben Sonnenblumen- und Weizenfeldern, die sich mit grünen Wein- und lila Lavendelfeldern abwechseln und im Osten auf das blaue Meer treffen. Ich verspreche Ihnen – auch hier finden Sie viele tolle Fotomotive.

*65. Grund*

## *Weil Bulgarien das Land der Kräuter ist*

Gegen jeden Schmerz gibt es ein Heilmittel, sagt man in Bulgarien und sammelt Kräuter, kocht Tee und rührt verschiedene Tinkturen. Als ich klein war, wurde jede meiner Krankheiten erst mal mit Omas Hausmittel bekämpft. Allerdings lebten wir nicht auf dem Dorf, sondern in der Hauptstadt, in einem siebenstöckigen Plattenbau mit sechs Eingängen. Allein in unserem Teil des Hauses gab es mindestens fünf Omas aus den verschiedensten Teilen Bulgariens. Jede von ihnen hatte ein anderes Erfolgsrezept aus ihrer Region für meine Beschwerden parat. Meine Mutter probierte fleißig jedes empfohlene

Heilmittel aus. Sie begann immer mit der Nachbarin, die ihr größtes Vertrauen gewonnen hatte, und ging zur nächsten über, falls das Rezept die gewünschte Wirkung nicht erzielte. So musste ich bereits im jungen Alter etliche Tees trinken, aber auch exotische Sachen wie ein Kräutergemisch aus Zwiebel- und Knoblauchsaft mit Honig über mich ergehen lassen. Da meine Eltern nicht nur auf traditionelle Heilkunde, sondern auch auf klassische Medizin (Antibiotika etc.) in meiner Kindheit setzten, kann ich leider nicht als Beispiel für die Wunderwirkung der bulgarischen Kräuter gelten. Dennoch bin ich fest davon überzeugt, dass sie heilende Wirkung haben, und trotz schlimmer Kindheitserinnerungen sind die Kräuter meiner Oma das Erste, wonach ich greife, wenn ich einmal krank bin.

Später merkte ich – was Oma Hausmittel angeht, war ich keine Ausnahme. Ich vermute sogar, dass jedes bulgarische Kind Erinnerungen an alternative Medizin hat und dass in fast jedem bulgarischen Haus das dicke Buch *Die Kräuter in Bulgarien und ihre Nutzung*[21] aus den 70er-Jahren im Regal steht.

Als Kind ging ich manchmal mit meiner Oma Kräuter sammeln. Heute fühlt sie sich immer noch für die traditionelle medizinische Versorgung der gesamten Familie zuständig und schenkt jedem Enkelkind Papiertüten mit Kräutern. Falls mir doch noch lebenswichtige Kräuter fehlen, besorge ich sie mir im Supermarkt oder auf einem der vielen Märkte. Und wo wir gerade von Märkten sprechen: Wussten Sie, dass Bulgarien einer der größten Kräuter-Exporteure in Europa ist? 70 % der bulgarischen Kräuter werden nach Deutschland exportiert. Ca. 3.600 verschiedene Kräuter wachsen in Bulgarien – eine Vielzahl, die schwer zu toppen ist. Bulgarien ist übrigens auch das einzige EU-Land, das ein Gesetz über die Heilpflanzen hat. Besonders wertvoll ist das natürliche Vorkommen wild wachsender Heilpflanzen, die erfahrene Kräutersammler aufzubewahren wissen.

Es gibt bestimmte Tage im Jahr, die fürs Kräutersammeln besonders gut geeignet sind, glauben die Bulgaren. Vor dem Sonnenuntergang am Enjovden (24. Juni) sammelt man Kräuter, bindet sie zu einem Strauß und trocknet sie, weil ihre heilende Wirkung an diesem Tag am stärksten ist. Wenn Sie am Enjovden in Bulgarien sind, können Sie Ihre Krankheiten im Gras wegwaschen, so wie es die Bulgaren früher gemacht haben. Das geht ganz einfach: Vor Sonnenuntergang legen Sie sich nackt auf eine Wiese und baden im Tau, denn dieser ist am Enjovden besonders heilsam.

Selbst wenn Sie am Enjovden nicht in Bulgarien sind, können Sie das ganze Jahr lang in den Genuss der heilenden bulgarischen Kräuter kommen – bestellen Sie im Café anstatt Kaffee einfach mal einen Kräutertee, oder kaufen Sie sich von einer Oma Kräuter als Mitbringsel für Deutschland.

*66. Grund*

## *Weil man in Bulgarien toll Ski fahren kann*

»Du kannst Ski fahren?«, staunen meine bayerischen Freunde meistens. »Wo hast du das gelernt?«, fragen sie weiter, nicht ahnend, wie gut man in Bulgarien Wintersport treiben kann. Ich erkläre dann immer sofort, dass ca. 70 % der Fläche meines Heimatlands Gebirge ist und dass Bulgarien mehrere Skigebiete hat, die nicht kleiner als das auf der Zugspitze sind. Das Land organisierte sogar bereits einige internationale Skiwettkämpfe, und der ehemalige Ski-Star Marc Girardelli ist ein großer Bulgarien-Fan. Seit meiner Kindheit kenne ich die größten bulgarischen Skigebiete – Witoscha, Borowez, Bansko, Pamporovo. Die ersten drei sind nur ein bis zwei Stunden von Sofia entfernt, und dort verbrachte ich früher jedes Wochenende und die kompletten Winter- und Frühlingsferien. Skifahren lernte ich auf der Piste, und erst in den letzten Jahren, als immer mehr Skipisten illegal zur Erweiterung des Skigebiets Bansko im Nationalpark Pirin (der wiederum UNESCO-Weltnaturerbe ist) erschlossen wurden, begann ich, diesen Wintersport mit anderen Augen zu sehen. So toll es auch ist, die steilen Abfahrten herunterzufahren und in wenigen Minuten mehrere Höhenmeter mithilfe eines beheizten Lifts zu bewältigen, möchte ich Ihnen an dieser Stelle von einer anderen Winterwelt erzählen, die Bulgarien zu bieten hat. Abseits von Bansko, Borowez oder Pamporovo.

Matratzenlager mit einem Ofen in der Mitte des Raums, Wärme und Holzgeruch. Ein kurzer Blick durchs Fenster lässt mein Herz schneller klopfen: weiße Hänge, schneebedeckte Tannenwälder, in der Sonne glitzernder Schnee, Ruhe und Stille. Langsam kommen die verschlafenen Gesichter meiner Freunde unter den dicken Wolldecken zum Vorschein. Itso, der Erfahrenste in unserer Gruppe, bespricht noch einmal die Route mit uns, wir trinken heißen Tee, frühstücken *Parjeni filiiki* (mit Eiern frittiertes Brot) mit Konfitüre oder Käse und starten in einen tollen Wintertag. Es fällt mir schwer zu beschreiben, wie wunderschön die bulgarischen Winterberge sein können.

Wenn Tausende Schneeflocken in einem jahrhundertealten Wald aus dem Himmel fallen, während sie, von der Sonne beleuchtet, zu funkeln beginnen, glaubt man schnell, man führe durch ein Märchenland und dass Zauberfeen ihre Zauberstäbe schwingen! Oder wenn man mit Skiern oder Schneeschuhen durch schneebedeckte Wiesen und auf vereisten Seen läuft und die einzigen Spuren, die man im Schnee sieht, von einem Tier sind und man rätselt, ob hier ein Fuchs, ein Hase oder doch eine Bergziege unterwegs war. Später sieht man in der Ferne tatsächlich drei Bergziegen, sie bleiben stehen und beobachten einen ihrerseits, um kurz darauf etwas gelassener ihren Weg fortzusetzen. Oben auf dem Gipfel bekommt man das Grinsen nicht aus dem Gesicht, und das Herz füllt sich mit Liebe zur Natur und Dankbarkeit, ein Teil davon sein zu dürfen! Wie sich das Skifahren durch den unberührten Pulverschnee anfühlt, nachdem man den Berg zu Fuß davor bestiegen hat, fehlen mir die Worte, deshalb bleibe ich nur bei diesen drei: Glück, Spaß und Freude.

Skitouren und Schneeschuhwanderungen werden weltweit immer beliebter. So auch in Bulgarien. Der große Unterschied zu den

Alpenländern liegt darin, dass das Land viel weniger bevölkert ist, was wiederum bedeutet, dass man viel weniger Menschen in den Bergen trifft, dass die Natur viel unberührter ist, die Wildtiere mehr Freiraum haben und (Free-Rider aufgepasst) man viel öfter der Erste ist, der im Pulverschnee eine Linie zieht. Eine Ähnlichkeit zu den Alpen gibt es allerdings schon – es gibt Berghütten. Diese befinden sich in der Regel in sechs bis acht Stunden Entfernung voneinander und sind oft im Winter offen. Mit »offen« meine ich nicht unbedingt, dass sie bewirtschaftet sind (manche schon, die meisten aber nicht), sondern dass die Hüttentür im Winter nicht zugesperrt wird und dass Sie in der Regel drinnen Holz neben dem Ofen finden (aber verlassen Sie sich bitte nicht darauf, es kann sein, dass ein anderer vor Ihnen bereits das Holz verbraucht hat). Auf jeden Fall können Sie eine geschützte und trockene Hütte beziehen. Bei guter Organisation und Planung können Sie recht unkompliziert und kostenlos wunderschöne mehrtägige Touren durch eine fast unberührte Winterlandschaft durchführen.

Und wenn Sie doch lieber auf der Piste bleiben – meiden Sie am besten große Feiertage, die meist mit großem Menschenansturm und Schlangen verbunden sind, und Sie werden Ihren Spaß in Bansko, Borowez oder Pamporovo haben. Im Februar und März ist die Schneedecke mit Sicherheit gut, Ende April und im Dezember kann man nicht überall mit Schnee rechnen. Zu jeder Zeit kann man aber die vielen kleinen Restaurants in der Umgebung genießen, in Bansko meist inklusive Orchester-Musiker.

*67. Grund*

## *Weil es überall Thermalquellen gibt*

Denken Sie an heiße Thermalquellen, wenn Sie das Wort Bulgarien hören? Viele Deutsche verbinden das Land nicht mit Mineralwasserquellen. Dabei ist Bulgarien nach Island an zweiter Stelle in Europa, was Mineral- und Quellwasser-Ressourcen angeht. Für mich persönlich waren die dampfenden Quellen eine Selbstverständlichkeit, der ich lange Zeit keine große Aufmerksamkeit schenkte. Meine Schule lag im Zentrum von Sofia, sodass ich jeden Tag auf dem Weg nach Hause am schönen Gebäude des Zentralen Mineralbads vorbeiging. Vor allem im Winter legte ich dort immer einen kurzen Aufenthalt ein. Stellen Sie sich vor – Kälte und Schnee überall, Temperaturen von, sagen wir mal, minus 17 Grad und schneebedeckte Straßen. Auf einmal sehen Sie Dämpfe, hören Geschrei und befinden sich bei den Mineralwasserquellen mitten im Zentrum von Sofia. Aus 42 Wasserhähnen fließt an jedem kalten Wintertag (wie auch an jedem anderen Tag) heißes Wasser. Sie können es in einer Plastikflasche auffüllen und Hände, Hals und Geist aufwärmen. So wie viele andere Sofioter, die täglich hierherkommen, um ihre Wasserflaschen aufzufüllen. Das Gebäude des Zentralen Mineralbads steht in der Nähe und wurde bis Mitte des letzten Jahrhunderts zweckmäßig benutzt. Man erzählt, dass früher der Badbesuch das war, was heute Facebook ist, allerdings noch besser, da man nicht nur über jeden alles erfahren, sondern sich gegenseitig so wie Gott einen geschaffen hat, begutachten konnte und zu guter Letzt sauber und gut riechend nach Hause ging. An einem Badetag kam die ganze Familie, man brachte sogar Körbe voller Essen mit, um es später, erschöpft von der heißen Luft, zusammen zu verspeisen. Falls Sie schon einmal ein türkisches Bad besucht haben, kennen Sie auch den Tellak – eine Mischung aus Bademeister und Masseur, der für das Abreiben der Haut zuständig war. Solche Tellaks schrubbten die Rücken und brachten den Kreislauf in Schwung. Die älteren Generationen in Sofia erinnern sich noch nostalgisch an diese wöchentlichen Badbesuche.

Die Geschichte des Zentralen Mineralbad-Gebäudes wartet allerdings noch auf ihr Happy End. Gebaut Anfang des 20. Jahrhunderts an der Stelle des alten türkischen Bads, wurde es bis in die 60er stark besucht. Als Kanalisation und Heizung ihren Platz in den eigenen vier Wänden der Städter fanden, begann der Zerfall des Gebäudes.

Die Omas sind einer der größten Schätze Bulgariens (Grund 28). Kräuter sind ein anderer (Grund 65).

Früher wurden Hollywood-Filme in der Dewetaschka-Höhle bei Lowetsch gedreht, heute knipst man dort oft für Instagram und Facebook (Grund 104).

**Oben:** Die goldenen Kuppeln der größten bulgarischen Alexander-Newski-Kathedrale in Sofia sieht man von vielen Hochhäusern. **Unten:** Das Dorf Schiroka Laka im Rhodopen-Gebirge ist für seine Volksmusikschule und Wiedergeburtshäuser bekannt (Grund 75).

**Oben:** Typische Holz-Wiedergeburtshäuser an der Schwarzmeerküste entdeckt man in den Altstädten von Nessebar (UNESCO-Kulturerbe) und Sosopol (Grund 107). **Unten:** Kaffeetrinken gehört zu den Lieblingsbeschäftigungen der Bulgaren, am liebsten draußen in der Fußgängerstraße, wie hier in Plowdiw (Grund 46).

**Oben:** Die Altstadt-Häuser von Weliko Tarnowo stehen amphitheatralisch an den Flussufern (Grund 107). **Unten:** Die Bulgaren tanzen gern Horo (Grund 54), besonders bekannt ist der Männer-Horo im eiskalten Fluß in Kalofer (Grund 52).

**Oben:** Melnik, die kleinste Stadt Bulgariens, hat die größten Weinkeller und die einzigartige Siroka-Melniska-Rebe (Grund 88). **Unten:** Oft sind mehrere Generationen bei der Zubereitung von Ljutenica involviert (Grund 91).

**Oben:** Im Herbst bereitet das ganze Land Ljutenica und andere Wintervorräte vor. (Grund 91). **Unten:** Jährlich findet in Kjustendil das Kirschen-Fest statt (Grund 102). Denn die besten Kirschen kommen aus Bulgarien, auch diejenigen in Ferreros »Mon Cherie«-Pralinen (Grund 90).

**Oben:** Die bulgarischen Tomaten sind allein Grund genug, das Land zu besuchen (Grund 87). Für das Abendessen sollte man viel Zeit mitbringen (Grund 94). **Unten:** Kein Rakija ohne (Schopska-) Salat und kein Abendessen, ohne Rakija davor (Grund 86).

Die Pobiti kamani, übersetzt »in den Boden gerammte Steine« sind natürlich entstanden und liegen nur ca. 20 km von Warna entfernt.

**Oben:** Winteridylle im Dorf Ribarica, am nördlichen Hang des Balkan-Gebirges. **Unten:** In den Bergen, wie hier im Schiroka Laka, auf 1.200 Meter Höhe, bauten die Bulgaren Häuser und Dächer aus Stein, um den schneereichen Wintern standzuhalten (Grund 107).

**Oben:** Beim Skitouren kann man die bulgarischen Winter-Berge ganz nah erleben, wie hier im Rila-Gebirge (Grund 66). **Unten:** Meistens ist man der erste, der einen unberührten Hang herunterfährt (Grund 66).

Keramik aus Trojan ist in ganz Bulgarien bekannt und unter traditionellen Restaurants besonders beliebt. Jeder Teller, jeder Topf, jeder Deckel werden per Hand auf der Töpferscheibe gedreht, bemalt und glasiert.

**Oben:** Aus den mystischen Rhodopen soll Orpheus stammen (Grund 75), heute leben überwiegend Pomaken hier (Grund 31). **Unten:** Im Frühjahr duftet Bulgarien nach Kirschblüten, Linden, Kräuter und Blumen (Grund 68).

1986 wurde das Bad geschlossen und nach der Wende vollkommen verlassen. Erst 2015 eröffnete man einen Teil des Gebäudes als Museum der Geschichte von Sofia. Seit Ende 2018 engagiert sich eine Bewegung für die Rekonstruktion des anderen Gebäudeteils in seiner ursprünglichen Form – als Bad. Die örtliche Verwaltung setzt momentan allerdings auf Tages- und Konferenzräume, und ob die Sofioter wieder ihr altes Bad im Zentrum der Stadt bekommen, steht noch in den Sternen.

Zum Glück ist Sofia eine der Hauptstädte mit der höchsten Anzahl von Thermalwasser-Quellen: Mehr als 30 gibt es in der Stadt oder in unmittelbarer Umgebung. Grundsätzlich unterscheidet man zwischen neun verschiedenen Typen Mineralwasser, acht davon sind hier vertreten. Vielerorts wurden Bäder gebaut, die nach der Wende leider das gleiche Schicksal ereilte wie das Zentralbad in Sofia. Wenn Sie etwas enttäuscht sind, dass Sie bei Ihrem Besuch in der Stadt nicht in den Genuss des Thermalbads kommen werden, das bereits die Römer kannten, kann ich Sie etwas trösten. Immerhin ist heute noch das Bad in Pantscherowo bei Sofia in Betrieb. Den Nostalgikern unter Ihnen kann ich es besonders empfehlen, denn die Einrichtung dort ist seit dem Kommunismus unverändert geblieben und Sie können sich ganz traditionell von einem Tellak den Rücken schrubben lassen.

Nicht nur die Hauptstadt ist reich an Thermalwasser. Fragen Sie die Bulgaren nach einem Kurort, und Ihnen werden gleich Chissarja, Welingrad, Sandanski und vermutlich das nächstgelegene Gebiet vom Wohnort Ihrer bulgarischen Freunde aufgezählt. Alle diese Orte waren bereits in der Antike bekannt, und je nachdem, wie viel Glück die jeweilige Stadt in der Weltgeschichte hatte, können Sie dort heute mehr oder weniger Überreste von römischen Bädern sehen (wer von Ihnen großen Wert darauf legt, sollte am besten nach Chissarja oder Warna fahren, dort finden Sie die am besten erhaltenen römischen Bäder). Welingrad schmückt sich mit dem Titel »Spa-Hauptstadt des Balkans«, und bei über 80 Thermalquellen kann man dem Tourismus-Marketing-Team nur recht geben.

Nach so viel Lob auch meine ehrliche Meinung zum Spa-Tourismus in Bulgarien: Wer die schönen Thermalbäder in vielen deutschen und österreichischen Badeorten kennt, wird von den bulgarischen Spa- und Wellness-Hotels wenig beeindruckt sein. Vielerorts wurde nach der Wende erst mal alles sich selbst überlassen, und erst langsam werden einige Hotels saniert und neue gebaut. Nicht dass es Missverständnisse gibt – Sie werden einige tolle Spa-Anlagen in Bulgarien finden. Dennoch empfehle ich Ihnen – schrauben Sie Ihre Erwartungen etwas herunter und lassen Sie sich von hochtrabenden Werbeslogans nicht beeindrucken – dann werden Sie von den Spa-Angeboten in Bulgarien nicht enttäuscht sein.

Obwohl ich das so sage, möchte ich Ihnen noch etwas verraten – in Bulgarien werden Sie die tollsten Thermalquellen finden, und Sie werden von den natürlichen bulgarischen Spas beeindruckt sein! Das erfordert allerdings etwas mehr Arbeit, da diese, wie die meisten Schätze, nicht so leicht zu finden sind, erst recht nicht für Touristen, die kein Kyrillisch verstehen. Der beste Weg dahin führt über die Einheimischen – fragen Sie sich durch, ob es in der jeweiligen Umgebung Thermalquellen gibt (keine Angst, auch in den entlegensten Orten Bulgariens findet sich jemand, der ein paar Bröckchen Englisch oder Französisch oder sogar Deutsch spricht oder zumindest willig ist, sich mit Händen und Füssen zu verständigen). Oder beachten Sie die in der Regel selbst gemachten Schilder »Thermalbad« oder »Bad« (auf Bulgarisch »Минерална баня« oder »Баня«), und folgen Sie diesen. Dieses Abenteuer wird Sie zu den ursprünglichsten und natürlichsten Thermalbädern in Europa führen. Dort, wo seit Jahrhunderten alles genauso geblieben ist wie früher.

Auf dem Weg von Sofia nach Griechenland zum Beispiel gibt es ein Dorf im Pirin-Gebirge mit nur wenigen Einwohnern. Ein paar Kilometer vor dem Dorf steht ein inoffizielles blaues Schild, das aufs Mineralbad hinweist. Wenn Sie weiter in diese Richtung auf dem Schotterweg fahren, gelangen Sie zu einem uralten Wald, wo die Sonne durch die hohen Bäume scheint und mit den grünen Blättern ein Schattenspiel zeichnet. Dort sehen Sie zwei alte Steingebäude, und Sie werden das Gefühl haben, in ein Märchen der Gebrüder Grimm versetzt zu sein. Die Gebäude sind alte türkische Bäder – das eine für die Frauen und das andere für die Männer. Sie stehen unverändert an dieser Stelle seit einem, zwei oder vielleicht noch mehr Jahrhunderten, das heiße Wasser fließt und füllt die kleinen Wasserbecken, und die Besucher danken ihrem Gott, heute wie vor vielen Jahren. Wenn Sie diesen Ort erreichen, wird außer Ihnen vermutlich kaum jemand da sein. Vielleicht erklärt Ihnen aber auch jemand, dass sich eine alte Dame um das Bad kümmert und einen Lew für den Eintritt pro Besucher verlangt, falls sie gerade da ist. Das sind, finde ich, die besten Thermalbäder Bulgariens, die einem Bodenständigkeit, Naturgebundenheit, Ruhe und Entspannung bescheren. Überhaupt hat man in Bulgarien noch das Glück, dass viele der Thermalquellen nicht kommerziell genutzt, mancherorts sogar überhaupt nicht betrieben, sondern ihrer natürlichen Schönheit überlassen werden. Damit die Zahlenliebhaber unter Ihnen mir das auch glauben – Bulgarien hat 225 Thermalwasserquellen. Wenn Sie es mit Deutschland vergleichen, wo es über 350 Thermalquellen gibt, ist die Zahl nicht besonders beeindruckend. Aber bedenken Sie: Bulgarien ist auch dreimal kleiner.

Wenn ich Ihnen sage, dass die Spa-Hotels in Bulgarien einen deutschen Touristen wenig überraschen können, dann vergessen Sie das bitte, wenn Sie im Winter nach Bulgarien kommen! Es gibt nur wenige Orte in den Alpen, wo man nach einem Skitag ins heiße Thermalwasser springen kann. Neben den meisten bulgarischen Skigebieten finden sich auch Badeorte mit Mineralwasser. Wer im Pirin-Gebirge (Bansko) Ski fahren geht, der fährt abends nach Banja oder Dobrinischte und wärmt Körper und Geist in den dortigen heißen Außenpools. Die Besucher von Rila (im Gebiet der Sieben-Rila-Seen) können es den alten Römern nachmachen und in Saparewa banjas Thermalquellen entspannen. Neben dem Skigebiet Borowez stehen mehrere Dörfer aus der Umgebung mit Mineralwasser zur

Auswahl – Dolna banja, Ptschelin, Kostenez, Momin prohod. Stellen Sie sich vor – nach einem sonnigen Skitag voller Schnee und Abfahrten entspannen Sie Muskeln und Geist in einem warmen Außenpool mit Blick auf die Berge, das Poolwasser ist nicht nur angenehm warm, sondern fördert die Regeneration Ihres Körpers.

Sollten Sie zu den Sommerliebhabern gehören, die gleichzeitig Thermalbad-Liebhaber sind, so statten Sie bitte auch in den warmen Monaten des Jahres Bulgarien einen Besuch ab. Es gibt in diesem wunderschönen Land nämlich Orte, wo das Thermalwasser in unmittelbarer Nähe des Schwarzen Meers sprudelt. Und da wir in Bulgarien sind, wo (noch) nicht alles kommerziell ist, müssen Sie dafür mancherorts nicht einmal zahlen – Sie laufen einfach im Badeanzug am Strand von Warna entlang, bis Sie zum Trabata (Die Rohre) kommen. Wenn es etwas gehobener sein soll, gehen Sie zu den Badeorten Sv. Konstantin und Elena oder Albena oder sogar Goldstrand – alle diese Orte haben Thermalwasserquellen.

Viele Bulgaren schwören auf die heilende Kraft des jeweiligen Thermalwassers. Andere genießen einfach ihre Wärme und ihre entspannende Wirkung. Dritte wiederum füllen ihre Wasserflaschen auf und bedanken sich vielleicht gedanklich für den Reichtum, mit dem sie beschert sind.

*68. Grund*

## *Weil es in Bulgarien nach Blumen, Linden, Rosen, Lavendel, Fiedel, Kräutern, Paprikabraten, Essen und Wiesen duftet*

Kommen Sie im Frühling nach Bulgarien! Denn dann werden Sie in eine andere (Geruchs-)Welt eintauchen, so wie ich es in meinem ersten »bulgarischen« Frühling nach meiner Rückkehr aus Deutschland erlebte. Es geschah plötzlich. Eines Morgens wurde ich von einem intensiven süßen Geruch geweckt. Die ganze Stadt duftete nach Linden! Wie betäubt schwebte ich durch die Straßen. Ob es eine Woche dauerte, oder zwei oder vielleicht einen Monat – ich kann es Ihnen nicht sagen, so berauschend war dieser Duft! Das Lächeln wich mir nicht aus dem Gesicht, und jeder Mensch, den ich traf, hörte sich erst mal mein Loblied über den Lindenduft an. Die meisten Bulgaren scheinen sich daran längst gewöhnt zu haben, sie verstanden meine Begeisterung nicht ganz. Ich dagegen hatte das Gefühl, in meine Kindheit zurückversetzt worden zu sein.

Nicht, dass es in Deutschland keine Linden gäbe und dass ich dort ihren Duft nicht genossen hätte. Aber das, was ich in Plowdiw erlebte, übertraf alles. Stellen Sie sich vor, dass Sie ständig von einem zarten, herrlichen Duft umgeben sind. Sie atmen ein und sind voller Dankbarkeit, geboren zu sein. Der wunderbare Duft schwebt in der ganzen Stadt. Sie fahren zur Autowerkstatt – zarter Lindenduft, Sie bringen den Müll runter – intensiver Lindenduft, Sie kommen abends von der Arbeit erschöpft nach Hause – begleitet vom Lindenduft.

In Bulgarien duftet aber das ganze Jahr, immer wieder anders. Wenn Sie im Hochsommer an die Schwarzmeerküste fahren, werden Sie neben dem Geruch des Meeres auch etwas anderes riechen – die Feigenbäume mit ihrem eigenen, süßlichen Aroma. Zum Sommeranfang im Tal der Thrakischen Könige genießen Sie den unvergesslichen Rosen- oder Lavendelduft. Im Mai und im Juni riecht (fast) das ganze Land nach Flieder. Im Frühling und im Sommer sind alle Wiesen voller Blumen und Kräuter, und sie werden Ihre Nase mit ihrem zarten Aroma streicheln.

Früher, als es in Bulgarien noch keine Parfümerie- und Deo-Industrie gab, trugen die bulgarischen Frauen duftende Blumen in den Haaren. Als Zeichen der Zuneigung schenkte das Mädchen dem Jungen einen Strauß oder steckte ihm eine Blume ins Haar. Und auch wenn ein Mann eine Blume aus dem Garten eines Mädchens pflückte, galt das als Zeichen der Zuneigung.

Bulgarien riecht allerdings nicht nur nach Blumen. Wenn Sie am früheren Abend durch die kleinen Gassen in der Stadt laufen, werden Sie immer wieder den leckeren Geruch nach Hausmannkost bemerken. Ein Freund, der in der USA lebt, erzählte mir: »Ich weiß, dass ich wieder in Bulgarien bin, wenn ich beim Spaziergehen den Geruch vom hausgemachten Abendessen wahrnehme.«

Auch der Winter hat in Bulgarien einen eigenen Duft – nach Holzofen draußen und nach Kräutertee drinnen.

Einer meiner Lieblingsgerüche in Bulgarien ist der Geruch nach einem kurzen Regen an einem heißen Sommertag. Der Staub, der sich lange angesammelt hat, wird weggewischt, das Wasser dampft auf dem heißen Asphalt, und es riecht nach Frische und Abkühlung.

Öffnen Sie alle Sinne, wenn Sie in Bulgarien sind – es gibt nicht nur viel Gutes zu sehen und zu schmecken, sondern auch zu riechen!

*69. Grund*

## *Weil Bulgarien so reich an Pflanzen ist, dass es sogar eine gibt, die wie Phönix aus dem Trockenzustand wieder neu entstehen kann*

Wenn Sie in Bulgarien sind, besuchen Sie bitte das Rhodopen-Gebirge, den Berg von Orpheus. Der größte Sänger der antiken Zeit wurde vermutlich hier geboren, und wenn Sie die Bulgaren fragen, hat er hier seine Frau Eurydike zum zweiten (und letzten) Mal verloren. Die griechische Legende, die in der Renaissance einen fruchtbaren Boden in der europäischen Literatur und Oper fand, kennen Sie bestimmt. Falls Sie sie vergessen haben, erzählt man sie Ihnen, wenn Sie die Teufelsschlundhöhle besuchen. Jetzt möchte ich Ihnen aber von etwas anderem erzählen, von einer Blume, die hierzulande Orpheus-Blume genannt wird. Sie hat zarte Blüten, in Rosa oder Lila, die immer fünf Blütenkronblätter haben. Schauen Sie beim Eingang der Höhle nach oben zwischen die Felsspalten. Auch am Ausgang der Höhle glühen ganze Felsen im Mai und Juni in Lila. Ich gebe zu, das erste Mal, als ich die Pflanze sah, war ich nicht besonders beeindruckt. Sie ist viel unspektakulärer als ihre Geschichte und vor allem als ihre Fähigkeiten. Haberlea rhodopensis lautet der wissenschaftliche Name, und die Blume hat einen langen Weg hinter sich, sie stammt nämlich aus der Zeit des Tertiärs. Sie wuchs also schon zur Zeit der Dinosaurier. Noch interessanter ist es aber, dass sich die Orpheus-Blume, oder Silivriak, wie der offizielle bulgarische Name lautet, wie ein Phönix zu neuem Leben erheben kann. Wenn Sie die Blätter der Blume trocknen und diese Jahre später mit etwas Wasser gießen, werden Sie die Pflanze wiederbeleben. Diese eigenartige Blume ist auch deshalb so besonders, weil man sie nur in Bulgarien und in Nordgriechenland findet.

Und wenn wir bei Blumen sind, ist es höchste Zeit, Ihnen zu erzählen, wie vielseitig die Pflanzenwelt in Bulgarien ist! Im Rhodopen-Gebirge sind neben Silivriak noch ca. 2.500 andere Pflanzenarten zu finden, im Balkan-Gebirge 2.400 Arten, in Pirin etwa 2.100 Arten, in Rila über 2.000 und im Witoscha-Gebirge etwa 1.800 Arten. Um etwa rund 2.000 Arten können entlang der Schwarzmeerküste gefunden werden. 65 verschiedene Arten von Orchideen wachsen hierzulande. Tatsächlich zählt Bulgarien zu den Ländern Europas mit der größten Pflanzenartenvielfalt. Welche Bedeutung das für die Vögel, den Wein und den Honig hat, erzähle ich Ihnen gleich.

*70. Grund*

## *Weil Bulgarien voller Vögel ist*

Ist Ihnen aufgefallen, dass sich die Vielfalt Bulgariens wie ein roter Faden durch das Buch zieht? Und jetzt, wenn es um Vögel geht – tada: Da ist sie wieder! Bulgarien steht an zweiter Stelle in Europa in

Sachen Vogelvielfalt. Ca. 450 Vogelarten können Sie hierzulande beobachten. Geografisch könnte das kleine Land, zumindest in Bezug auf die Vögel, kaum besser liegen. Die verschiedenen Klimazonen eignen sich ideal für viele verschiedene Vogelarten: alpines Klima im Hochgebirge, kontinentales Klima in Nordbulgarien, mediterranes im Süden, subtropisches an der Schwarzmeerküste. Kein Wunder also, dass man in Bulgarien (fast) alle mögliche Vogelarten treffen kann: Singvögel, Raubvögel, etc.

Eine weitere Besonderheit ist es, dass Sie hier sowohl die Süd-Vögel als auch die Nord-Vögel treffen werden. Für die Ersteren (die Vögel aus dem Orient und aus dem Nahen Osten) ist Bulgarien die nördlichste Grenze, die noch beflogen wird, für die Zweiten (die Vögel aus Zentral- und Nordeuropa) – die südlichste Grenze. Kurz zusammengefasst: Vögel aus dem Norden, Vögel aus dem Süden – alle treffen sich in Bulgarien.

Noch ein großes Treffen findet hierzulande statt – im Himmel über der zweitgrößten Stadt am Schwarzen Meer, Burgas. Burgas ist nicht nur für Sonnen- und Meeresliebhaber ein Anziehungsort, sondern auch ein Vogelknotenpunkt auf der Vogel-Autobahn vom Norden nach Süden. Jedes Jahr unternehmen die Zugvögel eine lange Reise. Dabei fliegen sie auf bestimmten, immer gleichen Routen, die eine Art Vogel-Autobahnen im Himmel darstellen. So folgen fast alle Zugvögel aus Zentraleuropa jedes Jahr der Via-Pontica, wie der Nord-Süd-Migrationsweg der Vögel heißt, benannt nach der antiken Straße der Römer, deren Richtung sie folgt. Auf diesen Vogel-Autobahnen gibt es immer wieder eine Art Kreuzungen, an denen sich alle Zugvögel treffen, um von dort in verschiedene Richtungen weiterzufliegen. Eine solche Kreuzung auf der Via Pontica befindet sich eben im Himmel über Burgas. Dort treffen sich Tausende von Vögeln auf ihrem Weg nach Norden im Frühling oder nach Süden im Herbst.

Dass Sie in Bulgarien viele verschiedene Vögel sehen können, ist zweifellos ein großer Reichtum. Noch schöner ist es aber, dass hierzulande viele bedrohte und geschützte Arten einen Zufluchtsort finden. Im Winter übernachtet zum Beispiel ca. 90 % der weltweiten Population der bedrohten Rothalsgans im Nordosten Bulgariens. Bulgarien leistet so seinen Anteil daran, die Vögel vorm weltweiten Aussterben zu bewahren. Mehr als ein Drittel der Fläche des Landes gehört zu »Natur 2000« – ein zusammenhängendes Netz von Schutzgebieten innerhalb der Europäischen Union, dessen Ziel der Schutz gefährdeter wild lebender heimischer Pflanzen- und Tierarten und ihrer natürlichen Lebensräume ist (zum Vergleich – in Deutschland fallen 15,5 % der Fläche unter Natur 2000[22]).

Die Naturschützer leisten täglich gute Arbeit, sodass Bulgarien heute an der Spitze der Länder steht, wenn es um Vogelschutz und Erhalt ihrer Vielfalt geht. In Bulgarien existieren viele Nichtregierungsorganisationen, die sehr gut zusammenarbeiten und immer wieder große Erfolge verzeichnen. »Heute ist Bulgarien ein sehr gutes Beispiel und Vorbild für den Vogelschutz, vor allem auf dem Balkan«, erklärte mir Vladi, ein befreundeter Ornithologe. »Woran liegt das?«, wollte ich wissen. »Wir haben sehr gute Leute, die für diese Sache arbeiten und nicht, um Karriere zu machen.«

Wenn Sie in Bulgarien sind, achten Sie bitte auf die Vögel. Auf dem Land wird Ihnen auffallen, wie laut sie zwitschern. Selbst mitten in der Stadt, dort, wo es dichtere Büsche und Bäume gibt, oder spätestens im Park werden Sie wahre Konzerte von Vogelliedern erleben. Wenn Sie etwas Glück haben und die Augen offen halten, können Sie wunderschöne Vögel auf dem Land beobachten – ganz nah am Straßenrand oder auf dem Waldweg. Und was gibt es Schöneres, als morgens von Vogelgesang aufgeweckt zu werden?

*71. Grund*

## Weil es Klettern, Rafting etc. gibt

Dem Klettern bin ich in Deutschland verfallen. In einer Sommernacht tanzte ich zu 60er-Jahre-Musik im Netzer (damals meine Lieblingsbar im Glockenbachviertel in München), als ich zwei hübsche Augen entdeckte, die in meine Richtung blickten, gefolgt von einem schüchternen Lächeln. Sie gehörten zu Christian – einem netten jungen Mann aus Oberbayern. Wir trafen uns am nächsten Tag an der Isar und stellten uns gegenseitig Fragen wie »Welche ist deine Lieblingsfarbe?« oder »Was machst du in deiner Freizeit?«. Mit »Grün« war ich zufrieden, als ich aber »Klettern« hörte, wurde ich hellhörig und verlangte nach Vertiefung. Mit leuchtenden Augen erzählte mir Christian von seinem Lieblingssport und wie toll es sei, in den Kletterurlaub zu fahren. Für mich war Reisen immer mit Land-und-Leute-Kennenlernen verbunden, und die Vorstellung, dass man im Urlaub nur einen Sport betreibt und dabei kaum Kontakt zu den Einheimischen hat, war mir völlig fremd. »Du verbringst also jeden Jahresurlaub damit, tagtäglich unter der brennenden Sonne einen heißen Felsen hochzuklettern?«, fragte ich staunend und wusste sofort – eine Beziehung mit diesem Mann würde keine Zukunft haben. Jahre später stellte sich heraus, dass ich recht hatte – wir trennten uns. Schuld daran war aber nicht sein Hobby. Ganz im Gegenteil – im Laufe der Zeit fing ich nicht nur an, selbst zu klettern, sondern verliebte mich dermaßen in diesen tollen Sport, dass ich jetzt bei jeder Reise die Kletterschuhe einpacke und unter der brennenden Sonne einen hohen Fels hochklettere. Es ging sogar so weit, dass ich in Deutschland eine Kletterschule gründete, aber das ist eine ganz andere Geschichte.

Klettern macht süchtig, und so kam es, dass ich bei jedem Bulgarien-Besuch mehr und mehr bulgarische Klettergebiete entdecken wollte. Die Kletter-Community ist auf der ganzen Welt gleich – man findet sofort Anschluss zu Einheimischen, und wie Sie bereits wissen, schließt man in Bulgarien ohnehin schnell neue Freundschaften. Tagelang zeigten mir meine neuen bulgarischen Kletterfreunde die tollsten Klettergebiete, und was ich sah, war großartig!

Wraza ist das Mekka des bulgarischen Klettersports. Man muss aber nicht klettern, um von diesem wunderschönen Felsmassiv beeindruckt zu sein. So schrieb der österreichisch-ungarische Ethnograf Felix Kanitz 1871 über die Wraza-Schlucht: »Im hellgelben ›Kalkcircus von Vraca‹, dessen Zauber den Eintretenden mit der zwingenden Gewalt grossartiger Naturschöpfungen gefangen nehmen, hat die phantastische rothe Sandsteinwelt Belogradtschiks, deren Schönheit ich im I. Bande gepriesen, ihren nahezu ebenbürtigen Rivalen gefunden.«[23] Was den Wanderer beeindruckt, das lässt auch das Kletterherz höher schlagen, und so sind die roten Felsen bei Belogradtschik unter Kletterern ebenfalls beliebt.

Von dem Balkan-Gebirge habe ich bereits erzählt – es durchquert ganz Bulgarien in der Breite und trennt es in Süd und Nord. An einer einzigen Stelle wird die Bergkette von einem Fluss durchbrochen. Das ist die 65 Kilometer lange Iskar-Schlucht. Hier befindet sich Lakatnik, wo der Klettersport in Bulgarien seine Wurzeln hat. Ein schönes Erlebnis, nicht nur für Kletterer, sondern für alle Besucher, ist die Zugfahrt von Sofia nach Mesdra im Norden. Da die Bahnschienen entlang des Iskar-Flusses verlaufen, genießt man hier die schönsten Ausblicke. Viele Gläubige pilgern zum Rila-Kloster, die bulgarischen Kletterer zu Rilski-Boulder – einem Klettergebiet in der Nähe des Rila-Klosters. Auch hier gilt – diese wunderschöne Gegend sollte man auch als Nichtkletterer besuchen. Sie fahren am Rila-Kloster vorbei Richtung Kyrillowa polijana, wo die Straße endet und mehrere Wanderwege ins Herz des Rila-Gebirges führen. Im hitzigen Hochsommer ist es besonders schön und erfrischend, dort am Fluss entlangzuwandern.

Man muss kein Kletterer sein, um sich in Bulgarien sportlich auszutoben. Radfahrer (sowohl Mountainbike- als auch Landstraßen-

Fahrer) sind von der Naturvielfalt und Ursprünglichkeit des Landes begeistert (mehr über Mountainbike-Fahren bei Grund 72). Liebhaber des Gleitschirmfliegens sind am besten im Balkan-Gebirge im Gebiet von Sopot aufgehoben. Wer gerne Höhlen besucht, der wird beim Höhlenklettern auf seine Kosten kommen (siehe Grund 104). Wanderliebhaber aufgepasst: Ganze elf Gipfel in Bulgarien sind über 2.800 Meter hoch (während man sich in Deutschland nur mit zwei begnügen muss). Im deutschsprachigen Raum ist die Alpen-Überquerung vom Norden nach Süden populär, in Bulgarien verläuft die bekannteste Wandertour »Kom – Emine« von Westen nach Osten auf dem Kamm des Balkan-Gebirges (Stara Planina). Dieser Wanderweg ist 650 km lang und in den Europäischen Fernwanderweg E3 integriert. Der durchschnittliche Wanderer braucht dafür zwischen 20 und 25 Tage.

Reiten, Rafting, Canyoning, Segeln, Jagen, Vogelbeobachtung – keinem wird in diesem kleinen Land langweilig. Falls Sie sich nach so viel sportlicher Betätigungen ausruhen möchten, dann ab ins warme Thermalbad (Grund 67) oder an den Strand (Grund 63).

*72. Grund*

## *Weil man Mountainbike fahren kann*

Ich habe Ihnen bereits erzählt, dass in Bulgarien ungefähr 70 % der Fläche gebirgig sind. Was Sie aber vermutlich noch nicht wissen, ist, dass Bulgarien der zweitgrößte Hersteller von Fahrrädern in Europa ist. Und so kommen wir zum nächsten Grund, warum ich Bulgarien liebe: Man hat hier unglaubliche Möglichkeiten zum Mountainbike-Fahren!

Eines Tages traf ich meinen Freund Icho (der eigentlich Christo heißt, mehr über die bulgarischen Namen beim Grund 83). Er gehört zu den besten Mountainbike-Guides in Bulgarien, kennt aber auch die deutschen und österreichischen Pfade. Ich wusste schon lange, dass er genauso verliebt in seine Heimat ist wie ich. Jetzt konnte ich ihn endlich mal fragen, was am Mountainbike-Fahren in Bulgarien so besonders ist. »Das Beste ist, dass du hier überwiegend im Urwald fährst«, erklärte mir Icho. »Die Natur ist absolut ursprünglich. Du hast das Gefühl, dass du ein Pionier bist; der Erste, der diese uralten Pfade hier mit Bike entlangfährt. Im Balkangebirge zum Beispiel gibt es viele Überreste römischer Straßen, die schon lange niemand mehr nutzt, oder auch sonstige Waldwege, Partisanenpfade, die vor 100 Jahren, als es noch Menschen in den Dörfern und keine Autos gab, sicherlich häufiger begangen wurden, heute aber kaum benutzt werden. Dort hast du den direkten Kontakt zur Natur. Wenn du nach links und rechts schaust, dann siehst du keine schönen Hotelanlagen, Hütten oder anderen Bauten, wie es sie in den Alpen gibt, sondern nur Felder und Wiesen, Berge und Flüsse. Man kann sogar Wölfe oder Bären sehen. Im Westen sind alle Routen bestens ausgebaut, es gibt überall Schilder. Der Alpenverein ist sogar verpflichtet, die Mountainbike-Wege zu pflegen, deshalb sind sie perfekt sauber und ordentlich. Hier ist es nicht so. Man muss eine gewisse Abenteuerlust haben und damit rechnen, hier und da einen Kratzer auf dem Arm oder auf den Beinen mitzunehmen. Unseren Gästen sage ich immer, die Socken müssen mindestens knielang sein, so ist man besser vor all den Büschen geschützt. Wer sich aber auf diese Wildnis einlässt, der wird mit einer unvergesslichen Erfahrung und Naturnähe belohnt«, verriet er mir.

»Es gibt momentan in Bulgarien eine sehr positive Entwicklung«, fuhr Icho fort. »In vielen Orten entstehen lokale Communities, die sich dem Mountainbiken verschreiben und viele verschiedene Wege in der Umgebung befahren und markieren. In manchen kleinen Städten, wie Sliven oder Trojan zum Beispiel kannst du eine Woche oder länger bleiben und jeden Tag eine neue Route fahren. Ich bin nicht unvoreingenommen, ich weiß, aber für mich gibt es kein schöneres Land zum Mountainbike-Fahren als Bulgarien.«

*73. Grund*

## *Weil der Haus-Park der Hauptstadt ein 2.300 Meter hoher Berg ist*

In den meisten Großstädten in Bulgarien reichen die Schulgebäude nicht aus. Dieses Problem lösen die Bulgaren flexibel und innovativ, wie sie es im Alltag gewohnt sind – man besucht die Schule in Schichten. Ein halbes Jahr hat man Frühschicht, das nächste halbe Jahr – Spätschicht. Die Frühschicht beginnt um ca. 8 und endet gegen ca. 13 Uhr, und die Spätschicht ist von ca. 13.30 bis ca. 18.30 Uhr. Als ich die Grundschule besuchte, war es für mich eine Selbstverständlichkeit, jeden Winter in der Früh Ski fahren und am Nachmittag in die Schule zu gehen. Oder auch andersrum, je nachdem welche Schicht ich im Winter hatte. Meine Eltern hatten mich bei der staatlichen Skischule angemeldet und somit das Problem der Kinderversorgung während des freien Halbtags im Winter gegen eine geringe Gebühr recht unkompliziert gelöst. Erst Jahre später wurde mir bewusst, dass das ein ganz besonderer Luxus war. Und was für einen riesigen Vorteil die Sofioter haben, dass das Witoscha-Gebirge nebenan liegt.

Sofias Haus-Park ist Witoscha, ein ca. 2.300 Meter hohes Gebirge, das sich direkt neben der Hauptstadt erhebt. So wie viele andere Sofioter machte auch meine Familie früher jedes Wochenende einen Familienausflug mit Freunden ins Witoscha-Gebirge. Meistens gingen wir zum Kloster Dragalewzi oder zur Kirche von Bojana. Vor der osmanischen Eroberung gab es am unteren Teil des Witoscha-Gebirges noch viele Klöster. Die meisten wurden in den 500 Jahren türkischer Herrschaft vernichtet, diese zwei haben die Strapazen der Zeit aber überstanden. Seit 1979 gehört die Kirche von Bojana zum UNESCO-Weltkulturerbe. Diese Auszeichnung erfüllt jeden Bulgaren mit besonderem Stolz. Ich muss gestehen, dass ich es erst mit Anfang 30 schaffte, die Kirche zu besuchen (Schulausflüge nicht mitgerechnet). Man kann sie nur in der Gruppe mit einem Führer besuchen. Unser

Guide war ein älterer Bulgare mit weißen Haaren und leuchtenden Augen. Mit enthusiastischer Stimme erzählte er uns: »Diese Fresken stammen aus dem Jahr 1259, und schauen Sie sich die Bilder an – sehen Sie, wie lebendig die Gesichter sind! Ein unbekannter Maler mit außerordentlichem Talent, der die Abbildungen von Menschen, Tieren und Gegenständen so realistisch darstellt! Das Bemerkenswerteste ist, dass diese Kunstwerke hier noch lange vor der italienischen Renaissance entstanden. Da Vinci und Michelangelo sind in der ganzen Welt bekannt, aber hier haben unbekannte bulgarische Maler bereits 200 Jahre früher bei aller Einhaltung der orthodoxen ikonografischen Vorschriften zum ersten Mal Figuren lebendig und realistisch dargestellt. Christus und die Heiligen haben individuelle Züge, gezeichnet vom irdischen Leben.« Ich schämte mich etwas, dass ich so lange neben diesem unbekannten bulgarischen Michelangelo gelebt hatte und seinen Werken so selten einen Besuch abstattete.

Das Witoscha-Gebirge verbirgt aber noch mehr Schätze. Hier befindet sich die längste Höhle Bulgariens – Duchlata, ca. 18 km lang. Sie ist leider nur für Höhlenkletterer zugänglich und nicht für die Allgemeinheit erschlossen. Leichter zugänglich und um einiges entspannter sind die Thermalquellen im Wald beim Dorf Zheleznitsa. Erwarten Sie hier bitte keine Wellness-Hotels oder -Anlagen – direkt neben dem Fluss am Rand des Waldes erleben Sie beim Entspannen im warmen Wasser die pure Natur.

Das Witoscha-Gebirge ist kuppelförmig. Für die Zahlenliebhaber unter Ihnen: 23 km lang und 18 km breit. Wenn Sie einen Rundgang machen möchten, können Sie im Sommer zusammen mit ca. 3.000 Gleichgesinnten mit dem Fahrrad oder zu Fuß am alljährlichen 100-Kilometer-Marathon um Witoscha herum teilnehmen. Wenn es nicht gleich ein Marathon sein muss, aber dennoch anspruchsvoll sein darf, dann gehen Sie unter der Woche beim Mondschein wandern. Die Vollzeitbeschäftigten in Sofia treffen sich jeden Dienstag um 20 Uhr am Rand von Sofia zum Nachtwandern in Witoscha. Nicht nachts, sondern am besten bei Sonnenschein sollten Sie die

»Goldenen Brücken« in Witoscha besuchen – große Steinflüsse in einer (bei bestimmten Tageslichtverhältnissen) goldenen Farbe.

Mit Wandern, Höhenklettern, Ski- und Radfahren wären wir aber noch nicht am Ende der Liste der sportlichen Betätigungen, die Sie in Witoscha-Gebirge betreiben können: Reiten, Klettern, Gleitschirmfliegen gehören auch dazu. Wenn Sie nicht so sportlich unterwegs sein möchten, können Sie es wie viele Bulgaren machen – Grillzeug einpacken und mit dem Auto hochfahren, oben von Aleko (so heißt die obere Gondellift-Station) können Sie beim Picknicken über die ganze Stadt blicken.

*74. Grund*

## *Weil der beste Honig aus Bulgarien kommt*

Ich habe Ihnen bereits erzählt, dass die Bulgaren recht oft Kräutertee trinken. Wenn Sie Ihren Tee in einem Café bestellen, wird man Sie nicht fragen, ob Sie Milch dazu haben möchten, nein, man wird wissen wollen, ob Sie Honig oder Zucker möchten. Denn Bulgarien ist ein Honigland! Honig und andere Bienenerzeugnisse sind in Bulgarien überall gegenwärtig und werden zum Essen, Trinken und als Arzneimittel benutzt. Als ich mich einmal im Winter erkältete, schenkte mir meine gute Freundin Vili sofort eine Propolis-Tinktur. Ein paar Tropfen davon täglich sollen Wunder wirken, versprach sie mir. Tatsächlich verschwand die Erkältung sofort.

Ich habe Ihnen schon davon erzählt, dass nach der Wende viele Fabriken schlossen und die Industrie größtenteils zum Stillstand kam. Der positive Nebeneffekt dieser Entwicklung war, dass weite Teile des dünn besiedelten, üppig grünen Landes der Natur überlassen wurden, sodass sie sich von den schädlichen Umwelteinflüssen erholen konnte. Nicht nur ich bin ein großer Fan der schönen, nach Kräuter duftenden bulgarischen Wiesen. Auch die Bienen wissen sie zu schätzen und fühlen sich hier prächtig. Akazienhonig, Blumenhonig, Lavendelhonig, Rosenhonig, Lindenhonig, Waldhonig, Honigtau – die Auswahl ist groß.

Es gibt sicherlich kaum ein Dorf in Bulgarien, wo nicht mindestens ein Imker lebt. Denken Sie jetzt bitte nicht an ausgebildete Imker, die in großer Produktion Honig herstellen. Nein, ich meine vielmehr Laien, die ein paar Bienenstöcke haben und den Honig vor allem für den eigenen Gebrauch produzieren. Was übrig bleibt, wird verschenkt oder vor dem Haus verkauft. Die meisten haben das Handwerk von ihren Eltern gelernt und die Bienenstöcke geerbt. Denn die Herstellung von Honig hat eine lange Tradition in Bulgarien. Bereits die Urbulgaren produzierten Honig, und im 9. Jh. war Bulgarien als Exportland der goldenen Flüssigkeit bekannt. Heute werden ca. 80 % des bulgarischen Honigs exportiert. Ein großes Abnahmeland ist Deutschland, wo die inländischen Imker den Bedarf nicht decken können. Unter den EU-Importländern ist Bulgarien in Deutschland an vierter Stelle. Das Beste am bulgarischen Honig – er ist (fast immer) bio! Die erste Weltkonferenz für Bioimkerei fand 2010 in Bulgarien statt. Als 2017 die Schweizer Supermarktkette Coop die Nachfrage nach inländischem Bio-Honig nicht decken konnte, wurde ergänzend aus Bulgarien importiert[24].

Besonders lecker ist die Medenka – ein Gebäck, mit Honig gebacken. Beim Frühstücken dürfen Sie natürlich den Klassiker nicht missen: Brot mit Honig und Butter (leider bietet man in vielen Hotel-Buffets nur zweitklassigen Honig in kleinen Einmal-Plastikpackungen an, in diesem Fall empfehle ich Ihnen, auf dem Markt Honig zu kaufen und diesen zu genießen). Honig wird immer wieder auch symbolisch benutzt, zum Beispiel bei Hochzeiten oder auch beim Empfang wichtiger Gäste. Vor allem ausländische Politiker bekommen bei ihrer Ankunft in Bulgarien einen Laib Brot mit einer Schüssel Honig und einer Schüssel Salz. Auf Bulgarisch wird man Ihnen bei wichtigen Terminen Folgendes wünschen: »Alles soll bei dir wie Honig und Butter fließen.«

## 8. Kapitel

# Sprache und Kultur

*75. Grund*

### *Weil Bulgarien die besten Sänger hat*

Die Bulgaren haben außerirdisch gute Stimmen und kosmische Lieder! Sie denken, dass ich übertreibe? Nicht im Geringsten! Der Sohn des Gottes der Musik, Orpheus, ist der größte Sänger der griechischen Mythologie. Er sang so schön, dass er Götter und Menschen, Tiere, Pflanzen und Steine betörte. Und jetzt kommt es – Orpheus kam aus dem Rhodopen-Gebirge in Bulgarien! Genauso wie Walja Balkanska, die Solistin des bulgarischen Rhodopa-Staatsensembles für Volkslieder und -tänze. Ende der 60er-Jahre wurde die damals 27-jährige Frau von einem amerikanischen Musikforscher (der Volkslieder aus dem ganzen Land sammelte) bei einem Konzert in Bulgarien entdeckt. Ihm muss es genauso gegangen sein wie den Göttern, die im 5. Jh. v. Chr. Orpheus begegneten – er war von ihrer Stimme verzaubert. Als er von seinem Staunen erwachte, wollte er die Sängerin unbedingt aufnehmen. Da es damals im Rhodopen-Gebirge keine Musikstudios gab, brachte er die komplette Technik mit und machte die Aufnahmen in einem kleinen Klassenzimmer. Ein Geiger aus dem gleichen Ensemble stellte die instrumentelle Begleitung zu Waljas göttlicher Stimme. Zurück in den USA, brachte der Musikforscher zwei Schallplatten mit bulgarischen Volksliedern heraus. Die Schallplatte mit dem Lied Izlel e Delju Haydutin von Walja Balkanska fand ihren Weg zum Plattenspieler von Carl Sagan – dem Leiter des NASA-Forschungsprojekts »Voyager Golden Records«. Bei diesem Projekt ging es um etwas Einmaliges – eine Botschaft für die Außerirdischen. In den 70er-Jahren baute die NASA zwei Raumsonden, die weit entfernte Planeten wie Jupiter und Saturn erkunden sollten. In letzter Sekunde wurde der Vorschlag von Carl Sagan bewilligt, an Bord beider Raketen eine Botschaft von der Menschheit an die Außerirdischen mitzusenden. In kürzester Zeit bereitete sein Team zwei mit Gold überzogene Kupfer-Schallplatten vor, die Bilder, Geräusche und 27 Musikstücke aus der ganzen Welt beinhalteten. Eins davon ist das bulgarische Volkslied Izlel e Delju Haydutin von Walja Balkanska. 2012 verließ die Raumsonde Voyager 1 unser Sonnensystem, gefolgt 2018 von Voyager 2. Die beiden Raumsonden sind heute die am weitesten von der Erde entfernten Objekte, die von Menschen geschaffen wurden. Noch heute fliegen die beiden Raumsonden weiter durch den interstellaren Raum und tragen die Goldene Schallplatte und Waljas Lied mit sich.

Eines Tages fuhr ich auf der Suche nach schönen Ortschaften und Unterkünften durch das Rhodopen-Gebirge. Zwischen Pamporovo (das größte Skigebiet in dem Region) und Schiroka Laka (ein Dorf, bekannt für seine einzigartige Schule für Volksmusik) wartete eine Oma am Straßenrand und streckte ihre Hand aus, um per Anhalter nach Hause zu kommen. Ich nahm sie mit, und sie erzählte mir, dass sie aus diesem Dorf kommt. »Gibt es etwas Besonderes in Ihrem Dorf?«, fragte ich sie. »Die Musik«, antwortete die alte Dame sofort. »Die Musik ist in uns, und sie war schon immer hier. Wir leben in den Bergen, deshalb gibt es hier kaum Landwirtschaft. Früher betrieben die meisten Viehzucht. Mein Großvater war ein Hirte. Er hatte eine wunderschöne Stimme. Das war hier üblich, aber auch nötig. Er hat gesungen, damit ihn die Hirten auf dem anderen Hügel hören können. Sie haben damals so kommuniziert. Es gab kein Telefon und kein Handy, und es ist ein langer Weg von einem Hügel zum nächsten, deshalb hat man gesungen, wenn man sich etwas sagen wollte. Aber auch, um nicht einsam zu sein. So hat es mein Opa gemacht und auch sein Opa, das weiß ich von ihm. Hier, im Nachbardorf Gela, gibt es den größten Dudelsackwettbewerb. Die Leute singen nicht nur. Sie würden irgendwann keine Stimme mehr haben, wenn sie immer nur singen würden, sie haben damals auch Dudelsack gespielt. Und heute immer noch – mein Enkelkind kann auch spielen. Kommen Sie noch mal im August hierher, wenn der Dudelsackwettbewerb stattfindet, immer am ersten Augustwochenende, dann sehen Sie es selbst«, lud sie mich zum Abschied ein. Das habe ich auch getan – ein Jahr später verbrachte ich drei Tage beim größten Wettstreit der Dudelsackspieler in dem Rhodopen-Gebirge.

Das Besondere an den bulgarischen Volksliedern ist, dass sie ungerade Taktarten haben. Am bekanntesten ist der 7/8-Takt, der beim Volkstanz Ratschenitza gespielt wird, aber es gibt noch andere asymmetrische Rhythmen. Aber nicht nur das Tanzen, auch Singen ist hierzulande besonders beliebt. Eine deutsche Bekannte von mir, die mit einem Bulgaren verheiratet ist und über 20 Jahre in Bulgarien lebte, schwärmte davon, wie schön es damals in Bulgarien war, als sie und ihr Mann sich abends mit Freunden trafen und Lieder sangen. Auch in meiner Familie wurde oft gesungen – im Sommer nach dem Abendessen auf dem Land, als Eltern, Großeltern und Enkelkinder beisammen waren. Heute singe ich aus voller Kehle, begleitet vom Gitarrenspieler am Lagerfeuer, oder abends am Strand, oder nach einem schönen Wander- oder Klettertag oder in einer Berghütte.

Im Auto habe ich natürlich mehrere CDs mit bulgarischer Musik. Zum Aufwachen sind immer die revolutionären Lieder dran: *Stani, stani junak balkanski* und *Vjatar echi, balkan stene* von Dobri Tschintulow, *Ziv e toi, ziv e* von Christo Botew oder *Tih bial Dunav* von Iwan Wasow. Wenn ich in einer melancholischen Stimmung bin, spiele ich langsame Volkslieder: *Jovano, jovanke, Devoiko mari hubava, Makedonsko devoiche, Koga zashumiat shumite, Nazad, nazad, mome Kalino, Imala maika* oder *Jasen mesets*, um nur eine kleine

Auswahl zu nennen. Wenn ich Lust auf etwas modernere bulgarische Musik und gute Stimmung habe, dann höre ich *Po-poleka* von Stefan Valdobrev i Obichainite zapodozreni, *Sto dvais tri Irakli* von Merudia oder das etwas ältere Lied *A nie s Bobi piem kafe* von Wickeda.

Und wenn es um Musik in Bulgarien geht, darf ich die klassische Musik nicht auslassen. Der bulgarische Opernsänger Boris Christow war einer der bedeutendsten Bässe des letzten Jahrhunderts; Vesselina Kasarova, bulgarische Opernsängerin, die in der Schweiz lebt, gelangte auch zu weltweiter Bekanntheit. Viele weitere junge bulgarische Opernsänger und Chöre gewinnen internationale Anerkennung. Falls Sie zu den Opernliebhabern gehören, dann planen Sie bitte unbedingt einen Opernbesuch in Sofia, Plowdiw (dort am besten in dem antiken römischen Theater in der Altstadt – ein unvergessliches Erlebnis) oder in Warna ein. Ich bin sicher, dass Sie positiv überrascht sein werden!

### *76. Grund*

## *Weil die kyrillische Schrift in Bulgarien entstanden ist*

Machen Sie bitte nicht den Fehler, einen Bulgaren zu fragen, ob man in Bulgarien auf Russisch schreibt. Ansonsten müssen Sie damit rechnen, erstens den Bulgaren zu verärgern und zweitens eine längere Lektion über Geschichte über sich ergehen lassen zu müssen. Die kyrillische Schrift, die man heute in Russland benutzt[25] und in der ganz Russland und etliche Ex-UdSSR-Länder und Alliierte (wie zum Beispiel die Mongolei) schreiben, haben die Bulgaren im 10. Jahrhundert erfunden. Kyrillisch ist nicht russisch, sondern bulgarisch, und Russland hat es von Bulgarien bekommen.

Im 9. Jahrhundert hatten die Bulgaren einen recht schlauen König, Boris I., der innerhalb weniger Jahrzehnte die Staatsreligion wechselte, sodass Bulgarien zum Christentum überging (im Jahr 864), die bulgarische Volkssprache als offizielle Amts- und Kirchensprache einführte (893) und sein Nachfolger die Unabhängigkeit der bulgarischen Kirche von Rom und Konstantinopel erreichte (927). Das war besonders klug, weil der bulgarische Staat 681 als ein Zusammenschluss von Slawen, Bulgaren und den Überresten thrakischer beziehungsweise römischer Urbevölkerung entstand und knapp zwei Jahrhunderte später die zwei größten Bevölkerungsgruppen (Slawen und Protobulgaren) noch nicht miteinander verschmolzen waren und jeweils andere Götter verehrten. Mit der Anerkennung einer neuen gemeinsamen Religion – dem Christentum – versprach sich Boris I. einen stärkeren einheitlichen Staat (wie erfolgreich er war und überhaupt mehr über Religion in Bulgarien erfahren Sie bei Grund 77). Sein Sohn Simeon I. wird in der bulgarischen Geschichtskunde als einer der besten bulgarischen Herrscher gefeiert und seine Regierungszeit als »Goldenes Zeitalter der bulgarischen Kultur« bezeichnet. Zu seiner Zeit wurden in Bulgarien die ersten beiden slawischen Schulen gegründet – die Schule von Preslaw (damals die Hauptstadt des Ersten Bulgarischen Reichs, heute eine kleine Stadt im Nordost-Bulgarien) und die Schule von Ohrid (damals das zweite kulturelle und religiöse Zentrum des Ersten Bulgarischen Reichs, heute eine Stadt in der Republik Nordmazedonien). Warum diese Schulen so wichtig sind? Das waren nicht irgendwelche Schulen, sondern die größten Kultur- und Wissenschaftszentren nicht nur in Bulgarien, sondern in der gesamten damaligen slawischen Welt, die Universitäten ihrer Zeit. Noch wichtiger – dort wurde die kyrillische Schrift entwickelt.

Wer genau die kyrillische Schrift entworfen hat, ist umstritten, Einigkeit besteht nur darüber, dass sie Ende des 9. Jahrhunderts von den Schülern der Brüder Kyrill und Method in Bulgarien entworfen wurde. Davor (im Jahr 863) entwickelten die beiden Brüder aus Thessaloniki (deren Vater ein griechischer Militärbeamter und deren Mutter wohl eine Slawin war) die glagolitische Schrift als eine neue, eigenständige Schrift für die Slawen. Der Auftrag kam vom

Fürsten von Großmähren (in der heutigen Slowakei, damals das erste bedeutende slawische Reich), der einen wachsenden politischen und religiösen Einfluss des Ostfränkischen Reichs fürchtete und den byzantinischen Kaiser um die Sendung einer Mission bat, die die Menschen im Christentum unterweisen und eine von den fränkischen Bischöfen unabhängige Kirche gründen sollte. Die Mission wurde von Kyrill (damals noch mit seinem weltlichen Name Konstantin) und Method geführt, im Gepäck hatten sie die glagolitische Schrift. Eine unabhängige slawische Kirche war der größte Streitpunkt zwischen Kyrill und Method und den fränkischen Geistlichen, die eine Liturgie nur in Latein, Hebräisch und Griechisch akzeptierten. Dieses Dogma setzte sich in Deutschland für mehrere Jahrhunderte durch, und erst Martin Luther erklärte die deutsche Volkssprache 1522 zur Kirchensprache. Die Bulgaren hatten mehr Glück. Als Ludwig der Deutsche 864 Großmähren überfiel und die fränkischen Priester zurückkamen, mussten die beiden Brüder und ihre Schüler das Land verlassen. Ein Teil der Schüler floh nach Bulgarien, wo sie von Simeon I. jegliche Unterstützung zur Vertiefung und Verbreitung des Christentums in Bulgarien bekamen. In Bulgarien entwickeln sie die kyrillische Schrift, die sie zu Ehren ihres Lehrers Kyrill nach ihm nannten.

Von Bulgarien aus verbreitete sich dann die neue Schrift in allen slawischen Ländern und gelangte über den Kiewer Rus nach Russland. Das ist der Grund, warum man Ihnen stolz erklären wird, dass die Bulgaren Hunderten Millionen Menschen eine Schrift gegeben haben. Was ich persönlich für nicht weniger bedeutsam halte: Bereits im 9. Jahrhundert wurde die bulgarische Sprache zur offiziellen Kirchensprache erklärt.

Mehrere Jahrhunderte später erfüllte das bulgarische Alphabet das Herz der Bulgaren wieder einmal mit Stolz: Als Bulgarien 2007 in die EU aufgenommen wurde, wurde das bulgarische Alphabet das dritte Alphabet der Europäischen Union. Der Stolz auf die kyrillische Schrift wird bulgarischen Kindern bereits im Kindergarten anerzogen. Bulgarien ist eines der wenigen Länder, die einen Tag der Kultur als Nationalfeiertag begehen. Der 24. Mai ist der »Tag der bulgarischen Bildung und Kultur und der slawischen Schrift«. Diesen Tag kennt jeder Bulgare von klein auf, denn er ist mit großen Feierlichkeiten verbunden, und noch wichtiger – am 24. Mai endet das Schuljahr in der Grundschule und im letzten Schuljahr. Um diesen Tag herum wird es in Bulgarien besonders laut, weil dann im ganzen Land Abibälle stattfinden (siehe dazu Grund 101).

Die kyrillische Schrift bringt so manchen Ausländer richtig ins Schwitzen. Sie ärgern sich, dass ein und derselbe Orts- oder Personenname in Bulgarien mit lateinischen Buchstaben immer unterschiedlich geschrieben wird? Fragen Sie uns Bulgaren! Ich persönlich benutze zum Beispiel für den bulgarischen Buchstaben »Ц« (wie das Z im »Zimmer«), wenn ich ihn mit lateinischen Buchstaben schreiben muss, manchmal »C«, ein anderes Mal »Ts«, oder »Tz«, oder auch »Z«. Die Bulgaren können relativ schnell die Bedeutung des lateinisch geschriebenen bulgarischen Wortes entziffern. Selbst als Einheimischer hat man aber manchmal seine Schwierigkeiten. So ging es mir zum Beispiel, als ich dem Hotel Цанков eine E-Mail schreiben wollte. Schreibe ich tsankov@… , cankov@..., zankov@..., oder tzankov@...?

Als ich ein Buch über die Arbeitsweise der Bulgaren[26] las, war ich etwas beruhigt – es scheint ein nationaler Charakterzug zu sein, kreativ zu sein und kleine Änderungen und Verschönerungen vorzunehmen, sodass eine Sache immer wieder anders gemacht wird. In einem Beispiel aus dem Buch beschwerte sich der deutsche Chef einer bulgarischen Firma, dass die Bulgaren bei der Bearbeitung einer Excel-Tabelle ihre Kreativität auslebten und ständig Schrift, Größe oder Farbe der Vorlagen änderten – etwas, was beim deutschen Mutterkonzern undenkbar wäre und ihm persönlich zu schaffen machte. Ich kann also nichts dafür, dass mein Kopf immer eine andere Version des Lautes »Ц« ausspuckt: Das ist wohl genetisch bedingt, und die bulgarische Herkunft ist schuld daran.

Erst im Jahr 2009 wurde ein offizielles Gesetz für die Transkription – also die lateinische Beschriftung bulgarischer Schrift – erlassen. Das Gesetz kennt allerdings kaum jemand in Bulgarien. In der Schule lernt man nicht, wie man die bulgarische Sprache auf Lateinisch schreibt, und auch später im Berufsleben kümmert es kaum jemanden, ob es eine offizielle Transkription gibt und wie diese lautet (Behörden und Kanzleien ausgeschlossen). Den ausländischen Touristen zuliebe bemüht sich die Verwaltung zumindest, die Ortsschilder einigermaßen einheitlich zu halten. Wie erfolgreich sie dabei ist, werden Sie bei Ihrer Reise durch Bulgarien selbst herausfinden können. Google und Wikipedia geben ihre Prise Salz dazu und tragen zur vollständigen Verwirrung bei – die größte Suchmaschine und die virtuelle Enzyklopädie beachten das bulgarische Gesetz für Transkription nicht, sondern nehmen für die deutsche Übersetzung die deutsche Aussprache, sodass Goldstrand bei Wikipedia »Slatni pjasazi« heißt, während im Art. 8 des bulgarischen Gesetzes für Transliteration von »Zlatni pyasatsi« die Rede ist. Falls Sie die Straßenschilder vor Ort begutachten, bin ich mir sicher, dass Sie noch weitere Schreibweisen entdecken werden.

Machen Sie sich aber keinen Kopf darüber – Sie werden in Bulgarien zurechtkommen, selbst wenn Sie der kyrillischen Schrift nicht mächtig sind. Denn die Bulgaren sind hilfsbereit und lassen keinen Fremden im Stich, versprochen!

*77. Grund*

## *Weil die Liturgie im Fernsehen moderiert wird*

Obwohl ich es erst spät kennenlernte, (dazu gleich mehr), ist Ostern eins meiner Lieblingsfeste. Auch in Bulgarien werden für das Fest die Eier bunt gefärbt (immer donnerstags vor Ostern). Anders als in Deutschland, versteckt man sie aber weder im Garten noch im

Haus, sondern setzt sie als Waffen beim Eierkampf ein. Keine Sorge, das läuft viel friedlicher ab, als es klingt. Nehmen Sie ein Ei in die Hand und stoßen Sie mit der Spitze Ihres Eis gegen die Ei-Spitze Ihres Gegners; danach treffen Po auf Po aufeinander und notfalls Spitze auf Po. Sie gewinnen den jeweiligen Kampf, wenn Ihr Ei nicht zerschlagen wurde, und kommen eine Runde weiter. Derjenige, dessen Ei am Ende unbeschädigt bleibt, wird über das ganze Jahr lang gesund sein.

Zu Ostern kam einmal meine Freundin Christina aus Deutschland zu Besuch und verbrachte einige Tage mit meiner Familie. Wie viele Bulgaren gingen wir aufs Land und feierten in unserem Dorf. Und so wie bei den meisten Bulgaren lief am Sonntagvormittag, während wir den Frühstückstisch deckten, nebenbei der Fernseher. Im staatlichen Fernsehen wurde die große Oster-Liturgie aus der Alexander-Newski-Kathedrale in Sofia live übertragen. Die Kamera zeigte den feierlich angezogenen bulgarischen Patriarch, die leuchtenden Kerzen, die großen Menschenmassen. Alles, was der höchste bulgarische Geistliche machte oder sang, wurde im Hintergrund von einem oder zwei Moderatoren erklärt. Diese Art staatlicher Sendungen kannte ich bereits von den Live-Übertragungen aus der Kirche an Weihnachten, aber meine Freundin Christina staunte über die laufende Moderation während der Messe: »Bei euch wird einem erklärt, was der Papst macht und wie die christliche Feier in der Kirche abläuft?«, fragte sie verblüfft. In Erklärungsnot geraten, begann ich ihr zu erzählen, dass es in Bulgarien keinen Religionsunterricht gibt und dass die Religion hierzulande einen ganz anderen Weg als in Deutschland hinter sich hat.

Aber fangen wir am besten mit der jüngsten Zeit an. Ich erfuhr zum Beispiel erst im Alter von ca. neun Jahren, dass es einen Gott geben soll. Denken Sie nicht, das habe etwas mit einem besonderen orthodoxen Fest zu tun, das im Alter von neun Jahren stattfindet. Es lag eher an den politischen Ereignissen: Die Wende kam, als ich neun Jahre alt war. Erst dann begannen die Bulgaren, offen über

Gott zu reden und in die Kirche zu gehen. Aus dem gleichen Grund kannte ich vorher Wörter wie Ostern und Weihnachten überhaupt nicht. Vom Feiern solcher Feste konnte auch keine Rede sein. Gott sei Dank hatten wir immerhin unser Väterchen Frost an Silvester als Ersatz für den Weihnachtsmann. Der sah auch noch genauso aus wie sein westlicher Bruder und brachte ebenfalls Geschenke.

Mit meinem Unwissen, was das Christentum angeht, gehöre ich übrigens zu einer großen Mehrheit bulgarischer Kinder, die nach 1945 geboren wurden. Während des knapp 50 Jahre dauernden Kommunismus war die Religionsausübung zwar nicht komplett verboten, aber ungern gesehen. Jeder, der in die Kirche ging, konnte damit rechnen, von Stasimitarbeitern verfolgt und zum Volksfeind erklärt zu werden. Manche Familien hielten dennoch an den alten Traditionen fest und feierten im Stillen und geheim Weihnachten, Ostern und andere religiöse Feste, allerdings nur im engsten Familienkreis und hinter geschlossenen Türen.

Nach der Wende kehrten die meisten Bulgaren schlagartig zum Christentum zurück. In den turbulenten 90er-Jahren erwies sich der wiedergewonnene Glaube an Gott als eine große Stütze für viele Menschen. Selbst meine Oma Gina – eine überzeugte Kommunistin und Atheistin – sagte mir eines Tages: »Ich las in der Zeitung, dass Einstein gesagt hat, dass man weder nachweisen kann, dass Gott existiert, noch, dass er nicht existiert. Wenn selbst Einstein das sagt, wer bin ich dann, an Gott zu zweifeln?« Nach der Wende begann zwar nicht jeder sofort damit, jeden Sonntag in die Kirche zu gehen, aber immerhin achten heutzutage die meisten Bulgaren auf die großen Feiertage und feiern sie. Obwohl 30 Jahre seit dem Regimesturz vergangen sind, bin ich dennoch recht sicher, dass die wenigsten Bulgaren den Kanon des orthodoxen Christentums kennen oder Fragen wie »Was ist der Unterschied zwischen Orthodoxen und Katholiken oder Protestanten?« beantworten können. Vielleicht haben die Bulgaren nach so vielen Jahren Kommunismus die religiösen Sitten tatsächlich verlernt und brauchen deshalb die Erklärungen im Fernsehen.

In der Zeit, als sich in Westeuropa die Kirche in katholisch, protestantisch, evangelisch, etc. teilte, herrschte in Bulgarien das Osmanische Reich. Das Christentum war eine unterdrückte Religion, die zwar ausgeübt werden durfte, aber möglichst unauffällig: Die Gotteshäuser durften nicht groß und prächtig sein, Glockentürme waren bis zum 19. Jahrhundert verboten, die bulgarische Kirche wurde der griechischen untergeordnet, was viele Historiker als ein »zweites Joch« bezeichnen. Ein kleines Glück im Unglück hatten die Bulgaren trotzdem – anstatt sich zu spalten und gegenseitig in Religionskriegen zu bekämpfen, half ihnen die Religion, auch nach 500 Jahren fremder Herrschaft die eigene Identität zu bewahren und sich als Volk zu behaupten.

Dabei hat alles so gut mit dem Christentum auf bulgarischem Boden angefangen. Wussten Sie zum Beispiel, dass sich zwei der ältesten christlichen Kirchen weltweit weder in Italien noch in Griechenland, sondern in Sofia befinden und eine davon die wohl weltweit älteste Kirche in Betrieb innerhalb der originalen Struktur ist? Im Jahr 313 schlossen der römische Kaiser des Westens Konstantin I. und der römische Kaiser des Ostens Licinius die Mailänder Vereinbarung, die die Religionsfreiheit im Römischen Reich garantierte, was nicht weniger bedeutete als das Ende der Christenverfolgung. In Sofia wurde zu dieser Zeit die Kirche »Sveta Sofia« – Heilige Sophia (später Namensgeberin der Stadt) gebaut und ein bereits existierendes Gebäude eines größeren Komplexes – die Rotunde – erst in ein Baptisterium (christliche Taufkapelle) umgewidmet und danach als Kirche »Sveti Georgi« (heiliger Georg) geweiht. An dieser Stelle möchte ich Ihnen ans Herz legen, wenn Sie in Sofia sind, diese Kirche zu besuchen. Sie hat als einziges Gebäude in der Stadt alle Kriege und Erdbeben überstanden, sodass ihr Dach seit dem 4. Jahrhundert unberührt steht. Selbst das würde reichen, damit sich ein Besuch lohnt. Im Inneren der Kirche wird es aber noch interessanter: Sie finden dort Fresken aus mehreren Jahrhunderten (die ältesten tatsächlich aus dieser frühchristlichen Zeit im 4. Jahrhundert) und aus verschiedenen Religionen (wie zum Beispiel muslimische Schriften aus der osmanischen Zeit, als die Kirche in eine Moschee umgewandelt wurde). Zu guter Letzt überrascht selbst die Umgebung der Rotunde Sv. Georgi – einerseits liegt sie direkt neben den Überresten eines römischen Bads ganz zentral in der Stadt, andererseits ist sie nicht leicht zu finden, da sie von allen Seiten von stalinistischen Großbauten umringt ist, als wollte die kommunistische Partei das Religionshaus vor ihren Bürgern verstecken.

In diesen ersten Jahren des Christentums in Europa war das heutige Bulgarien (damals allerdings noch nicht unter diesem Namen bekannt, sondern als eine Provinz des Römischen Reichs) ganz vorne mit dabei beim Bau von Kirchen und dem Ausleben des Christentums. Im ganzen Land finden die Archäologen auch heute noch die Überreste solcher frühchristlicher Gotteshäuser. Nach dem Niedergang des Römischen Reichs folgten schwierige Jahre für das Christentum auf »bulgarischem« Boden: die Jahrhunderte der Völkerwanderung, die Eingriffe von Hunnen und Goten, die Niederlassung der Slawen im 6. Jahrhundert und ca. ein Jahrhundert später die der Bulgaren auf dem Balkan, die jeweils ihre eigenen Religionen mitbrachten. Die christlichen Kirchen (die übrigens größtenteils auf früheren thrakischen Tempeln entstanden) wurden zerstört oder umgebaut oder gerieten in Vergessenheit.

Noch mal sollte hierzulande aber das Christentum eine Vorreiterrolle spielen. Im Jahr 864, während im Westen das Frankenreich geteilt wurde und die Stammesherzogtümer Sachsen, Bayern, Schwaben, Franken und Lothringen auf dem Weg waren, sich langsam zu großen Herzogtümern zu entwickeln, führte ein geschickter bulgarischer Herrscher – Boris I. – Bulgarien, ein Zusammenwurf von früheren Thrakern und Römern, Slawen und Bulgaren, zum Bund der christlichen Länder und erklärte das Christentum ab sofort zur einzige Staatsreligion. Die 50 Großfürsten, die sich dagegen wehrten, wurden nach wenig christlicher Methode samt Familie und Verwandtschaft geköpft, und so wurde dieses Territorium auf dem

Balkan wieder christlich, und die älteste slawische Kirche entstand. Besonders beeindruckend finde ich die Tatsache, dass man bereits im Jahr 893 die Liturgien in der bulgarischen Alltagssprache einführte. Etwas, was in Deutschland erst mehr als 600 Jahre später möglich wurde. Aus dieser bulgarischen Kirchensprache entwickelte sich die altslawische Kirchensprache (mehr über die Altkirchenslawische Sprache bei Grund 76). Paradoxerweise verstehen heutzutage die meisten Bulgaren die Liturgien nicht, da diese oft immer noch in der altkirchlichen Sprache gehalten werden, die doch gewisse Unterschiede zum heutigen Alltags-Bulgarisch ausweist.

Wieder mal wendete sich das Blatt, als im 14. Jahrhundert die Osmanen das Land eroberten. In den nächsten 500 Jahren hörte man keine Kirchenglocken mehr, sondern die Rufe des Muezzins. Wenn Sie in Bulgarien sind, werden Sie vermutlich überrascht sein, wie klein und unauffällig die christlichen Gotteshäuser im Vergleich zum Kölner Dom oder der Ulmer Kathedrale sind. Als osmanische Untertanen konnten die Bulgaren ihre Kunst und Religion nur versteckt entfalten (mehr über die bulgarischen Kirchen und Klöster erfahren Sie bei Grund 78).

Kaum wurde das Land 1878 von der türkischen Herrschaft befreit, rief man zu einer Spendenaktion auf und baute mit dem gesammelten Geld aus ganz Bulgarien die Alexander-Newski-Kathedrale in Sofia, die bis 2004 größte Kirche auf dem Balkan. An Ostern oder Weihnachten, aber auch am Georgiovden oder Dimitrovden füllt sich die Kathedrale mit Tausenden Gläubigen, die brennende Kerzen in der Hand halten. Wer nicht dabei sein kann, dem entgeht, wie meine Freundin Christina richtig bemerkte, dank moderner Kommunikationstechnik und aufklärender Moderation fast nichts. Sollten Sie also an großen kirchlichen Feiertagen in Bulgarien sein und sich gerade nicht in der Alexander-Newski-Kathedrale aufhalten, machen Sie einfach den Fernseher an. Mithilfe eines bulgarischen Dolmetschers werden Sie auch in das Geheimnis der bulgarisch-orthodoxen Liturgie eingeweiht.

## *Weil Klöster über ganz Bulgarien verstreut sind*

In Bulgarien gibt es um die 130 orthodoxe Klöster. Zählt man noch alle Kirchen dazu – orthodoxe, katholische, evangelische, jüdische etc. und Moscheen, kommt man auf ca. 4.000 Gotteshäuser – eine beachtliche Zahl. Ich möchte Ihnen an dieser Stelle von den orthodoxen Klöstern erzählen – mit denen bin ich als orthodoxe Bulgarin am besten vertraut, und mit dieser Glaubensrichtung gehöre ich zu den 80 % der gläubigen Bulgaren.

Die bulgarischen Klöster sind ganz besonders. Ich behaupte, dass es dafür hauptsächlich zwei Gründe gibt. Den ersten lernt man bereits in der Schule: weil sie Hüter der bulgarischen Kultur, Schrift und überhaupt des »Bulgarentums« sind. Die Erklärung ist einfach – die Tatsache, dass sich die Bulgaren fünf Jahrhunderte nach der osmanischen Eroberung immer noch als eigenes Volk behaupten konnten, ist größtenteils darauf zurückzuführen, dass die Bulgaren Christen und die Osmanen Muslime waren, sodass eine Verschmelzung der beiden Völker so gut wie nicht stattfand. In den Jahren der osmanischen Eroberung dienten Kloster und Kirche nicht nur der Religionsausübung. Sie waren zugleich Zufluchtsort bei Gefahren und Zentrum bulgarischer Kultur und Bildung: Die Menschen flüchteten in die Klöster und Kirchen, wenn die osmanische Armee oder Heiducken die Ortschaft zugrunde zu richten drohten. Die ersten bulgarischen Schulen während der osmanischen Herrschaft sind in den Klöstern entstanden. Das erste bulgarische Geschichtsbuch, das als Beginn des Aufwachens des bulgarischen Nationalbewusstseins (sog. Wiedergeburt) gilt, wurde um 1764 in einem Kloster von einem Mönch geschrieben.

Der zweite Grund ist religiöser Natur: Die Klöster sind Gotteshäuser, und dort geschehen Wunder (siehe auch Grund 51). Besuchen Sie zum Beispiel das Trojan-Kloster, wo sich die wundertätige Ikone der Dreihändigen Gottesmutter befindet. Die Ikone soll die Menschen aus der Umgebung vor einem Erdbeben und vor der Pest im Jahr 1837 gerettet haben. Wenn Sie am Wochenende oder an einem christlichen Feiertag hierherkommen, werden Sie die lange Schlange von Gläubigen sehen, die die Kirche verlässt und im Innenhof des Klosters weitergeht. Alle warten darauf, das Bild der Gottesmutter zu küssen und um Erfüllung ihres Herzenswunsches zu beten.

Ich selbst bin nicht besonders religiös. Dennoch liebe ich es, mich in den bulgarischen Klöstern aufzuhalten. Zu meinen Favoriten zählen das Glozhene-Kloster (das Wort »atemberaubend« wird zwar schnell zum Klischee, ist aber das passendste für die Beschreibung der Umgebung dieses Klosters, das sich am obersten Punkt eines Felsens in wunderschöner Lage befindet), das Kloster Roschen (wenn man das Kloster betritt, landet man in einem anderen Zeitalter – voller Ruhe, guter Energie und dem Duft nach Holz und Weihrauch) und das Kloster »Heilige Dreifaltigkeit« (ein Frauenkloster neben hohen Felsen mit einem wunderschönen Garten und strengen Nonnen, wo die Frauen ein Kopftuch tragen sollen, bevor sie die kleine Klosterkirche betreten).

Am Eingang der Klosterkirche kaufe ich immer Kerzen und bekreuzige mich. Beim Verlassen drehe ich mich mit dem Gesicht zum Kircheninneren, bevor ich wieder mit der Hand ein Kreuz vor dem Körper mache, so wie mir das meine Mutter beibrachte, als ich neun war und getauft wurde. Mit den Kerzen in der Hand mache ich meistens einen Rundgang durch die Kirche, bestaune die bunten Ikonen und atme tief die Weihrauch-getränkte Luft ein. Am Ende zünde ich die Kerzen an, zuerst die für die Verstorbenen. Sie werden in ein niedrigeres Sand- oder Wasserkästchen gesteckt. Danach die Kerzen für die Lebenden. Diese kommen oben in den Kerzenständer. Damit niemand es verwechselt, steht meistens ein kleines Schildchen »Za zdrave« (für Gesundheit) oder »Za pomen« (zum Andenken) auf dem Kerzenständer. Die meisten Klosterhöfe haben große Bäume oder/und Weinreben, sodass es hinter ihrer Mauer im Hochsommer schön kühl und schattig ist. Sollte nicht nur der Geist, sondern auch der Körper durstig sein – in den bulgarischen Klosteranlagen findet man immer einen Brunnen mit kaltem Wasser und einem kleinen Kännchen daneben.

So idyllisch, mystisch und ruhig die Klöster an den meisten Tagen sind, so sehr ändert sich das Bild an großen christlichen Feiertagen oder Wochenenden. Hunderte stürmen die Klöster, wobei nicht alle Besucher Gläubige sind. Vor den größten und schönsten Klöstern werden Stände aufgebaut – neben Magnet-Ikonen, Zuckerwatte, Plastik-Handys und Bio-Honig kann man Kebabcheta und Bier kaufen. Was den Klosterbesuch des Bulgaren angeht, hat sich wohl wenig im Laufe der Zeit verändert. Felix Kanitz, ein österreichischer Abenteurer, der 1860–1878 durch den Balkan reiste und von den bulgarischen Gebieten im Osmanischen Reich berichtete, schrieb über die Gegend von Swischtow an der Donau: »am Wochenende war das nahe liegende Kloster beliebtes Ziel, vormittags ging man in die Kirche, nachmittags wurde die Wiese davor als Tanzfläche für die Reigentänze benutzt, bis zum späten Abend«[27].

Die bulgarischen Klöster sind wahre Schätze, verstreut über das ganze Land, oft schwer zugänglich. Ich rate Ihnen, zumindest ein paar davon zu besuchen. Vielleicht geht es Ihnen danach auch so wie mir: Man fühlt sich freier und im Reinen mit sich selbst.

*79. Grund*

## *Weil es in Bulgarien Tschitalischte gibt*

Wenn Sie mit Bulgaren sprechen, werden Sie öfter die Enttäuschung über die Veränderungen heraushören, die die neue demokratische Ordnung nach dem Fall des Kommunismus brachte. Neben wirtschaftlichen Schwierigkeiten klagen viele Bulgaren über eine Herabsetzung der Kultur in den Jahren nach der Wende. Vulgäre

Musik, schlechte Ausdrucksweise bei Politikern, niveaulose Fernsehsendungen und billige Sprache in den Zeitungen sind nicht nur Randerscheinungen aus den 90er-Jahren, sondern auch heute noch gegenwärtig. Dabei halten sich die Bulgaren für ein Volk, das an Bildung und Kultur immer besonders interessiert war. Mehr noch – Bulgarien war das Land, das der Welt eine neue Schrift schenkte, die heute über 200 Millionen Menschen benutzen. Selbst in den dunkleren Jahrhunderten der türkischen Herrschaft, als Bildung schwer zugänglich war, waren gebildete Menschen hoch angesehen, und die reicheren Bulgaren schickten ihre Kinder im Ausland in die Schule.

Eine Sache hat die Strapazen der letzten Jahren überstanden und ist heute noch ein leuchtendes Beispiel des neugierigen und wissensdurstigen bulgarischen Geistes: das »Tschitalischte«. Die Institution »Tschitalischte« ist sogar so wichtig, dass sie ins UNESCO-Register Guter Praxisbeispiele aufgenommen wurde. Wörtlich übersetzt bedeutet Tschitalischte »Lesestube«, die Wikipedia-Erklärung »Kulturhaus« oder die Pons-Übersetzung »Kulturheim« sind allerdings zutreffender, was den Sinn des Tschitalischtes betrifft.

Das erste Tschitalischte entstand 1856, als Bulgarien noch unter osmanischer Herrschaft stand. Innerhalb von ca. 15 Jahren wuchs die Zahl auf 150, über das ganze Land verstreut. Die Primärziele dieses Kulturhauses waren, Menschen die Möglichkeit zu geben, sich zu bilden und die bulgarische Kultur, Theater und Musik voranzutreiben. Damals war die Unterrichtssprache in den wenigen existierenden bulgarischen Schulen vorwiegend Griechisch. Die Tschitalischtes wurden schnell zu einem Gegengewicht des griechischen Einflusses und förderten die bulgarische Sprache und Kultur. Damals gab es neben der Kirche und den Handwerksgesellen kaum eine andere Form gesellschaftlicher Organisationen, sodass die Bulgaren mithilfe des Tschitalischtes kleine Schritte in Richtung Selbstorganisation und Förderung des Nationalbewusstseins machten. Es ging sogar noch weiter: In den letzten Jahren der osmanischen Herrschaft dienten die Tschitalischtes auch als Vermittler revolutionärer Ideen.

Für das Kulturhaus wurde meist unter Mithilfe aller Einwohner ein schönes Gebäude gebaut. Drinnen fand man in der Regel eine kleine Bibliothek und Landkarten (wahre Schätze im damaligen Osmanischen Reich), auch Zeitungen lagen dort aus. In den Tschitalischtes wurden Chöre gebildet, Musik gespielt, gesungen und getanzt, Theaterstücke studiert und vorgeführt, Zeitungen herausgegeben. Später, nach der Befreiung und vor allem in der ersten Hälfte des letzten Jahrhunderts wurden die Tschitalischte-Häuser immer größer und schöner und beherbergten oft einen Theatersaal und Übungsräume. Schauen Sie sich um, wenn Sie durch Bulgarien reisen – Sie werden fast in jedem Dorf oder in jeder Stadt im Zentrum, dort, wo das schönste Gebäude steht, die Überschrift ЧИТАЛИЩЕ sehen, drunter steht meistens das Gründungsjahr des jeweiligen Tschitalischtes.

Heute sind in Bulgarien über 3.500 Tschitalischtes offiziell angemeldet, wobei ich Ihnen gleich sagen muss, dass sie sehr unterschiedlich sind: Manche sind klein, andere groß, Dritte wiederum existieren nur auf dem Papier. Wie aktiv sie sind, hängt von den Menschen ab, die dahinterstehen und überwiegend ehrenamtlich arbeiten. Zum Teil entsprechen sie der Volkshochschule in Deutschland: Je nach Tschitalischte kann man dort das Spielen eines Musikinstruments erlernen, Tanz- oder sogar Yoga-Kurse besuchen, an einer Theatertruppe teilnehmen oder im Chor singen. Die Eintrittspreise sind in der Regel sehr günstig. Vor allem für Kinder bieten die Tschitalischtes ein großes Angebot an Aktivitäten an.

Wäre das Tschitalischte aber nur ein Kursanbieter, hätte es sicherlich nicht die Aufmerksamkeit der UNESCO-Entscheider gewonnen. Das besonders Wertvolle an den bulgarischen Tschitalischtes ist die Möglichkeit, dass die Alten den Jungen ihr Wissen weitergeben: alte Volkslieder und Tänze werden weitergegeben, Bräuche werden jedes Jahr aufs Neue belebt, Märchen weitererzählt.

Nach der Wende wurden die Tschitalischtes teilweise umorganisiert, und manche sind verschwunden. In den letzten Jahren erleben sie aber zum Teil eine wahre Wiedergeburt. In Burgas zum Beispiel vermisste eine Gruppe junger Bulgaren alternative Veranstaltungen in der Stadt. Auf der Suche nach einem kulturellen Zentrum entdeckten sie die gute alte Form des Tschitalischtes und gründeten 2017 das neue Tschitalischte Hamalogika. Heute ist es vor allem bei jüngeren Leuten mit seinen interessanten Veranstaltungen besonders beliebt.

Vor allem auf dem Land sind sie besonders wichtig und wahre Kulturträger. Dort vereint das Tschitalischte alles in sich: Rentner-Klub, Jäger-Treffpunkt, Kindergarten, Kino, Bibliothek, Theater, Treffpunkt der Feuerwehr. Von jungen Bulgaren hört man sogar, die Tschitalischtes seien das Facebook von heute – allerdings nicht virtuell, sondern ganz real: Dort trifft jeder jeden und kann über alles quatschen.

*80. Grund*

## *Weil kulturelle Veranstaltungen in Bulgarien oft kostenlos sind*

Manchmal nimmt man etwas für so selbstverständlich, dass man es kaum zu schätzen weiß. So ging es mir mit den kulturellen Veranstaltungen in Bulgarien. In Plowdiw, eine der schönsten Städte in Bulgarien und zu Recht die europäische Kulturhauptstadt 2019, finden zum Beispiel jeden Sommer im römischen Theater fast täglich verschiedene Konzerte statt. Bis auf die Oper und ein paar andere Veranstaltungen bekannter Sänger sind sie alle kostenlos (und das nicht nur im Jahr der Kulturhauptstadt). Es wäre also nichts Ungewöhnliches, wenn Sie durch die Altstadt spazieren und am antiken Theater vorbeikommen, schöne Musik von dort hören und ohne Eintritt zahlen zu müssen einfach reingehen und sich eine wunderschöne Tanzaufführung ansehen.

Zum Feiertag der Stadt Karlowo konnte man wieder einmal unentgeltlich eine der besten bulgarischen Tanzshows heutzutage sehen. In dem kleinen Ort Tjulenovo am Schwarzen Meer hat man bei dem jährlichen Tjulenovo-Festival drei Tage lang Theater, Konzerte und Ausstellungen vor Meereskulisse. Alles kostenlos natürlich. Beim Bansko Film Fest, ein Internationales Mountain Film Fest, können Outdoor- und Sportliebhaber vier Tage lang die neusten Kinofilme und Vorträge über Extremsport und Abenteuer sehen. Sie ahnen schon – auch hier wird man nicht zur Kasse gebeten.

In Plowdiw angekommen, war ich sehr positiv überrascht von dem riesigen kulturellen Angebot, das diese 350.000-Seelen-Stadt bereitstellt. Gefühlt werden hier wöchentlich neue Ausstellungen eröffnet, jeden Abend Theaterstücke gespielt, ständig Konzerte gegeben. An einem normalen Donnerstagabend konnte ich mich zum Beispiel nie entscheiden, ob ich zu einer Literaturlesung, einem Vortrag über Georgien oder einer Diskussion über die Geschichte des Balkans im 4 Jh. n. Chr. gehen soll. Alle drei kostenfrei. Während ich in anderen europäischen Ländern wie Italien und Spanien genau überlegen musste, welche Kirche oder welches Museum ich besuchen möchte, da der Eintritt mehrerer Orte meine Reisekasse deutlich belasten würde, machte ich mir in Bulgarien nie Gedanken darüber. Ganz wichtig für Sie noch zu wissen: Alle bulgarischen Kirchen und Klöster dürfen kostenfrei betreten werden. Anders ist es bei Museen und Galerien, allerdings übersteigt der Museumseintritt fast nie den Betrag von zwei bis drei Euro. Der sozialistische Gedanke, dass Kultur für alle Bürger frei zugänglich sein soll, wirkt in Bulgarien auch nach der Wende. Vieles wird unentgeltlich angeboten, und was nicht kostenlos ist, ist in der Regel günstig. Interessieren Sie sich vielleicht für Theater? Rechnen Sie mit 6 bis 20 Euro für die Eintrittskarte. Wenn es um Oper geht: 7 bis 30 Euro. Wenn große Weltstars das Land besuchen, muss auch der Bulgare tiefer in die Tasche greifen, für alle anderen Veranstaltungen werden Sie aber, wenn überhaupt, dann erstaunlich wenig zahlen müssen.

*81. Grund*

## *Weil manche bulgarische Dichter zu Nationalhelden werden*

Jeder Bulgare kennt sie, jede Stadt in Bulgarien hat eine Straße mit ihren Namen, nach ihnen sind Gipfel und Asteroiden benannt, und vielerorts sehen Sie Graffiti mit ihren Gesichtern: Es geht um Wassil Lewski, Christo Botew, Iwan Wasow. Der erste unter diesen Helden ist so groß und heilig, dass ihm auch in diesem Buch ein eigenes Kapitel gewidmet ist (siehe Grund 37), über die anderen zwei möchte ich Ihnen jetzt erzählen.

Beide waren Dichter, und beide kämpften für die Befreiung Bulgariens von der türkischen Herrschaft. Christo Botew beteiligte sich am revolutionären Kampf und opferte sein Leben dafür. Iwan Wasow, weniger kämpferisch veranlagt als Botew, nutzte ehe seinen Stift als Waffe und schrieb patriotische Gedichte, aber auch den ersten bulgarischen Roman. In seinem relativ langen Leben (1850–1921) erlebte Wasow nicht nur den Befreiungskampf und die letzten Jahrzehnte der osmanischen Herrschaft, sondern auch die Gründung der bulgarischen Republik und die ersten Jahrzehnte des jungen unabhängigen Staates. Seine Eindrücke und Gedanken verewigte er in allen literarischen Genres: Erzählungen, Dramen, Gedichten, Novellen, Romanen, Komödien und Kurzgeschichten. Jedes bulgarische Kind liest in der Schule seinen Roman *Unter dem Joch*, eine Erzählung über die Befreiungskämpfe in Bulgarien, das Kindergedicht *Ich bin ein Bulgare* sowie etliche andere seiner Werke. Iwan Wasow gebührt die Bezeichnung Patriarch der bulgarischen Literatur, seine Bedeutung lässt sich vielleicht mit der Goethes für die deutsche Literatur vergleichen. Das Nationaltheater in Sofia (das schöne rote Gebäude vom Anfang des 20. Jahrhunderts im Zentrum der Stadt), wo manche seiner Theaterstücke zu seinen Lebzeiten gespielt wurden, trägt seinen Namen.

Noch bewegender war das Leben von Christo Botew (1848–1876). Dieser große bulgarische Dichter und Befreiungskämpfer wurde im Balkanstädtchen Kalofer (im Rosental) in eine Lehrerfamilie geboren und begann später ein Studium in Odessa, das er wegen Erkrankung seines Vaters unterbrechen musste, sodass er nach Bulgarien zurückkehrte. Seine revolutionären Gedichte sind voller Pathos und Leidenschaft und gehören heute ebenfalls zum Pflichtprogramm jeder bulgarischen Schule. 1876, nach der Unterdrückung des Aprilaufstands, entführte der damals 28-jährige Botew ein österreichisch-ungarisches Donau-Schiff, um von Rumänien nach Bulgarien zu gelangen und mit 200 bewaffneten Bulgaren den Kampf gegen das Osmanische Reich fortzusetzen. Drei Tage später wurden die Aufständischen in einem Kampf im Balkan-Gebirge bei Wraza niedergeschlagen, und Botew fand seinen Tod.

Die Bulgaren sind stolz auf ihre Helden und halten die Erinnerung an sie auch heute noch wach. Überdimensionale Denkmäler von Botew werden Sie in seiner Geburtsstadt Kalofer und in Wraza sehen, Wasows Ehrenmal in Sopot und in vielen anderen Städten. Sollten Sie am 2. Juni in Bulgarien sein, werden sie um 12:00 Uhr mittags etwas Eigenartiges erleben. Luftsirenen im ganzen Land werden eingeschaltet, jeder Fußgänger hält mitten auf der Straße und rührt sich eine Minute lang nicht von der Stelle, während der Sirenenlaut erklingt. Denken Sie nicht, dass Sie an einer Filmszene teilnehmen. Dieses ungewöhnliche Schauspiel gilt dem Andenken von Christo Botew und allen anderen, die ihr Leben in dem Befreiungskampf der Bulgaren verloren haben.

## 82. Grund

# Weil es eigenartige Künstlerorte gibt

Sofia ist, was Berlin früher war. Das antwortete eine bulgarische Kunstschaffende, die jahrelang in der USA lebte und dort erfolgreich ihre Kunst verkaufte, in einem Interview auf die Frage, warum sie mit ihrem amerikanischen Mann nach Bulgarien zog. »Ich kam zurück, weil es hier sehr spannend wurde. Ich entdeckte hier mehr Freiraum und mehr Freiheit. Eine immer größer werdende Gruppe interessanter und kreativer Menschen kam in Sofia zusammen und begann tolle Sachen zu machen.« Nicht nur in Sofia sprudelt es vor innovativen Ideen und alternativer Kunst.

Kapana ist ein Ort, wo heute vieles in Bewegung ist. Der kleine Stadtteil war bis Anfang des 20. Jahrhunderts mit seinen über 800 kleinen Geschäften das größte Handwerkerviertel in Plowdiw. Manche Straßennamen erinnern heute noch an die alten Zeiten: Kozhucharska (Kürschnergasse), Zlatarska (Goldschmiedegasse), Zhelezarska (Schlossergasse). 1906 brach ein Brand aus und legte einen großen Teil der Hauptstraße in Schutt und Asche. Der Wiederaufbau war in den 20er- und 30er-Jahren am intensivsten. Die neue Zeit der kommunistischen Planwirtschaft und des Verbots des freien Handels nach dem Zweiten Weltkrieg brachte dem Viertel Entvölkerung und Verfall.

Nach der Wende änderte sich erst mal wenig. Ich erinnerte mich, dass ich 2003 meine Freundin Elena, die damals in Plowdiw studierte, besuchte. Zu dieser Zeit lebte ich bereits in München und interessierte mich vor allem für ein intensives Nachtleben und tolle Partys. Kapana war damals ein Ort voller Autos, die auf Bürgersteigen in den engen Gassen parkten, leer stehenden Häusern mit abgeblätterter Farbe und geschlossenen Läden. Dennoch kamen wir abends hierher, weil die beste alternative Underground-Bar »Nylona« bereits damals hier versteckt war.

Als ich Ende 2017 nach Plowdiw zog, erkannte ich den Ort nicht wieder. Vier Jahre davor erklärte die Stadtverwaltung Kapana zum Künstlerviertel und vermietete Ateliers und Räumlichkeiten zu Spottpreisen an Künstler. Das war der Anfang einer bulgarischen Erfolgsgeschichte, die viele andere europäische Städte bereits kennen: Die meisten Straßen wurden zur Fußgängerzone erklärt, die Autos verschwanden, und an ihre Stelle traten Café-Tische und Verkaufsstände. Die Hauswände wurden zu Leinwänden talentierter Graffiti-Künstler. Wenn gerade kein Konzert stattfindet, hängen hier junge Leute herum und trinken kaltes Bier – gekauft vom Tante-Emma-Laden nebenan, der alle Wirtschaftskrisen überstanden hat und heute immer noch das billigste Bier in Kapana verkauft.

Wenn Sie durch Kapana laufen, werden die vielen Cafés und Kneipen Sie sicherlich an Spanien oder Italien erinnern. Das, was ich persönlich am wertvollsten finde, sind jedoch nicht die Lokale, sondern all die Galerien und kleinen Läden, wo Künstler ihre Waren verkaufen – Ledermacher, Schuhmacher, Schneiderin, Tante-Emma-Laden für Haushaltswaren, Maler, Zeichner, Laden für kreative Geschenke, Ausstellungen. Ich kann es nicht oft genug sagen, aber in den ersten Monaten meines Lebens in Plowdiw war ich überwältigt, wie viele Veranstaltungen jeden Abend in dieser Stadt stattfinden, wie viele Galerien es gibt und wie oft neue Kunstausstellungen eröffnet werden! Viele davon in Kapana. Über bulgarische Politik kann man viel schimpfen. Der letzte Bürgermeister von Plowdiw ist einigen ein Dorn im Auge, und nachdem ich von dem Vorhaben der Stadt, einen zweiten Ruderkanal zu errichten und Tausende Bäume und große Teile der unberührten Natur entlang des Mariza-Flusses zu opfern, erfuhr, auch nicht mein Lieblingspolitiker geworden, aber eins muss man der Plowdiwer-Stadtregierung anrechnen – bei Kapana hat man etwas richtig gemacht. Die Künstler haben einen verfallenen Ort in ein Vorzeigeviertel verwandelt.

Während Kapana ein Beispiel für einen neuen Künstlerort ist, finden Sie in Bulgarien aber auch andere Ortschaften, wo die Künstler unter sich sind und man ihnen bei der Arbeit zuschauen kann. Etara ist ein sogenanntes Freilichtmuseum. Das kleine Dorf im Norden Bulgariens wurde erst in den 60er-Jahren aufgebaut und eröffnet. Man merkt es ihm aber nicht an, denn die Gebäude zeigen die Wiedergeburtsarchitektur von vor 300 bis 150 Jahren. Teilweise wurden die Originale erhalten, teilweise originalgetreu nachgebaut. Das kleine Museumsdorf hat 50 Objekte – Werkstätten, die über 15 Handwerke (teilweise verschwunden) zeigen, Wasserkraftwerke, Kirchen, Schulen.

Zu einem lebendigen Kunstmuseum entwickelt sich auch Sosopol im Sommer, vor allem Anfang September während des Apolonia-Festes. Das Städtchen am Schwarzen Meer ist nicht nur eins der ältesten in Europa, sondern auch als Künstlerstadt in ganz Bulgarien bekannt. Während des mehrtägigen Apolonia-Festivals finden überall Konzerte statt, Maler besetzen die Straßen und verwandeln sie in freie Ausstellungsorte ihrer Kunstwerke, Theatervorstellungen und Lesungen runden das Programm ab.

*83. Grund*

## *Weil sich die Vornamen in Bulgarien ändern*

Zurück in meiner Heimat, stellte ich bald fest, dass die Bulgaren manchmal eine geheime Sprache zu sprechen scheinen. Zuerst ist da die Sache mit dem Kopfnicken, das anders als erwartet das Gegenteil von Ja bedeutet (mehr darüber bei Grund 41), aber es bleibt nicht dabei. Es gibt noch mehr Eigenarten, die das Leben eines Ausländers in Bulgarien erschweren, für die vertrauten Einheimischen aber eine Art Code-Sprache darstellen, deren Verwendung Verbundenheit und Zugehörigkeit nachweist. An dieser Stelle möchte ich Ihnen helfen, dem schönsten Land der Welt näherzukommen und die Tür zur bulgarischen Sprache etwas weiter zu öffnen.

Es geht um etwas nicht weniger Wichtiges als den Vornamen jedes Bulgaren. Der Vorname und der Rufname können sich nämlich erheblich voneinander unterscheiden. Zum Glück gibt es für die meisten Vornamen einen allgemein bekannten Rufnamen. Na gut, manchmal auch zwei oder drei. Hier zeige ich Ihnen einige Beispiele, an erster Stelle ist der Name wie im Pass geschrieben, nach dem Bindestrich finden Sie den Rufnamen:

Iwan – Wanka, Wanjo
Georgi – Zhoro, Gosho oder Gogo
Alexander – Sasho oder etwas moderner Alex
Maria – Mimi, Mara, Miche oder Marche
Petar – Pesho
Christo – Itso, Icho
Dimitar – Mitko, Mitak
Jordan – Dancho
Nikola – Koljo oder Niki

Alexander, ein Bekannter aus Sofia, erzählte mir eine lustige Geschichte. Ende der 90er ging er zum Arbeiten nach Deutschland. Seine Kollegen in der Fabrik, wo er eine Stelle fand, alle deutschen Freunde und Nachbarn kannten ihn als Sasho, so wie er sich in Bulgarien immer vorstellte. Eines Abends wurde er von einer Polizeikontrolle angehalten. Sein deutscher Kollege Gregor war dabei, und auf die Frage der Polizisten, wie sein ausländischer Freund heiße, antwortete er sofort »Sasho«. Von einem Sasho war aber weder im Pass noch in dem Visum etwas zu lesen. Mein Bekannter musste die Nacht im Polizeirevier verbringen, bis die Besonderheit der bulgarischen Namen am nächsten Morgen geklärt wurde.

Noch verwirrender wird es, wenn eine Person mehrere Rufnamen hat. Georgi wird meistens von älteren Leuten Gosho oder Gogo genannt, von den jüngeren Zhoro. Es kann also vorkommen, dass Ihr neuer bulgarischer Freund von unterschiedlichen Freundeskreisen unterschiedlich genannt wird, und dann bedarf es großer Konzentration, den Geschichten, an denen er teilnimmt, zu folgen.

Bevor Sie sich Sorgen machen, möchte ich Sie beruhigen – nicht alle bulgarischen Vornamen haben einen eigenen Rufnamen. Dafür können die meisten allerdings verniedlicht werden. Wovon die Bulgaren gern Gebrauch machen. Mladen (der Junge) wird zu Mladentscho, Wassil zu Wasko, Stefan zu Steftscho oder Stefi, Maria zu Mariika und so weiter.

Wenn es um Verniedlichungen geht, dann habe ich eine eigene Theorie. Nämlich, dass man in Bulgarien gerne in einer süßen, kleinen Welt lebt. Seriöse Köche in Kochsendungen im Fernsehen benutzen zum Beispiel kein Salz, sondern Sälzchen (*soltschitsa*). Den Busfahrer fragt man nach einem Fahrtkärtchen (*biletsche*). Abends bietet man seinen Freunden ein Rakiechen (*rakiika*) an. Und weil der Rakija nicht ohne Salat geht, gleich auch ein Salatchen (*salatka*) dazu. Selten trinken die Bulgaren Kaffee, ständig geht man dagegen ein Kaffeechen trinken (*pia kafentse*). Selbst beim Prügeln sind die Bulgaren meist niedlich: »Ich zerschlag dir das Köpfchen (*glavichkata*)«.

Wenn Sie in Bulgarien sind, machen Sie es am besten wie die Bulgaren: Genießen Sie das Sonnchen (*slunchitse*), am besten am Meerchen (*morentse*) mit einem Cocktailchen (*kokteilche*), oder auch in einem Wäldchen (*gorichka*) unter Schättchen (*sjanchitsa*), am besten mit Ihrem Liebchen (*milichko*).

## 9. Kapitel

# Essen und Trinken

*84. Grund*

### *Weil in Bulgaren viel Gesundes auf den Tisch kommt*

Als ich mich Ende der 90er-Jahre zum ersten Mal mit der deutschen Küche vertraut machte, war ich sehr überrascht, wie selten man in Deutschland Salat isst und wie klein die Salatportionen sind. Wenn man einen (nach bulgarischem Maßstab) normal großen Salat bekommen möchte, dann wird der Salat als Hauptgericht bestellt. Besonders lustig fand ich es, dass die Mischung aus Fleisch, Mayo und einem Hauch von Sauergurken unter der Kategorie »Salat« fällt. Ich musste feststellen, dass in Bezug auf Salate große Unterschiede zwischen Deutschland und Bulgarien existieren. Im Laufe der Zeit wurde mir auch immer klarer, wie gesund die bulgarische Küche ist.

Bleiben wir zum Beispiel beim Salat. Ich versichere Ihnen – nirgendwo auf der Welt werden Sie in jedem Restaurant eine so große Auswahl an Salaten entdecken wie in Bulgarien. Zehn, 15, 20 oder sogar mehr verschiedene Salate bieten die durchschnittlichen bulgarischen Gaststätten, und das ist der Standard. Ein guter bulgarischer Salat ist eine der Sachen, die ich in Deutschland am meisten vermisste. Wie der schmeckt, ist jemandem, der deutsches Gemüse als Maßstab hat, schwer zu beschreiben. Salat, Tomaten, Gurken,

Paprika und so weiter sind von sich aus so geschmacksintensiv, dass es vollkommen ausreicht, wenn man nur etwas Salz und Öl darüber gibt, ohne eine aufwendige Soße vorzubereiten, um einen guten Geschmack zu erzielen. Dank der Globalisierung kann man mittlerweile auch in Bulgarien zu jeder Jahreszeit jeden beliebigen Salat essen, allerdings schmecken die nicht-saisonalen Salate grundsätzlich genauso wie in Deutschland. Halten Sie sich deshalb lieber an die alten bulgarischen Traditionen und bestellen Sie den passenden Salat für jede Jahreszeit: im Frühjahr – Grünen Salat (Salat, Gurke, Radieschen und Frühlingszwiebel); im Sommer und Frühherbst können Sie bei der Salatwahl nichts falsch machen, alles schmeckt bestens, der absolute Favorit ist jedoch Schopska-Salat (Gurken, Tomaten, Paprika, Zwiebel, Petersilie, das Ganze mit geriebenem Feta-Käse bestreut); im Spätherbst und im Winter – Kohl-Karotten-Salat, Turschija (eingelegtes Gemüse), Ljutenica, gebratene Paprika mit Zwiebel oder Knoblauch, Kartoffel- oder Sauerkraut-Salat (die letzten zwei werden allerdings etwas anders als in Deutschland vorbereitet und schmecken ganz anders). Eine tolle Wintersuppe macht man mit konservierten Tomaten aus tatsächlich sommerreifen Tomaten, dazu klein geschnittene Roh-Zwiebel, zerbröselter Weißkäse, Öl und Pfeffer.

Gemüse kommt aber nicht nur als Vorspeise in Form eines Salats in der bulgarischen Küche vor. Viele der Hauptspeisen sind voller Gemüse und Kräuter: Gjuvech, Kartoffelauflauf, Reis mit Pilzen oder Tomaten, Jachnija, Mussaka. Zum Nachtisch greift man oft anstatt zur Torte zum Dickjoghurt mit Früchten. Oder man nimmt einfach nur Früchte. Diese sind von sich aus so süß, dass Sie keinen zusätzlichen Zucker brauchen. Im Hochsommer können Sie in vielen Restaurants einfach einen Teller Wassermelone bestellen. Glauben Sie mir, einen besseren Nachtisch gibt es nicht!

Vielleicht liegt es daran, dass die Bulgaren ihren Lieblingsschnaps nicht trinken, ohne Salat dazu zu essen. Oder daran, dass hierzulande die besten Tomaten auf der ganzen Welt wachsen. Oder es ist eine alte Gewohnheit aus den Zeiten, als Fleisch kein Alltagsessen war. Oder ist das Rezept für ein hundertjähriges Leben schuld daran? Aus welchem Grund auch immer – in Bulgarien kommt sehr viel gesundes Zeug auf den Tisch: Obst und Gemüse, Joghurt und Käse. Wenn wir beim Käse sind: Viele deutsche Besucher haben mir berichtet, sie hätten den Eindruck, dass man in Bulgarien in jedem Gericht Käse findet. Es ist nur schade, dass so wenig Deutsche das kleine Land bis jetzt entdeckt haben, ansonsten wäre einer der besten Snacks zum Biertrinken schon längst nach Deutschland importiert – Pommes mit geriebenem Weißkäse.

Falls Sie den Balkan bislang noch nicht mit gesundem Essen verbunden haben, dann ist es an der Zeit, nach Bulgarien zu kommen und Ihre Meinung zu ändern.

*85. Grund*

## *Weil sich hier das Rezept für 100-Jahre-alt-Werden verbirgt*

Manche Leute sind kaffeesüchtig, andere können ohne Süßigkeiten nicht überleben. Ich wiederum bin Joghurt-süchtig. Nach einigen Tagen ohne Joghurt meldet sich mein Bauch, und ich mache mich auf die Suche nach dem weißen Elixier (in Ländern wie Myanmar war das tatsächlich ein großes Problem, in Ländern wie Deutschland übrigens auch, allerdings aus anderen Gründen, dazu aber gleich mehr).

Als Joghurt-Süchtige bin ich besonders stolz darauf, dass Bulgarien das Herkunftsland des Joghurts ist. In Deutschland angekommen, stellte ich allerdings schnell fest, dass diese wichtige Tatsache kaum jemandem bekannt ist und viel mehr noch – dass die Urheberschaft bezweifelt und den Türken oder den Griechen zugeschrieben wird. Das wäre so ungefähr, wie wenn man dem Deutschen das Bier wegnehmen würde. In der Ehe meiner bulgarischen Freundin Elena, die mit einem Türken verheiratet ist, hat die Diskussion über die Herkunft des Joghurts zu einer ersten Ehekrise geführt. Für den bulgarischen Joghurt kann man aber zu Recht kämpfen, finde ich. Denn dahinter steckt viel mehr als nur ein Lebensmittel – nämlich das Rezept, 100 Jahre alt zu werden. Sie glauben mir nicht, dass der bulgarische Joghurt Ihnen hilft, 100 Jahre alt zu werden? Na, dann überzeugt Sie vielleicht ein Nobelpreisträger: der Anfang des 20. Jahrhunderts in Frankreich lebende russische Wissenschaftler Ilia Metschnikow. Nach zwei Selbstmordversuchen in jüngeren Jahren widmete sich der Wissenschaftler in älteren Jahren der Frage, wie man die Alterungsprozesse verlangsamen kann. Er stellte fest, dass in Bulgarien überdurchschnittlich viele Menschen leben, die über 100 Jahre alt sind. Sie alle aßen überdurchschnittlich viel Joghurt. Da sah der Herr Metschnikow gleich einen Zusammenhang und stellte seine Theorie auf: Der bulgarische Joghurt soll demnach der Hauptverantwortliche fürs Erreichen eines hohen Alters sein. Und ich bin ein großer Verfechter dieser Theorie.

Als ich Kind war, habe ich mich recht wenig um meine Alterungsprozesse gekümmert, dafür aber literweise Joghurt gegessen. Ich verschlang täglich sieben, acht Becher. Und in den 90er-Jahren fassten die bulgarischen Joghurtbecher noch 500 Gramm. Da ich schon immer jünger aussah, als ich es tatsächlich bin (sagt man mir), führe ich das an erster Stelle auf den immensen Konsum bulgarischen Joghurts in jungen Jahren und erst danach auf die guten Gene meiner Vorfahren zurück. Mein Joghurt-Verbrauch nahm allerdings im Alter von 18 Jahren abrupt ab, als ich nach München zog. Der Joghurt in Deutschland schmeckte anders als der bulgarische – weniger säuerlich, viel milder, und im Gegensatz zum Joghurt im Kühlschrank meines Elternhauses kostete er Geld. So vergingen viele Jahre, in denen ich zwar nie ohne Joghurt blieb, aber die Dosis erheblich reduzierte. Kaum wohnte ich wieder in Bulgarien, kehrten die alten Gewohnheiten sofort zurück. Wie eine Koffeinsüchtige nach langer Kaffeepause genieße ich jetzt täglich den frischen Joghurtgeschmack in jeglicher Form – einfach aus dem Becher, als Beilage zum Hauptgericht oder im Restaurant als Airijan.

Eine Sache, die beim bulgarischen Joghurt besonders wichtig ist – er ist am besten, wenn man ihn selbst herstellt, möglichst in Bulgarien. Deshalb macht ein Teil der bulgarischen Bevölkerung ihren eigenen Joghurt. Meine Oma fällt mir hier sofort ein, aber damit es nicht heißt, ich sei zu subjektiv und würde die Gewohnheiten meiner Familie einem ganzen Volk zuschreiben, gebe ich Ihnen gleich ein paar andere Beispiele: Mein Freund Georgi, Mitte 30, in Sofia lebend, Geschäftsmann und Vater eines kleinen Sohns: Die Familie stellt zwei Mal pro Woche vier Joghurtbecher her. Die Freundin meiner Mutter, Valja, Mitte 50 und Steuerberaterin in Sofia, Todor – Anfang 40 und Softwareentwickler aus Plowdiw, fast alle Nachbarn im Dorf, die ich kenne und so weiter. Selbst in München, Berlin und Dresden gibt es nicht wenige Bulgaren, die auf deutschem Boden bulgarischen Joghurt herstellen.

Das Geheimnisvolle am Joghurt ist seine Entstehung: Sie nehmen ein paar Löffel »alten« Joghurt und rühren sie in die vorgekochte Milch ein, nachdem diese zur Körpertemperatur abkühlt ist. Deckel zu und alles in ein Tuch einwickeln, dann ein paar Stunden warten. Ta-da – der Joghurt ist fertig! Sie sehen – die einzigen Zutaten, die man braucht, sind Joghurt und Milch. Vielleicht wollen Sie, so wie ich, das Geheimnis ganz lüften und erfahren, woher der Joghurt kommt, den man für das Herstellungsverfahren braucht. Meine Oma Iwanka ist auf dem Land groß geworden und kennt sich in solchen Sachen immer gut aus. »Wir hatten den Joghurt zu Hause«, war ihre Antwort. »Man isst den Joghurt nie komplett auf, sondern lässt immer etwas übrig – für die neue Produktion. Wenn der Joghurt aus irgendwelchen Gründen doch komplett ausging, sind wir zur Nachbarin gegangen. Und wenn sie keinen mehr hatte (was aber fast nie vorkam), dann zur nächsten Nachbarin. Notfalls ins Nachbardorf. Irgendjemand hat immer irgendwo Joghurt übrig.« Dank dieser Geschichte stellte ich mir den bulgarischen Joghurt als ein ewig lebendes Wesen vor, das die Bulgaren seit Jahrhunderten in ihrem Alltag begleitet, niemals aussterbend, weil »ein bisschen Joghurt hat immer irgendjemand«, und sich im Lauf der Jahrhunderte auf die ganze Welt verbreite. Der Name des Joghurtbakteriums wurde immerhin schon verewigt – Laktobacillicus bulgaricus. Ich versichere Ihnen, dass kein anderes Bakterium so viel Nationalstolz bei einem Volk hervorruft wie dieses.

*86. Grund*

## *Weil man Rakija nicht ohne Salat trinkt*

Was trinkt man in Bulgarien? Diese Frage wird mir in Deutschland häufig gestellt. Vieles, aber das, was Sie recht schnell kennenlernen werden, ist Rakija. Denn kein Abendessen fängt ohne Rakija an. Sie staunen, aber erwarten Sie bei Ihrem ersten Abendbrot mit Bulgaren weder eine Suppe noch einen Vorspeisenteller, sondern ein Glas Rakija und einen Salat. Das überrascht zwar die meisten Besucher aus dem Ausland, Sie werden aber sicher schnell merken, dass diese Besonderheit der bulgarischen Essgewohnheiten viele Vorzüge hat: Die Laune am Tisch steigt kontinuierlich, parallel dazu die Redseligkeit der Sitznachbarn, sodass beim Hauptgang alle fröhlich und unterhaltsam sind, das Essen vorzüglich schmeckt und jeder mit einem tiefen und glücklichen Schlaf später rechnen kann. Damit Sie in den Genuss all dieser Dinge kommen, beachten Sie bitte eine Grundregel – trinken Sie den Rakija nie auf ex! Rakija wird oft vom Hausbesitzer höchstpersönlich liebevoll selbst gebraut, die Trauben hängen meist über Ihrem Kopf und werden das ganze Jahr lang behutsam bearbeitet: Das alles schmeckt und genießt man in kleinen Schlückchen, während man sich über das Tagesgeschehen unterhält.

So dauert der erste Gang auch schnell mal eine Stunde. Sie werden merken – im heißen Sommer möchten Sie mit dem Abendessen nicht früher beginnen, denn es kommt nicht selten vor, dass um 21 Uhr das Thermometer noch über 30 Grad zeigt.

Eine andere Besonderheit des Rakija ist, dass er immer in Begleitung einer Beilage getrunken wird. Ein Salat, eine Vorspeise, ein Snack muss her. Bestenfalls trinkt man den Rakija zum Schopska-Salat. Hat man keinen Salat zur Hand, weicht man auf klein geschnittenen Käse (der Klassiker hier ist bulgarischer Weißkäse, in Scheiben geschnitten und mit Paprikagewürz), Salami, Schinken oder marinierten Fisch aus. Zur Not helfen Nüsse oder Salzstangen. Hauptsache, es gibt etwas zum Knabbern. Denn die Bulgaren sind keine Alkoholiker, sondern Genießer!

Der klassische Rakija wird aus Pflaumen (Sliwowa Rakija) oder aus Weintrauben (Grozdova Rakija) hergestellt. In einem Land voller leckerer Früchte gibt man sich aber natürlich mit diesen zwei Sorten nicht zufrieden, sodass Sie auch einen Rakija aus Birnen, Feigen, Quitten, Aprikosen, Pfirsichen etc. kosten können. Bitte machen Sie aber nicht den Fehler, den bulgarischen Rakija mit dem türkischen Raki zu verwechseln! Diesen nennt man hierzulande Mastika. Der türkische Raki schmeckt wie der griechische Ouzo nach Anis, ein Aroma, das beim bulgarischen Rakija vollkommen fehlt. Der Sliwowitz (vielen Deutschen aus anderen osteuropäischen Ländern bekannt) entspricht dem bulgarischen Pflaumen-Rakija, denn er wird aus Pflaumen oder Zwetschgen gemacht, nicht aber dem bulgarischen Grozdova(Trauben)-Rakija.

Und noch eine letzte, nicht ganz unwichtige Besonderheit in Bulgarien: Bei Rakija, Schnaps und anderen hochprozentigen Alkoholgetränken sind die Bulgaren nicht zimperlich – hier ist alles größer, als Sie es aus Deutschland gewohnt sind. Der kleine Rakija ist üblicherweise 5 cl (in Deutschland nur 2 cl), der große – stolze 10 cl (in Deutschland – 4 cl). Weniger als »klein« bekommt man in den bulgarischen Restaurants nicht.

Nachdem Sie jetzt einiges über das bulgarische Nationalgetränk wissen, lassen Sie uns zur Anfangsfrage zurückkehren – was trinken die Bulgaren? So sehr die Bulgaren ihren Rakija auch lieben, sie verzichten nicht auf dem Genuss anderer alkoholischen Getränke. Neben Rakija fehlt auch der Wein fast nie auf dem bulgarischen Esstisch. Auch dieser ist oft hausgemacht und kann dementsprechend jede Qualität haben. Beim Hauptessen ist heutzutage neben Wein auch Bier recht beliebt. Zwar haben die Bulgaren keine »Biergärten« wie die Bayern, dafür aber die »Biraria« – also eine Wirtschaft (meist im Freien), wo man üblicherweise Bier trinkt. Der Klassiker im Sommer ist Tsatsa (frittierte kleine Sprotte) mit Bier oder Pommes mit geriebenem Weißkäse mit Bier.

Wenn es Sie nach dem Abendessen in Richtung Bar/Club/Disco zieht, dann ist dort eher etwas Hochprozentiges angesagt. Whisky, Wodka oder einfach Cocktails gehören zu den beliebtesten Getränken des Nachtlebens (sehr beliebte und in Deutschland kaum bekannte Kombination, wie ich gemerkt habe, ist Wodka mit Cola). Oft bekommt man im Club einen Tisch, nur wenn man die dazugehörende Flasche Wodka oder Whisky kauft.

Zu guter Letzt: Wenn Sie als Deutscher fröhlich »Prost« sagen, werden die Bulgaren meist herzlich lachen. Und zwar nicht aus Höflichkeit, sondern weil »prost« auf Bulgarisch so viel wie »dumm/einfach gestrickt« bedeutet und auch als Beleidigung verwendet werden kann (als Subjektiv dann: Prostak). Sagen Sie deshalb lieber »Nazdrave« – auf die Gesundheit.

### *87. Grund*

## *Weil es die größten und leckersten Tomaten gibt, und anderes tolles Gemüse*

Als ich 14 Jahre alt war (Mitte der 90er-Jahre), bekamen wir eines Tages Besuch von einer Schulfreundin meines Vaters. Sie war bereits im Kommunismus mit ihrem kleinen Sohn nach London ausgewandert. Der Junge (mittlerweile in meinem Alter) besuchte jeden zweiten Sommer die Heimat seiner Mutter. Boris, so hieß er, konnte zwar Bulgarisch, aber mit starkem Akzent und benutzte teilweise sehr witzige Ausdrücke. Ich hatte zu der Zeit noch kein westliches Land besucht, und obwohl seit der Wende bereits ein paar Jahre vergangen waren, hatte ich noch nie Kontakt zu einem Ausländer (abgesehen von den deutschen Lehrern in meiner Schule, dazu mehr bei Grund 43) gehabt. Boris verkörperte in meinen Augen Westen, Ausland, fremde Kultur. »Was gefällt dir am meisten in Bulgarien?«, wollte ich sofort wissen. Seine Antwort fand ich ausgesprochen merkwürdig: »Obst und Gemüse.« Er versuchte es mir dann zu erklären, aber ich konnte nicht begreifen, was so außergewöhnlich an den Früchten, die ich jeden Tag aß, oder an dem Gemüse, das meine Großeltern wöchentlich von unserem Dorf mitbrachten, sein sollte. Bis ich vier Jahre später zum Studieren nach Deutschland ging.

Ende der 90er gab es die großen Supermarktketten wie Kaufland, Lidl, Billa etc. noch nicht in Bulgarien, sodass ich damals von den glänzenden Regalen bei Tengelmann, REWE, Real etc. recht beeindruckt war und meinen Eltern euphorische E-Mails über die riesige Auswahl schrieb. Nach ein paar Wochen machte ich aber eine ernüchternde Entdeckung – die Gurke und die Tomate unterschieden sich zwar farblich voneinander, aber nicht im Geschmack. Beide waren wässrig und geschmacklos. Auch das Obst schmeckte ganz anders, als ich es kannte – meist weder süß noch schmackhaft. Zum ersten Mal begriff ich, was mir Boris damals sagen wollte, und sehnte mich nach dem bulgarischen Obst und Gemüse.

Ich versuchte meinen deutschen Freunden zu erklären, wie anders die Tomaten in Bulgarien sind – groß und intensiv im Geschmack, richtig rot, und man kann sie wie Äpfel essen, so lecker schmecken sie. Aber ich sah in ihren Augen das gleiche Unverständnis, das ich damals hatte, als ich leckere Früchte und Gemüse für eine Selbstverständlichkeit hielt. Sie hielten die wässrigen Tomaten für eine Normalität. »Du musst nach Bulgarien kommen, um dort echte Tomaten zu essen!«, beendete ich immer erschöpft meinen Erklärungsversuch, wissend, dass man manche Sachen nicht erklären kann, man muss sie eben probieren. »Es ist so«, erklärte mir vor Kurzem ein bulgarischer Physiker, der einige Jahre in Deutschland studiert hat und heute an der Uni in Sofia unterrichtet, seine Theorie, »dort (in Deutschland) hast du Geld, aber du hast kein Essen, hier (in Bulgarien) hast du kein Geld, aber du hast Essen. Damit meine ich, dass du hier einen eingeschränkten Zugang zu qualitativen Lebensmitteln hast. In der westlichen Welt ist der Lebensstandard sehr hoch und man hat viel Geld. Aber die Lebensmittel sind von schlechter Qualität – riesige Fleischfabriken mit gequälten, antibiotikagestopften Tieren und übergroße Gewächshäuser mit Pflanzen, voller Pestizide. Das ist weder gesund, noch schmeckt es. Hier in Bulgarien sind die Leute ärmer, aber viele haben ihren eigenen Gärtchen, und auf den Märkten findet man noch die Omas, die ihre selbst produzierten Waren anbieten. Auch hier gibt es mittlerweile die großen Handelsketten, auch unsere Bauern nutzen meist Düngemittel etc. Aber man findet immer noch relativ leicht sehr viele Waren, die nicht als bio verkauft werden, aber tausendmal mehr bio sind, als alles andere.«

Bei dieser Aussage musste ich sofort an eine junge Familie in einem entfernten bulgarischen Dorf denken, die ich im Sommer bei einer meinen Entdeckungsreisen kennenlernte. Das junge Paar stellt Sesam her und setzt kein Düngemittel ein. »Alles ist hundertprozentig bio«, versprach der Mann, »ich habe zwar keinen Bio-Stempel, aber ich habe es schwarz auf weiß sogar von den Spaniern bestätigt bekommen. Wir haben viele Jahre in Spanien gelebt, meine Frau und ich. Aber meine Mutter in Bulgarien erkrankte schwer und wir kehrten zurück. In Spanien hat es uns gefallen, aber das Essen und die Umwelt waren schlecht. Ich bekam eine Vergrößerung der Nieren, von dem schlechten Essen, denke ich. Hier essen wir nur das, was wir oder unsere Nachbarn in dem eigenen Garten herstellen, und du wirst mir nicht glauben, aber meine Nieren haben sich erholt und wieder die normalen Werte erreicht, ohne dass ich irgendwas genommen habe. Ich bin sicher, dass das von der guten Luft und der gesunden Ernährung kommt. Deshalb bin ich ein großer Gegner von jeder Chemie und lasse mein Zeug ganz natürlich wachsen, ohne Düngemittel. Wir mahlen den Sesam hier auf einer jahrhundertealten Steinmühle (aber schon mit Strom betrieben, so altmodisch sind wir doch nicht). Daraus kommt die Tahina. Wir wollten die Tahina nach Spanien exportieren, weil wir dorthin noch viele gute Kontakte haben. Davor musste sie in einer spanischen Labor untersucht werden, und dort haben selbst die Laboranten gestaunt, dass alles absolut ohne Düngemittel ist. Ich habe aber keinen Biostempel, weil die administrativen Anforderungen sehr teuer und recht kompliziert sind. Für uns lohnt sich das nicht, deshalb verkaufe ich es ohne Bio-Zeichen, aber die Leute können selbst den Unterschied schmecken. Wer einmal bei uns gekauft hat, der kommt wieder.« Ich kann seine Worte nur bestätigen – aus seiner Steinmühle kam die beste Tahina heraus, die ich jemals gegessen habe.

Aber zurück zu den Tomaten. Oft landen bulgarische Tomaten auf Touristenfotos, weil sie sehr, sehr groß sind. Einmal scherzte meine Oma und sagte, sie sei sehr geizig und habe nur eine einzige Tomate aus dem Garten geholt, um den Schopska-Salat für alle Kinder und Enkelkinder zu machen. Mit einem verräterischen Grinsen zeigte sie uns dann eine über ein Kilo schwere Tomate, die gerade noch in ihre beiden Hände passte. Außer Regen und Sonne hatte nichts anderes zu diesem Wachstum beigetragen. Die Ernte meiner Oma ist keine Ausnahme. Gehen Sie einfach auf den Markt, wenn Sie im Sommer in Bulgarien sind, und nehmen Sie am besten Ihre Kamera mit – das bulgarische Gemüse ist nicht nur für den Geschmack gut, sondern auch fürs Auge.

Nach alldem wird kaum jemand von meinem persönlichen Tipp an alle Besucher Bulgariens überrascht sein – essen Sie bitte so viel Gemüse wie möglich und so oft wie möglich!

*88. Grund*

## *Weil die Bulgaren seit 5.000 Jahren Wein herstellen*

Wissen Sie, dass in Bulgarien tolle Weine hergestellt werden, die immer wieder höchste internationale Auszeichnungen bekommen? Und dass die Weinherstellung in Bulgarien eine viel längere Tradition hat als in Italien, Frankreich oder Spanien? Meine deutschen Freunde zumindest waren sehr überrascht, als ich ihnen vom bulgarischen Wein erzählte. Kaum jemand dachte vor meiner Lektion an Bulgarien als ein Weinland. Dies änderte sich meistens erst mit dem ersten Besuch im Land. Aber fangen wir am besten chronologisch an: mit der Geschichte des bulgarischen Weins.

Seit mehr als 5.000 Jahren stellt man hierzulande Wein her. Die Thraker, die damals im heutigen Bulgarien lebten, brachten Rebstöcke aus dem Nahen und Mittleren Osten hierher und waren somit die ersten Europäer, die Wein herstellten. Ca. 3.000 Jahre später, im 1. bis 2. Jh. n. Chr., machte sich der thrakische Wein im ganzen römischen Reich einen Namen. Wie wichtig Wein damals für die Thraker gewesen sein muss, zeigt die Tatsache, dass ihr größter Gott Dionysos war – der Gott des Weines.

»Was ist das Besondere am bulgarischen Wein?«, fragte ich Irina, eine bulgarische Freundin, die Wein-Expertin ist. »Seine Vielseitigkeit und Qualität«, erklärte sie mir. »Schau mal, in einem so kleinen Land wie Bulgarien gibt es fünf (eigentlich sogar mehr) Wein-Regionen: Donautal, wobei die Weinreben im Westen, im Osten und in der Zentral-Donau-Ebene wiederum unterschiedliche Eigenschaften haben, die thrakische Ebene um die Stadt Plowdiw, das Struma-Tal bei Melnik, die Schwarzmeerküste, das Rosental. Jede dieser Regionen hat ein einzigartiges Klima, Boden, Wasser. Das bedeutet, dass, wenn wir eine Weinsorte nehmen, zum Beispiel Pinot Noir, dann schmeckt der Pinot Noir aus dem West-Donautal anders als der aus der thrakischen

Ebene. Genau das ist das Besondere am bulgarischen Wein. Dazu gibt es in Bulgarien mehrere traditionelle bulgarische Weinsorten, die man nirgendwo sonst auf der Welt findet: Siroka melniska (mit dem Vorzeigewein »Melnik 55«), Mavrut, Gamza, Misket, Rubin.

Was auch wichtig ist – in Bulgarien hat man ein anderes Verhältnis zum Wein als in vielen anderen großen Herstellerländern. Der Wein hierzulande ist keine Massenproduktion wie das in Australien zum Beispiel der Fall ist. Mit solchen Ländern kann das kleine Bulgarien nicht mithalten. Dafür ist der bulgarische Wein sehr vielseitig und wird eher in kleinen Mengen produziert. Was dazu führt, dass wir viele limitierte Weinserien haben, Boutique-Weine sozusagen, mit ausgezeichneter Qualität«, erklärte mir Irina.

Ich persönlich weiß die bulgarischen Weine sehr zu schätzen und verzichte abends selten auf ein Glas Wein. Auch Ihnen würde ich empfehlen, sich selbst ein Bild von den bulgarischen Weinen zu machen. Als erste Anlaufstelle stehen Ihnen einige spezialisierte Wein-Geschäfte in Sofia zur Auswahl, wie Casavino, EnjoyWine, Vino Orenda (nur bulgarische Weine), Tempus Vini, die Wein-Bars Grape Central oder Barrique by graphite. Eine weitere Option ist die Sofia Wine Walk-Tour – eine Tour mit Weinprobe im Herzen der Hauptstadt. In jedem gehobenen Restaurant können Sie eine gute Weinkarte und kompetente Tipps erwarten. Zum Wohl, und genießen Sie Ihren Wein!

*89. Grund*

## *Weil man die beste kalte Suppe für heiße Sommertage hat*

Die Bulgaren sind die Erfinder der besten Suppe für Sommertage: Tarator. Mich wundert es nicht im Geringsten, dass ausgerechnet hierzulande die Tarator entstanden ist, denn in Bulgarien kann es im

Sommer recht heiß werden (Grund 4), Joghurt kommt aus Bulgarien (siehe Grund 85), und die Bulgaren lieben Knoblauch und Zwiebel (Grund 93).

Für die Zubereitung von Tarator brauchen Sie Joghurt (am besten bulgarischen, damit Sie auf Nummer sicher gehen), Wasser, Gurken, Knoblauch, Dill, Walnüsse, Salz und Öl. Um eine richtig gute Tarator zu machen, müssen Sie ein paar Dinge beachten. Zuerst müssen Sie die richtige Menge Joghurt und Wasser mischen (die Mischung soll weder zu wässrig noch zu dick sein). Ich persönlich mag 60 % Joghurt zu 40 % Wasser. Dann alles (am besten mit einer Gabel) so verrühren, dass es keine Klumpen gibt. Sehr wichtig ist die Art, wie Sie die Gurke und den Knoblauch schneiden. Arbeitssparend macht man es in vielen Restaurants so, dass man sie reibt. Für die perfekte Tarator müssen Sie aber die Gurken klein schneiden, die Knoblauchzehen bitte auch (und nicht zerdrücken). Die entkernten Walnüsse werden in einem dafür bestimmten Mörser (was in den meisten bulgarischen Haushalten nicht fehlt) zerkleinert. Übertreiben Sie es dabei aber bitte nicht – die Walnüsse sollen nicht zu Pulver, sondern zu kleinen Stückchen werden, sodass man sie noch beißen kann. Der Dill dagegen darf ganz fein geschnitten werden. Alles kommt zusammen und wird kalt gegessen. Mit kalt meine ich aber nicht, dass Sie Eiswürfel hinzufügen oder die Tarator in den Kühlschrank stellen sollen (wie in manchen deutschen Rezepten beschrieben). Nein, am besten schmeckt sie frisch zubereitet, deshalb nehmen Sie lieber von Anfang an einen kalten Joghurt und kaltes Wasser, und essen Sie die Tarator gleich, nachdem Sie sie zubereitet haben.

Tarator ist übrigens nicht nur unglaublich lecker und gesund, sondern hat eine uralte Tradition. Bereits im Mittelalter wurde im Sommer eine kalte Knoblauchsuppe gegessen. Die Armen aßen sie ganzjährig zum Brot: gehackten Knoblauch mit kaltem Wasser und Salz. Die Reichen bekamen die edlere Variante – anstatt Wasser wurde Joghurt in die Suppe gerührt. Etwas davon hat die Jahrhunderte überdauert und wird heute als Beilage zu Fisch- oder

Kuttelsuppe gereicht – eine Soße aus zerdrückten Knoblauchzehen, Essig und Salz.

Es ist immer eine Glückssache, ob Sie im Restaurant eine richtig gute Tarator bekommen oder nur die wässrige Version davon. Am besten probieren Sie sie bei Freunden oder in empfohlenen Restaurants. Dann werden Sie mir sicherlich zustimmen – an einem heißen Sommertag gibt es nichts Besseres als eine kalte Tarator und einen Schopska-Salat mit etwas hausgemachtem Brot.

*90. Grund*

## Weil es in Bulgarien das beste Obst gibt

Wenn es um tolles Obst geht, denken Sie erst mal an ferne, exotische Länder? Sollten Sie nicht, denn die besten Früchte finden Sie in Bulgarien – versprochen! Zu den Sachen, die ich in Deutschland am meisten vermisste, zählen (neben Sonne und guten Tomaten) die bulgarischen Früchte. Nicht diese, die man das ganze Jahr lang in jedem großen bulgarischen Supermarkt kaufen kann und die alle gleich schmecken, sondern das Saison-Obst.

Es beginnt Mitte Mai mit den Kirschen – mein Lieblingsobst. Auf den Märkten kann man vorerst nur vereinzelt hier und da Kirschstände sehen, die richtig teuer sind. Täglich erhöht sich ihre Zahl, bis man im Juni überall große Haufen von roten und saftigen Kirschen auf den Märkten sieht. Vor allem die Kirschen aus Kjustendil haben einen besonders guten Ruf. Die ausgezeichneten bulgarischen Kirschen weiß nicht nur ich zu schätzen. Auch die klugen Köpfe von Ferrero-Rocher wurden wohl von den bulgarischen Kirschen überzeugt und stellen ihre Kirsch-Pralinen mit bulgarischen Kirschen her.

Ein kleiner Rat von mir – Sie müssen Ihre Kirschen in Bulgarien nicht immer auf dem Markt kaufen. Oft findet man herrenlose Kirsch- oder Sauerkirschbäume, und Sie dürfen sich selbst bedienen.

Sollten Sie jemals beim Kirschenessen in Bulgarien von jemandem darauf angesprochen werden, vertrauen Sie auf die Gastfreundlichkeit der Bulgaren, oder lesen Sie gleich, wie die Gesetzgebung in Bulgarien im Mittelalter war: Wenn ein Dieb Essen für sich selbst oder seine Kinder stiehlt, so wird dieser nicht bestraft. Sollten Sie also an herrenlosen Kirschbäumen vorbeikommen, machen Sie es wie mein Freund Georgi, ein gestandener 40 jähriger Mann, der in der Stadt, in der er wohnt, alle »öffentlichen« Kirschbäumen auf Qualität und Quantität geprüft hat und fast jeden Frühsommerabend Kirschen essend auf einem Baum verbringt.

Nach den Kirschen kommen die Erdbeeren und später die Himbeeren auf den Markt. Zu Himbeeren und Erdbeeren habe ich eine besonders gute Beziehung. Als ich klein war und mit meinen Cousins und unseren Großeltern jeden Sommer auf dem Land in unserem Landhaus verbrachte, bekamen wir Kinder jeden Morgen einen leeren Joghurt-Plastikbecher (500 Gramm, Sie wissen bereits – Grund 85). Dieser Becher hatte oben am Rand zwei Löcher und eine Schnur, die durch die Löcher lief, sodass uns der Becher wie eine Medaille über der Brust hing. Unsere Aufgabe am Vormittag war, Himbeeren oder Erdbeeren zu pflücken und sie im Becher zu sammeln. Damals wusste man wohl nichts von Allergieschock, da wir unglaubliche Mengen von den leckeren Früchten aßen. Der weiße Plastikbecher wurde selten voll, alles landete direkt im Mund. Seitdem sind Himbeeren und Erdbeeren meine Lieblingsfrüchte.

Sind Sie im Juli in Bulgarien? Glückwunsch – dann erwischen Sie die Zeit der Pfirsiche! Und falls Sie doch erst im August nach Bulgarien reisen – keine Sorgen, die Pfirsich-Saison dauert in der Regel bis Ende August. So wie es ein Rosental gibt, gibt es auch ein Tal der Pfirsiche. Die leckersten Pfirsiche in der ganzen Welt kommen aus Sliven und Umgebung. Im Kommunismus hat man hier mit großer Hand viele Pfirsichbäume angepflanzt und die Produktion in die UdSSR exportiert. Heute ist die Anzahl deutlich geschrumpft, davon werden Sie aber nichts merken, wenn Sie im August auf den Markt gehen.

Der australische Mann einer bulgarischen Freundin erzählte mir, dass seine Frau immer vom bulgarischem Obst und Gemüse, aber vor allem von den bulgarischen Pfirsichen erzählte. »Weißt du, am Anfang dachte ich, sie sei etwas eigen und habe eine Art Obsession von diesen bulgarischen Pfirsichen. Aber na gut, die Liebe verzeiht bekanntlich viele Fehler«, verriet er mir eines Tages. »Dann kam ich im August zum ersten Mal nach Bulgarien. Und ich probierte diese Pfirsiche. Wow! Das war eine wahre Geschmacksexplosion in meinem Mund! Unvergesslich! Erst dann ist mir klar geworden, dass wir Australier keine Ahnung von gutem Obst haben. Jetzt kann ich es kaum erwarten, dass wir jeden Sommer nach Bulgarien kommen«, beendete er sein Lob auf die bulgarischen Pfirsiche. Ich kann ihn vollkommen verstehen – immerhin ist der Pfirsich meine Lieblingsfrucht, was mir spätestens dann einfällt, wenn ich den ersten süßen und saftigen Pfirsich im Mund habe.

Im August sollten Sie mindestens einmal pro Tag an einem Markt vorbeigehen. Es gibt einfach so viele herrlich schmeckende Früchte! Meine Lieblingsfrucht ist die Wassermelone. Am besten schmecken die Wassermelonen aus Ost-Dobrudscha und der nördlichen Schwarzmeerküste. In dem Dorf Nikjup gibt es sogar ein Fest der Wassermelone. Im August und September werden Sie jedes Jahr an vielen Ecken in den Städten einen riesigen Haufen Wassermelonen sehen und eine Familie, die sie verkauft. In meinem ersten bulgarischen Sommer habe ich jeden Tag, und damit meine ich wirklich jeden Tag, Wassermelone oder Honigmelone gegessen. Honigmelone mochte ich eigentlich nie so sehr, dachte ich. Bis ich in diesem besagten Sommer in Bulgarien einfach zugeben musste, dass sie zu den besten Früchten gehören. Jetzt wechsele ich ab: mittags Wassermelone, nachmittags Honigmelone. Wenn ich an Wassermelone denke, erinnere ich mich immer an meine verstorbenen Großtanten und unser Mittagessen im Dorf, als ich Kind war. Den ganzen Tag lang arbeiteten meine Tanten und Onkel irgendwo im Garten. Nur zum Mittagessen trafen wir uns alle am großen schattigen Tisch vor dem Haus unter den Weinreben. Es gab Tarator, die kalte Suppe für heiße Tage, einen riesigen Schopska-Salat, ein Hauptgericht und zum Nachtisch immer Wassermelone. »Tante, ich bin so voll, ich kann nichts mehr essen«, sagte ich meistens nach dem vierten Stück Wassermelone. »Ah, was! Gehe doch Pipi machen, das ist alles nur Wasser, und danach hast du wieder Platz für die Wassermelone.« Das Rezept funktionierte, und wir schafften es immer, die ganze Wassermelone aufzuessen. Fast hätte ich die Aprikosen vergessen! Diese kleinen, süßen, manchmal etwas sauren Früchte. Ihren herrlichen Geschmack im Juni dürfen Sie auf keinem Fall missen!

Unbedingt sollten Sie auch die leckersten Feigen von der Schwarzmeerküste probieren. Als ob es nicht reichen würde, dass sie traumhaft schmecken, geben sie mehrmals im Sommer Ernte. Die erste Ernte ist eher klein – man findet nur hier und da auf dem Baum eine Frucht. Aber was für eine – groß und sehr süß! Ein paar Tage oder Wochen später schmückt sich der ganze Baum mit Früchten, diesmal kleiner und etwas weniger süß. Ich empfehle Ihnen, Feigenkonfitüre von der Schwarzmeerküste mit nach Hause zu nehmen! Im Herbst werden Sie nicht nur eine Explosion von Farben in den Wäldern in Bulgarien beobachten, sondern auch von Früchten auf den Märkten: Trauben, Birnen, Äpfel, Melonen, Granatäpfel, Quitten …

Ich behaupte einfach, dass es nirgendwo in Bulgarien ein Dorfhaus ohne Obstbaum gibt. Und wenn es um Obstbäume geht, dann kann ich meinen Opa nicht auslassen. Er war wie jeder Bulgare ein Mann, der (fast) alles selbst machte. Als Kind beeindruckte mich besonders, dass er einen Baum mit zwei verschiedenen Früchten pflanzte – von einem Ast konnte ich Äpfel pflücken, von dem anderen – Birnen. Beides schmeckte natürlich (wie sonst?) herrlich.

Und was machen Sie in Bulgarien im Winter? Keine Sorge, dann haben die fleißigen Bulgaren all die tollen Früchte zu Kompott oder Konfitüre gemacht und bringen es Ihnen als Nachtisch.

*91. Grund*

## *Weil im Herbst ein ganzes Land Ljutenica herstellt*

Ljutenica (лютеница) – merken Sie sich bitte dieses Wort oder schreiben Sie es sich auf, Hauptsache sie verlassen Bulgarien nicht, ohne Ljutenica probiert zu haben! Diese herrliche Beilage/Salat/Aufschnitt vergleichen viele mit Ajvar, das in Deutschland nach dem Einzug vieler Bürger aus Ex-Jugoslawien bekannt wurde. Aber ich sage es Ihnen, dieser Vergleich soll nur dazu dienen, dass Sie eine ganz grobe Vorstellung davon haben, worum es geht. Mehr nicht. Denn im Geschmack sind Ljutenica und Ajvar unvergleichlich: Ljutenica schmeckt unglaublich gut! Nicht umsonst sind alle Bulgaren verrückt danach, und viele von ihnen opfern ein freies Wochenende für die aufwendige Produktion.

Während ich in Deutschland lebte, betrachtete ich jeden Herbst Fotos von Freunden auf Facebook, die sie bei der Herstellung von Ljutenica zeigten. Glückliche Gesichter neben riesigen Metallbehältern auf offenem Feuer, mehrere Generationen, die gemeinsam Berge von Gemüse schälen, schneiden und rühren und am Ende immer stolz neben einer großen Menge konservierter Ljutenica-Gläser lächeln. Es waren erstaunlich viele solche Bilder auf Facebook, teilweise von Bekannten, die wichtige Jobs in der Hauptstadt haben und denen ich so einen engen Bezug zum Dorfleben nie zugetraut hätte. Auch ich sehnte mich bald danach, endlich an einer Ljutenica-Aktion teilnehmen zu dürfen. Als ich Kind war, verarbeiteten und konservierten zwar meine Großeltern, Großtanten und Onkel jedes Jahr eine Unmenge vom Obst und Gemüse. Wir Kinder durften ausnahmsweise bis spät in der Nacht spielen und bekamen immer wieder einen Löffel zum Probieren. Als Erwachsene kam ich aber nie wieder dazu.

Nach meinem Umzug nach Bulgarien stand mir nichts mehr im Wege, meinen Traum von der Herstellung von Ljutenica zu erfüllen. Fünf Generationen meiner Familie kamen an einem sonnigen Wochenende im September in unserem Bauernhaus zusammen. Die alte Feuerstelle wurde fit gemacht, geeignete Töpfe und Behälter von Nachbarn fanden ihren Weg zu uns, große Säcke Paprika, Tomaten und Auberginen wurden gekauft. Von der dreijährigen Urenkelin bis zur 85-jährigen Oma beteiligten sich alle an dem Projekt. Meine Großmutter überwachte alles, gab Anweisungen und kontrollierte die Einhaltung des alten Rezepts, während sie uns Geschichten aus ihrer Kindheit erzählte. Zwei Tage lang waren zehn Personen damit beschäftigt (ich gebe zu, wir waren nicht besonders tüchtig). Am Ende dieses arbeitsintensiven Wochenendes standen wir alle erschöpft und glücklich da, jeder mit zwei kleinen Gläser Ljutenica in der Hand. Effizient war das nicht, aber es hat so viel Spaß gemacht! Und ich sage es Ihnen – diese zwei Gläschen pro Person waren die besten Ljutenica, die ich jemals gegessen habe!

Falls Sie auch auf dem Geschmack gekommen sind, erkläre ich Ihnen, was zu tun ist: Paprikaschoten und Auberginen werden zuerst auf einem Blech gegrillt, dabei muss jemand sie immer wieder umdrehen. Wenn die Haut schwarze Blasen wirft, sind sie fertig und kommen in einen Topf mit Deckel. Nachdem sie dort einige Zeit abgekühlt sind, ist es leichter, die schwarze Haut zu schälen. Währenddessen püriert jemand anderes die Tomaten. Die gesäuberten und geschnittenen Paprika kommen mit dem Tomatenpüree und den klein geschnittenen Auberginen in einem riesigen Gefäß zusammen und werden stundenlang über Feuer gekocht. Unter ständigem Rühren natürlich. Ist die Ljutenica irgendwann mal fertig, fühlt man alle Gläser auf und kocht sie, damit sie konserviert werden. Guten Appetit!

## Weil jeder Vegetarier hier satt wird

Sie sind Vegetarier und haben Angst, dass Sie in Bulgarien verhungern? Ich kann Sie beruhigen – obwohl der Balkan für deftige Fleischspeisen und saftiges Gegrilltes bekannt ist, werden Sie in Bulgarien nicht nur satt, sondern richtig glücklich sein.

Die absoluten Klassiker, die Sie in jedem Restaurant finden werden, sind Pommes mit geriebenem Weißkäse (für Veganer natürlich ohne Käse) und Salate. Über die Salate habe ich viel erzählt, aber man kann es einfach nicht oft genug sagen – in jedem durchschnittlichen bulgarischen Restaurant werden Sie eine erstaunliche Auswahl an Salaten finden, und in puncto Qualität sind sie einfach die besten, die Sie je probiert haben. An heißen Sommertagen genügen mittags einfach ein Salat, ein Brot und ein kaltes Getränk unter dem Schatten eines Baums oder Weinreben, und Sie werden nichts mehr brauchen. Oder doch – Couch oder Hängematte für das Nickerchen danach.

Was ich jedem Vegetarier empfehle, sind die gefüllten Paprika mit Eiern und Weißkäse. Meistens finden Sie dieses Gericht unter den Vorspeisen, obwohl es in Deutschland absolut als Hauptspeise durchgehen würde. Für die Veganer wären Paprika in Tomatensoße die richtige Wahl. Die Paprika können auch mit Reis gefüllt sein, dazu kommt meist auch ein Löffel dicken Joghurts. Und wenn wir bei Reisfüllung sind – auch die Bulgaren kennen und essen vor allem im Winter sehr gerne Weinblätterrouladen oder Sauerkrautrouladen mit Reisfüllung (fragen Sie aber am besten immer nach, ob sie nicht mit Hackfleisch vorbereitet wurden, denn diese Variante gibt es auch).

Misch-Masch gehört zu meinen Lieblingsgerichten und ist etwas für Vegetarier, die Eier essen – Rühreier mit Weißkäse, Tomaten, gebratener Paprika, Zwiebel und Petersilie. Sirene po Schopski oder Käse nach Schopski-Art (Schopen nennt man die Bulgaren in der

Umgebung von Sofia) ist auch herrlich – in einem kleinen Römertopf werden Tomaten mit Zwiebeln und Kräutern gemischt, ein großes Stück Weißkäse drüber, und alles wird im Ofen gebacken, am Schluss kommt ein Ei drüber.

Als Kind dachte ich, Bohnentopf sei eins der bulgarischsten Gerichte schlechthin, und meine Vorfahren vor Tausenden von Jahren hätten genauso wie ich heute den leckeren Bohnentopf mit duftenden Kräutern gegessen. Später lernte ich im Geografie-Unterricht, dass die Bohnen erst vor zwei bis drei Jahrhunderten bulgarischen Boden erreichten. Erst als ich aber in Kolumbien war und mir dort eine typische Bohnensuppe serviert wurde, konnte ich glauben, dass die Bulgaren nicht die Entdecker der Weißbohnensuppe sind. Den Anspruch auf deren Herkunft musste ich angesichts der objektiven Tatsachen aufgeben; die feste Überzeugung, dass es in Bulgarien den besten Bohneneintopf gibt, bleibt aber bis heute. Leider, und jetzt muss ich das wirklich zugeben, kann man sich in der Qualität der Bohnensuppe in den bulgarischen Restaurants nie sicher sein.

Die Veganer unter Ihnen werden sich über die Tausenden Nussläden in ganz Bulgarien freuen – diese sind überall. Da die Bulgaren so gerne Nüsse essen, hat Lidl in Bulgarien sogar ein extra Regal zur Selbstbedienung eingerichtet.

Wer auf Fisch und Muscheln nicht verzichtet, der wird am Schwarzen Meer glücklich werden. Aber auch im Landesinneren: Bulgarien ist voller Flüsse und Seen, und frische Forelle bekommt man vielerorts.

Zu guter Letzt muss ich Ihnen sagen, dass Sie in allen großen Städten Bulgariens mehrere vegetarische oder mittlerweile sogar vegane Restaurants finden werden, sodass Sie auf Ihrer Bulgarienreise definitiv satt werden!

*93. Grund*

## *Weil die Bulgaren Knoblauch und Zwiebel lieben*

Blickt man in die Geschichte Bulgariens zurück, stellt man fest: Die Bulgaren lieben Knoblauch und Zwiebel – und zwar seit Jahrhunderten! Bereits bei den Thrakern gehörte das Gemüse zu jeder Mahlzeit. Die Slawen, die den Balkan im 5. bis 6 Jh. n. Chr. besiedelten und später im bulgarischen Volk aufgegangen sind, schätzten auch Brot und Brei, Zwiebel und Knoblauch. Im Mittelalter aßen die Bulgaren »saure Suppen« – zu jeder Suppe wurden Essig oder saure unreife Trauben/Pflaumen hinzugefügt. Im Sommer und bei den Armen ganzjährig wurde eine kalte Knoblauchsuppe gegessen (siehe auch Grund 89).

Was die Liebe der Bulgaren zu Knoblauch und Zwiebel angeht, bin ich keine Ausnahme. Ich erinnere mich an das schockierte Gesicht meines deutschen Ex-Freundes Jörg, als ich zum ersten Mal ein typisch bulgarisches Essen für uns beide vorbereitete. Das Gericht hieß »Gjuvech«, ein Auflauf mit Gemüse, Fleisch, Zwiebeln und Kräutern. Dazu gab es natürlich Brot, weil zu jedem bulgarischen Essen immer auch Brot gegessen wird, und rohe Zwiebel. Das Essen an sich hat meinen damaligen Freund wenig überrascht. Dank der türkischen Einwanderer kennt man solche Speisen auch in Deutschland längst. Als ich aber die äußerste Schicht einer rohen Zwiebel entfernte, sie viertelte und die Stückchen wie einen Apfel als Beilage zu essen begann, sah mich Jörg mit großen staunenden Augen an. Es half wenig, dass ich ihn davor gewarnt hatte, dass die Bulgaren Knoblauch und Zwiebel viel und gerne, gekocht und roh essen.

An diesem Abend musste er einige Besonderheiten der bulgarischen Esskultur über sich ergehen lassen, darunter die Grundregel »Zwiebel/Knoblauch isst man nicht allein«. Die Idee dahinter ist, dass diese Gemüsearten bekannterweise recht geruchsintensiv sind, was aber weniger auffällt, wenn man sie selbst zu sich genommen hat. Deshalb sollten bestenfalls alle Knoblauch oder Zwiebel essen. Wagt es jemand, sich davor zu drücken, wird ihm sofort erklärt, wie gesund das sei: »Das ist pure Medizin, Knoblauch/Zwiebel hilft gegen Viren, Erkältung und Grippe – du musst essen! Oder willst du, dass uns alle die Grippe erwischt?« Spätestens dann ergibt man sich seinem Schicksal und verzehrt zur Gesundheit der Allgemeinheit sein Zwiebel-/Knoblauch-Stückchen.

So geschah es an dem besagten Abend auch mit Jörg. Verliebt wie er war, schreckte vor der rohen Zwiebel nicht zurück und folgte meiner Aufforderung, das Ding zu essen, damit wir später knutschen können. Und bevor Sie entsetzt denken, so etwas sollte man nie bei einem Date machen, verrate ich Ihnen gleich etwas, was ich erst viele Jahre später erfuhr: Knoblauch und Zwiebel gelten als starke Aphrodisiaka. Vielleicht lag es teilweise an deren enormem Verzehr, dass die Bulgaren bis Anfang des 20. Jahrhunderts viele Kinder und große Familien hatten. Heute isst man weniger davon, wobei die Bulgaren immerhin ca. 1 Kilo Knoblauch jährlich verzehren, während die Deutschen mit gerade mal 200 Gramm pro Jahr um einiges hinterherhinken.[28] Zu Beginn der Corona-Krise war in Bulgarien nicht Toilettenpapier, sondern Knoblauch eine Mangelware.

Eine Ähnlichkeit zwischen den beiden Ländern besteht in Bezug auf Knoblauch und Zwiebel allerdings schon – sowohl in Deutschland als auch in Bulgarien ist der intensive Geruch nach deren Verzehr recht unbeliebt. Im kleinen Freundes- oder Familienkreis wird er in Bulgarien zwar geduldet, in öffentlichen Räumen ist er aber genauso verpönt wie in Deutschland. Die modernen Bulgaren würden niemals vor einem wichtigen Treffen Knoblauch oder Zwiebel roh essen. In gehobenen Restaurants werden Sie den Schopska-Salat zwar immer noch mit Zwiebeln bekommen, allerdings werden diese auf einem Haufen am Rande des Tellers platziert sein, sodass Sie selbst entscheiden, ob sie dazugemischt und gegessen werden. Beim Bestellen einer Tarator (die beste Suppe für heiße Sommertage) werden Sie in solchen Restaurants auch gefragt, ob mit oder ohne Knoblauch. In normalen Gaststätten geht man allerdings nicht so zimperlich damit um, sodass Sie sicherlich in den Genuss der Zwiebel und des Knoblauchs kommen werden.

Während meines 18-jährigen Aufenthalts in Deutschland wartete ich sehnlich darauf, nach Bulgarien zu fahren, um endlich wieder nach Lust und Laune Knoblauch und Zwiebel zu essen – etwas, was ich in Deutschland im Laufe der Jahre immer seltener tat. Wie sehr ich die bulgarische Knoblauchpaste vermisste! Dieser tollen Beilage sollte man ein Loblied schreiben. In jeder bulgarischen Küche findet man einen Mörser (meist aus Holz), mit dem man die Knoblauchzehen zerdrückt und zu einem Püree macht. Dazu kommen Walnüsse, Salz und etwas Öl, und es wird so lange gepresst und gerührt, bis die herrlichste Knoblauchpaste der Welt entsteht. Bei besonders tüchtigen Gastgebern ist sie schneeweiß und zart wie Sahne. Man kann sie aufs Brot streichen und einfach zum Hauptgericht essen. Leider finden Sie die Knoblauchpaste in (fast) keinem Restaurant, sie wird meistens nur zu Hause vorbereitet und verspeist.

Und wer denkt, damit sei alles über Zwiebel und Knoblauch gesagt, dem möchte ich noch kurz aufzählen, wofür diese außerdem gut sein können: Werden Sie von einer Wespe oder Biene gestochen, so legen Sie eine halbe Zwiebel auf die Stelle. Vor Ostern macht sich die obere Schicht als natürliches Färbemittel für die Ostereier gut. Allbekannt ist, dass Knoblauch gegen Vampire und böse Geister hilft.

Wenn Sie in Bulgarien sind – genießen Sie Knoblauch und Zwiebel! So bleiben Sie gesund und vital, halten Bakterien und Viren fern und genießen ein gutes Liebesleben.

## *Weil das Abendessen in Bulgarien mehrere Stunden dauert*

Abends stundenlang mit Freunden bei gutem Essen und Wein sitzen, reden, lachen, singen, das Leben genießen ... Eine der Sachen, die ich in Bulgarien besonders liebe, ist das Abendessen. Dafür gibt es drei Gründe: die Art, den Geschmack und die Dauer.

Fangen wir mit der Dauer an. In Bulgarien lässt man sich für vieles Zeit, fürs Abendessen aber erst recht. Eine mehrstündige Mahlzeit ist die Regel, schnell etwas nebenbei zu sich nehmen die Ausnahme. Anders als in Deutschland beginnen die Bulgaren nicht um 19 Uhr mit ihrem Abendbrot (im Sommer kann es draußen um diese Tageszeit vielerorts noch 30 Grad sein) sondern erst viel später – 21 Uhr, manchmal 22 Uhr, oder noch später.

Die Bulgaren genießen das Abendessen und zelebrieren es. Dabei geht es nicht nur ums Sattwerden, sondern darum, eine gute Zeit miteinander zu verbringen. Für ein typisch bulgarisches Abendessen sollten Sie mindestens zwei bis drei Stunden einkalkulieren. Damit Sie besser verstehen, warum man hierzulande so viel Zeit dafür verwendet, müssen Sie wissen, wie man hier zu Abend isst. Während man in Deutschland oft einen großen Hauptgang bekommt, speisen die Bulgaren mehrere Gänge.

Alles beginnt mit dem Salat, der niemals ausgelassen wird. Einen Salat essen alle, die Erwachsenen trinken meistens einen Rakija dazu, den bulgarischen Schnaps. Dass man Rakija ohne Salat nicht trinkt, habe ich bereits an anderer Stelle geschrieben (Grund 86). Der aufmerksame Leser weißt auch bereits, dass Rakija in kleinen Schlückchen genossen und auf keinem Fall auf ex getrunken wird. Rechnen Sie aus, wie lange es dauert, bis man einen 5 cl oder 10 cl großen Rakija in kleinen Schlückchen austrinkt, während man nebenbei Salat isst. Es braucht auf jeden Fall etwas Zeit.

Erst wenn Sie den Salat aufgegessen haben, gehen Sie zum Hauptgericht über. Auch dann lässt man sich Zeit, trinkt ein Schlückchen Wein und redet über Gott und die Welt. Solche Mahlzeiten erlebte ich nicht nur bei Besuchen bei Freunden oder Verwandten, sondern auch im normalen Alltag.

Die erste große Reisegruppe aus Deutschland, die ich mit meiner Firma betreuen durfte, machte auch ihre Erfahrungen mit dem Abendessen in Bulgarien. Am letzten Tag der Reise war ein Abendessen in einem traditionellen bulgarischen Restaurant geplant. Die Gruppe kam, aß, und nach einer Stunde waren alle bereit, die Rechnung zu zahlen. Nicht so das bulgarische Pärchen vom Nebentisch. In der gleichen Zeit hatten die beiden gerade mal den Salat zur Hälfte gegessen.

Die Art, wie man isst, ist in Bulgarien recht gesellig. Man bestellt oft Sachen, die gemeinsam gegessen werden oder zumindest in die Mitte des Tisches gestellt werden: Pommes, Salate, scharfe Peperoni. Und weil jeder recht neugierig ist, ist es gang und gäbe, dass man seine Gabel in den Nachbarteller steckt. Machen Sie das aber bitte nur in freundschaftlicher Runde – bei Geschäftsessen und entfernten Bekannten begnügt man sich auch in Bulgarien mit dem eigenen Essen.

Jetzt kommen wir zum Hauptgrund, warum das (Abend-)Essen in Bulgarien so gut ist: der Geschmack! Viel Gemüse und viele Kräuter sorgen für den saftigen, würzigen Geschmack, viel Käse und oft Joghurt bringen eine neue Note. Ich gebe Ihnen einige meiner Lieblingsgerichte in Bulgarien mit: Kyopolou (geröstete Auberginen, Tomaten, Paprika und Knoblauch), Kjufte (Hackfleischbällchen mit Zwiebel, Brot und Ei oder Joghurt), Palneni Tschuschki (gefüllte Paprika mit Reis oder mit Hackfleisch), Paprika bjurek (mit Ei paniert und mit Weißkäsemischung gefüllt), Bob (Weißbohnen-Suppe, kann auch etwas dicker als Hauptgericht angeboten werden), Gjuvech oder Kavarma (Fleisch und Gemüse im Römertopf gebacken), Sarmi (Weinblätter- (lozovi) oder Kohlrouladen (zelevi) gefüllt mit

Hackfleisch oder mit Reis, dazu als Beilage Joghurt), Vinen Kebab (Wein-Kebab, Fleischgericht in Weinsoße mit Zwiebel und Karotten), Misch-Masch (leichtes Gericht aus Eiern, Paprika, Tomaten, Zwiebeln, Weißkäse und Petersilie), petscheni ljuti tschuschki (geröstete und mit Kräutern und Knoblauch eingelegte scharfe Paprikaschotten). Die Liste könnte ich noch ewig fortführen, an dieser Stelle höre ich aber auf und lasse Sie selbst die bulgarische Küche entdecken.

## 10. Kapitel

# Feste und Feiern

*95. Grund*

### *Weil die Bulgaren gern feiern*

Ich erinnere mich an ein Gespräch mit meiner bulgarischen Freundin Maria. Wir saßen am Tresen in einer Bar in Sofia, tranken Mojito, und im Raum stand die Frage, ob wir nach Hause oder in die nächste Bar gehen sollten. »Es ist aber Dienstag«, meinte ich. »Na und?«, fragte Maria und blickte mich verständnislos. »Musst du morgen nicht arbeiten?«, fügte ich hinzu, worauf sie herzlich lachte und meinte, ich sei zu deutsch geworden. Ich sollte dazusagen, dass Maria einen verantwortungsvollen Job in einem großen internationalen Konzern in Sofia hat. Ihre Lebenseinstellung ist in Bulgarien aber keine Ausnahme. Eher im Gegenteil – noch nie habe ich in Bulgarien erlebt, dass jemand auf einen netten Abend mit Freunden oder aufs Feiern verzichtet, weil man am nächsten Tag arbeiten muss. Auch das Münchner Konzept, dass eine Party zu Ende ist, kurz bevor die letzte U-Bahn fährt, ist im Bulgarien komplett unbekannt. Statt der letzten U-Bahn (die werktags übrigens kurz nach Mitternacht zum letzten Mal fährt und somit viel zu früh für die feiernden Bulgaren) nimmt man nachts ein Taxi nach Hause, das ist günstig und zuverlässig.

Wenn die Bulgaren feiern, dann gehören Musik und Tanzen immer dazu. Lange braucht man einen Bulgaren zum Feiern nicht zu überreden. Und selbst wenn, dann gibt es ein bulgarisches Sprichwort, das ich sehr mag: »Vom Schlafen hat man keine Erinnerungen.« Damit wird in der Regel jede Diskussion beendet. Auch beim Partymachen gilt – die Bulgaren sind spontan und verstehen es, das Leben zu genießen. Man lebt im Jetzt und denkt nicht an morgen. Heute wird gefeiert, morgen wird gearbeitet.

Im Laufe der Zeit habe ich noch einen Unterschied zu meinem Leben in Deutschland festgestellt: Immer wieder passiert es mir, dass ich spätabends in einem Restaurant oder in einer Bar in Sofia frage, wie lange man noch offen hat. Meistens schaut mich die Bedienung verwirrt an und antwortet – »Solange es Gäste gibt«.

Wenn Sie in Bulgarien weggehen, dann rechnen Sie damit, dass es später wird, als sie vorhatten. Man geht mit seinen bulgarischen Freunden abends aus, um etwas zu trinken. Trifft dann Freunde von den Freunden, bestellt weitere Getränke. Wenn die erste Bar langweilig wird, wechselt man zur nächsten. Und zur übernächsten. Es passiert so schnell in Bulgarien, dass der Abend harmlos startet und erst bei Sonnenaufgang oder noch später zu Ende geht. Ein Bekannter, Familienvater mit gutem Job, der in Warna lebt, erzählte mir folgende Geschichte: »Ich ging nach der Arbeit mit meinem Kollegen ein Bierchen trinken, am Meer, in unsere Lieblingskneipe an der Küste. Wir redeten und tranken Bier, und irgendwann ging die Sonne unter. Aber es war ganz komisch, anstatt nach unten, ging sie nach oben. Ich dachte, das sei verrückt, denn nicht nur, dass sie in die falsche Richtung ging, es wurde nicht dunkler, sondern heller, und irgendwann kapierten wir – die Sonne ging nicht unter, sondern auf!«

Bankenkrise, Europa-Krise, Wirtschaftskrise – nichts kann den feiernden bulgarischen Geist aufhalten. Oft sind die Ausländer überrascht, wie voll Kneipen, Restaurants und Bars in Bulgarien (vor allem in Sofia) sind. Zugegeben: In der Corona-Krise blieben auch die Bulgaren zuhause. Aber kaum lockerten sich im Sommer 2020 die Einschränkungen etwas, füllten sich auch die Restaurants und

Cafés wieder schnell. Meine Erklärung: Die Bulgaren wissen das Leben zu genießen und lassen es sich nicht nehmen, den Abend mit Freunden zu verbringen. Lassen Sie sich davon anstecken, und feiern Sie am besten mit!

*96. Grund*

## *Weil in Bulgarien kein Feiertag versäumt wird*

Jetzt, da Sie wissen, wie gern und ausgiebig die Bulgaren feiern, wundern Sie sich sicherlich nicht, wenn ich Ihnen sage, dass Bulgarien zu den Top 3 Ländern mit den meisten Feiertagen in Europa zählt.

Offiziell gibt es in Bulgarien 13 Feiertage. Selbst wenn die meisten Bulgaren nicht besonders religiös sind, so hat niemand etwas gegen die christlichen Feiertage – das ist nämlich etwa die Hälfte aller Feiertage. Die bewegte Geschichte Bulgariens hat ihre Bewohner mit der anderen Hälfte der Feiertage beschert, nennen wir sie die politisch bedingten Feiertage (z.B. Tag der Vereinigung – 6. September, Tag der Unabhängigkeit – 3. März, etc.). Die Deutschen müssen sich dagegen mit zehn Feiertagen zufriedengeben. In neun von 16 Bundesländern gibt es noch ein paar zusätzliche Feiertage, sodass man auf eine Gesamtzahl von elf Feiertagen (in drei Bundesländern) und zwölf Feiertagen (in fünf Bundesländern) kommt. Wer aufgepasst und mitgerechnet hat, weiß, da fehlt noch eines. Die Nähe zu Bulgarien zeigt an dieser Stelle ihren Einfluss – Bayern, das Bundesland, das rein geografisch am nächsten zu Bulgarien liegt, hat unter den deutschen Bundesländern die meisten Feiertage – ganze 13 – genauso viele wie in Bulgarien. Die Augsburger sind sogar noch größere Glückspilze als die Bulgaren – sie feiern dank des Augsburger Friedensfests offiziell an 14 Tagen im Jahr.

Da die Bulgaren so gern und ungestört feiern, haben sie sich zusätzlich etwas Geschicktes ausgedacht – das »Abarbeiten«. Ein verlängertes Wochenende kann man auch in Deutschland nehmen. In der Münchner Kanzlei, in der ich arbeitete, versuchte jeder Anwalt, am Freitag frei zu bekommen, wenn der Donnerstag davor ein Feiertag war. Während ich in Deutschland erst mit meinen Kollegen verhandeln, dann einen Antrag auf Urlaub beim Chef stellen und letztendlich einen Urlaubstag opfern musste, wurde im bulgarischen Parlament ein solcher Freitag ganz offiziell zum Feiertag erklärt. Als Ausgleich war der darauffolgende Samstag ein Werktag. Die Arbeitswoche dauerte dann anstatt fünf, sechs Tage, und am Samstag wurde »abgearbeitet«. So richtig funktionierte das allerdings nicht. Da der Samstag eben ein Wochenendtag ist, weigerten sich viele, ihn als Werktag zu sehen, und erschienen nicht zur Arbeit. Manche Firmen arbeiteten, andere wiederum nicht, und irgendwann sah man es ein – die Arbeitssituation an einem solchen abgearbeiteten Samstag war recht chaotisch. Allgemein waren sich alle einig, dass am Tag des Abarbeitens nicht viel gearbeitet wird.

Die Praxis des Abarbeitens und Verschmelzens von Feiertagen wurde kurzerhand beseitigt und eine andere pragmatische Lösung gefunden. Haben Sie sich schon einmal geärgert, dass der 3. Oktober auf einen Sonntag fällt? Wandern Sie am besten gleich nach Bulgarien aus, und Sie werden einen Grund weniger zum Ärgern haben. Denn seit 2017 gilt hier – fällt ein gesetzlicher Feiertag auf einen Samstag oder Sonntag, wird der darauffolgende Montag zum Feiertag erklärt. Der 6. September – der Tag der Vereinigung zwischen Ostrumelien und dem Königreich Bulgarien – fällt zum Beispiel im Jahr 2020 auf einem Sonntag, deshalb ist der 7. September 2020 ein gesetzlicher Feiertag. Sie merken, Politik und Volk sind sich in Bulgarien in puncto Feiern einig und lassen sich die Freude am Leben nicht vom ungünstigem Zusammenfallen von Feier- und Sonntagen nehmen. Und Hand aufs Herz – ist es nicht gut, in einem Land zu leben, wo der Staat sich auch darum kümmert, dass das Volk ausruht, alle wirtschaftlichen Nachteile in Kauf nehmend?

*97. Grund*

## *Weil Namenstage groß gefeiert werden und man keine Einladung dafür braucht*

Ich bin sicher, dass kaum jemand in Deutschland weißt, wann Georgstag ist. Wenn Sie in Bulgarien nach Gergiovden fragen, weiß jeder: 6. Mai. Die Bulgaren feiern nämlich gerne ihre Namenstage und vergessen sie nicht. Was in Deutschland bereits zur Vergangenheit gehört, wird in Bulgarien noch gelebt. Nein, nicht gelebt, es wird ausgiebig gefeiert und zelebriert!

Hat jemand zufällig doch vergessen, dass heute ein bestimmter Namenstag ist, wird er morgens im Radio auf dem Weg zur Arbeit darauf hingewiesen oder in der Zeitung tagsüber, allerspätestens abends im Fernsehen. Aber so weit kommt es eigentlich nicht, weil man tagsüber feiernde Kollegen oder Bekannte mit dem jeweiligen Namen trifft. Wer Namenstag hat, kann sich auf viele Anrufe tagsüber und auf ungeladene Gäste abends freuen. Das Zweite hat nichts mit Unhöflichkeit zu tun. Ganz im Gegenteil: Zum Namenstag lädt man nicht ein, die Gäste erweisen einem ihre Ehre und Aufmerksamkeit, indem sie den Namensträger einfach unaufgefordert besuchen.

Ein bulgarischer Namenstag – das wäre für den organisierten Deutschen keine leichte Kost. Wie soll man sich nur auf einen Besuch vorbereiten, wenn man nicht die geringste Ahnung hat, wie viele Personen kommen werden? Heutzutage haben Handys und Chats viel dazu beigetragen, dass man zumindest die grobe Zahl seiner Gäste besser einschätzen kann, die Spontanität der Bulgaren macht die Planung jedoch immer wieder zunichte. Am Namenstag meines Vaters zum Beispiel wussten meine Eltern nie, wie viel eingekauft werden sollte, denn es gab Jahre mit über 20 Gästen und (eher selten) solche mit lediglich drei Besuchern.

Im Vergleich zu Geburtstagen sind Namenstage recht unverbindlich und unkompliziert. Sie brauchen sich kein Datum aufzuschreiben oder zu merken (Sie wissen schon – man macht Sie darauf aufmerksam, dass heute ein Namenstag ist). Sie dürfen, müssen aber nicht unbedingt hingehen, und der Namensträger ist bestimmt nicht beleidigt, wenn man ihn an seinem Namenstag nicht besucht (es finden sich immer andere Leute, die ihn ehren). Sie müssen sich nicht einmal ein schönes Geschenk ausdenken, denn am Namenstag erwartet man keine Geschenke.

Ich habe einen für bulgarische Ohren recht exotischen Namen. Er kommt so selten vor, dass sich in Bulgarien kein Namenstag für meinen Namen etabliert hat. Das habe ich immer sehr bedauert und meinen kleinen Bruder beneidet. Während ich nur am Geburtstag Geschenke bekam, wurde er am Geburtstag und am Namenstag reichlich beschert. (Wenn Sie aufmerksam gelesen haben, werden Sie sicherlich gleich anmerken, dass man am Namenstag keine Geschenke bekommt. Richtig, bei Kindern macht man allerdings eine Ausnahme). Je älter ich werde, desto leichter verkrafte ich den Mangel an Geschenken, die Lust darauf, Namenstage zu feiern, ist allerdings nicht geringer geworden. Ich finde es herrlich, in einem Land zu leben, voller Tage, an denen man einem lieben Menschen seine Zuneigung, Freundschaft und Respekt zeigen kann. Tage, an denen man zusammen feiert und schöne Abende miteinander verbringt.

*98. Grund*

## *Weil auch Geburtstage groß gefeiert werden*

Namenstage sind in Bulgarien also sehr wichtig und werden ausgiebig gefeiert. Das heißt aber nicht, dass die Geburtstage vernachlässigt werden – denn ein Bulgare versäumt niemals leichtsinnig einen Grund zum Feiern. Im Kommunismus eher zu Hause, feiern die Bulgaren heute oft je nach Alter entweder in einem Restaurant, in einer Bar oder in einer Disco. Falls Sie zu einem bulgarischen Geburtstag eingeladen werden, der nicht in den eigenen vier Wänden stattfindet, eilen Sie nicht zur Theke/Bedienung, um ein Getränk für das Geburtstagskind zu bestellen. Anders als in Deutschland wird das Geburtstagskind an seinem Geburtstag von niemandem eingeladen. Ganz im Gegenteil – am Ende des Abends zahlt der Gastgeber die Rechnung für alle Gäste. Die Erklärung ist einfach – wer einen Grund zum Feiern hat, der will das mit den anderen teilen und lädt alle ein. Dafür bringen die Gäste Geschenke mit, neuerdings oft auch »Voucher« – also Geldgutscheine von bestimmten Geschäften.

Geburtstag feiert oft nicht nur das Geburtstagskind, sondern auch seine Eltern (allerdings im kleineren Kreis). Unabhängig vom Kindesalter. Selbst wenn das Geburtstagskind längst erwachsen und nicht mehr anwesend, oder vielleicht auch seit Jahrzehnten aus dem Haus ausgezogen ist und im Ausland lebt, bringen die Eltern am Kinder-Geburtstag eine Schachtel Pralinen oder gleich einen Kuchen in die Arbeit mit, um die Kollegen einzuladen. Schul- und Kindergarten-Geburtstagskinder bringen eine Schachtel Pralinen in die Schule oder in den Kindergarten mit. Kurz nach Beginn der ersten Unterrichtsstunde gehen sie durch die ganze Klasse und bieten jedem Kameraden eine Praline an. Wenn man besonders viel Glück hat, gibt es an einem Tag mehr als ein Geburtstagskind, sodass die halbe Unterrichtsstunde mit Süßigkeiten-Essen anstatt mit Pauken gefüllt wird. »Chestit rozden den« ist das bulgarische »Alles Gute zum Geburtstag« und bedeutet »Froher Geburtstag«.

*99. Grund*

## *Weil es gesellschaftlich akzeptiert ist (und sogar erwartet) wird, sich am Valentinstag zu betrinken*

Glücklich verliebt zu sein, ist immer schön, vor allem aber wenn es draußen kalt, neblig, regnerisch oder bestenfalls verschneit ist, wie das oft im Februar der Fall ist. Finden Sie aber nicht auch, dass es etwas lästig ist, wenn man (verliebt oder nicht, glücklich oder unglücklich) am 14. Februar (Valentinstag) zu aufdringlich aufgefordert wird, die Liebe zu feiern? Große rote Valentinstagsschilder in allen Geschäften, Herzchen an jeder Ecke, Blumenläden überall, rote Ballons, TV-Werbung mit Liebessprüchen – es ist schwierig, dem Valentinstag zu entfliehen. Dies gilt gleichermaßen in Deutschland wie (seit 20 Jahren) in Bulgarien.

Singles, Valentinstagsgegner und vor allem Weintrinker haben es in Bulgarien aber etwas leichter: Am 14. Februar feiern die Bulgaren Trifon Zarezan (Трифон Зарезан), oder Trifontag – den Tag der Winzer, Weinbauern und Wirte. Denn Weinherstellung hat in Bulgarien, wie Sie bereits wissen (Grund 88 ), eine über 5.000 Jahre alte Tradition. An diesem Tag schneidet man die Reben und gießt sie mit Wein. Nahezu jeder Bulgare hat in seinem Garten, Vorgarten oder sogar auf dem Balkon Weinreben, und falls man keinen Wein selbst herstellt, ist man mit den Winzern zumindest solidarisch. Denn es gilt, dass die nächste Ernte umso besser wird, je mehr Wein an diesem Tag ausgeschenkt wird.

Egal, wie ihre Herzenssituation gerade ist, in Bulgarien haben Sie die Wahl, die Liebe oder den Wein zu feiern. Oder auch eine Kombination der beiden. Ob mit mehr Rosen und weniger Wein oder genau umgekehrt, ich sage Ihnen: Nazdrave!

*100. Grund*

## *Weil es einen Blumentag gibt*

Es gibt einen Tag im Bulgarien, den ich besonders mag, nicht nur wegen seines Namens – Blumentag, auf Bulgarisch Tzvetniza. Dieser findet jedes Jahr am Sonntag vor Ostern statt (zur selben Zeit feiert man in Deutschland Palmsonntag). Alle Menschen, die nach Pflanzenarten benannt sind, haben am Blumentag Namenstag. Da die bulgarischen Blumen meistens anders heißen als die deutschen, helfe ich Ihnen gern dabei, die Feier für den Namenstag nicht zu verpassen. Wenn Sie bulgarische Freunde haben, die so heißen: Tzveta (Blume), Margarita, Albena, Biljana, Veneta, Malina, Kalin, Borjana, Lilia, Lora, Nevena, Rosa, Temenuzhka, Violeta, Tzvetan, Grozdan, Javor (Ahorn), Jassen (Esche) oder Zdravko, dann dürfen Sie ihnen heute gratulieren. Wünschen Sie am besten »Da ti e zhivo i zdravo imeto«, was so viel bedeutet wie »Möge dein Name lange leben!«.

Bei der Frage, wer am Blumentag feiert, sind die Bulgaren recht großzügig: Neben Blumen dürfen auch Baum-Namen oder Namen anderer Pflanzen gefeiert werden. Selbst der Blumenkranz (Venelin und Veneta sind leicht abgeänderte Formen des Wort Venets – Blumenkranz) ist zugelassen. Am Blumentag sehen Sie überall auf den Straßen Blumenstände. Seniorinnen und Senioren stellen große Plastikeimer voller Blumen an Bushaltestellen und große Kreuzungen und verkaufen ihre Gartenblumen. Für Tage wie den heutigen sagen die Bulgaren »Den godina hrani – Der Tag ernährt das ganze Jahr«. Das Geschäft läuft gut, weil am Blumentag so viele Bulgaren Namenstag haben wie an keinem anderen Tag.

Weit weg von der kommerziellen Seite des Blumentags gibt es auch andere Traditionen, die mit diesem Tag verbunden sind. Am Tag davor – Lazarovden – stehen die jungen, unverheirateten Mädchen im Mittelpunkt. In den Dörfern ziehen sie in schönen Trachten und mit selbst geflochtenen Blumenkränzen in den Haaren von Haus zu Haus und singen spezielle Lieder, bei denen es um die Liebe und ums Heiraten geht. Ein alter Brauch ist es, dass die Blumenkränze in den Fluss geworfen werden – das Mädchen, dem der schnellste Blumenkranz gehört, wird als Erste heiraten.

*101. Grund*

## *Weil der Abiball (fast) so wichtig wie eine Hochzeit ist*

Ich stelle jetzt eine Theorie auf: Jeder wollte schon einmal im Leben Prinz oder Prinzessin sein. Mit der Hochzeit erfüllt man sich diesen Kindheitstraum. Wunderschönes Prinzessinnenkleid oder schicker Anzug, fröhliche Gäste, feierliche Musik, mehrgängige Menüs in einem schönen Ambiente, Aufmerksamkeit von allen Seiten, Geschenke, Fotos, Kameras, Lächeln, Tanzen ... Derjenige, der nicht heiratet, wird sich vielleicht nicht wie ein Prinz oder eine Prinzessin aus dem Märchen fühlen.

Nicht so aber in Bulgarien. Egal, ob man später heiratet oder nicht und ob man eine große Hochzeit feiert oder nicht – es gibt ein anderes Fest, das die Bulgaren zur Feier der jungen Menschen veranstalten und das einer Hochzeit sehr ähnelt – den Abiturball. Viele Elemente einer Hochzeit sind beim bulgarischen Abiball wiederzuerkennen – das Prinzessinnenkleid für die junge Dame, der erste Anzug im Leben des jungen Mannes, die große Feier zu Hause mit Freunden und Verwandtschaft, das schicke Auto, mit Ballons geschmückt, für die Fahrt zur Schule, das teure Restaurant und die Disco zum Abschluss. Lediglich die Hochzeitsspiele fehlen, dafür wird aber laut geschrien und bis 12 gezählt. Einen großen Vorteil hat der/ie Abiturient/in im Vergleich zur/m Braut/Bräutigam allerdings schon – der Abend endet ohne jegliche rechtlichen Bindungen.

Wenn Sie sich um den 24. Mai herum in Bulgarien aufhalten, wundern Sie sich nicht, wenn Sie nachmittags in einen Verkehrsstau geraten und kreischende Jugendliche beobachten, die so aussehen, als seien sie auf dem Weg zur Oscar-Verleihung, und dabei mit aller Kraft »Edno, dve, tri, tschetiri...« schreien. Sollten Sie einzelne Wörter aus dem Geschrei identifizieren können, können Sie unkompliziert die bulgarischen Zahlen bis 12 lernen. So viele Jahre haben die Jugendlichen nämlich in der Schule verbracht, auf den heutigen Abschlusstag wartend. Sie wissen bereits, wie sehr sich bulgarische Eltern um ihre Kinder kümmern (Grund 29) und wie wichtig Bildung in Bulgarien ist (Grund 43). So verwundert niemand, wie groß und ausgiebig der Abiturball in Bulgarien gefeiert wird. Bei diesem Fest wird an nichts gespart, lieber gibt man mehrere Monatsgehälter aus und verschuldet sich, bevor man das Kind enttäuscht und sich vor Freunden und Verwandtschaft blamiert. Denn anders als bei der Hochzeit geht man hier auf Nummer sicher – dieses Ereignis findet statt und wiederholt sich kein zweites Mal im Leben.

Bereits zu meiner Abi-Zeit Ende der 90er-Jahre waren das Kleid (für die Mädchen) und das Fahrzeug (für die Jungen) neben Lehrerempfehlungen für Nachhilfeunterricht für die Uni-Aufnahmeprüfungen, SAT-Gebühren für die USA-Universitäten und die Aufnahmeverfahren an den deutschen und österreichischen Hochschulen die gängigsten Gesprächsthemen im letzten Schuljahr. Als ich mein Kleid kaufte, wurde auf einem Zettel im Geschäft aufgeschrieben, in welcher Schule ich bin und wann unser Abiball stattfindet, damit man das gleiche Kleid bloß nicht an eine Mitschülerin verkauft. Die Auswahl der Kleidung bei den Jungen ist geringer und wird in der Regel von der Mutter getroffen – mit 18 ist man schließlich zu cool, um Anzug und Krawatte zu tragen, und zieht dieses offizielles Outfit zum ersten Mal im Leben an. Für viele Männer bleibt das bis zur Hochzeit der einzige Anzug.

Wie läuft ein Abiball ab? Alles beginnt gegen Mittag oder am frühen Nachmittag in der Wohnung des/r Abiturienten/in. Falls man genügend Platz in der Wohnung hat, teilt man vollkommen diskriminierend die Gäste nach Jung und Alt auf – die Erwachsenen in einem Zimmer, die Jugendlichen in dem anderen. Häppchen, kleine Sandwiches, russischer Salat, Wurst- und Käseplatten, Banitsa und Kuchen werden angeboten, Wein, Rakija oder Whisky getrunken. Der gefeierte Sohn oder die Tochter läuft zwischen den Gästen umher und lässt sich mit allen ablichten. Die modernen Eltern, die es sich leisten können, gehen zu einer weniger aufwendigen Variante über – anstatt zu Hause, werden alle in ein Restaurant eingeladen, wo ein Nebensaal für die private Party reserviert wird. Nach zwei, drei Stunden fahren alle zur Schule, wo sich die gesamte Klasse samt Lehrer trifft. Wie man in die Schule fährt, ist eine andere wichtige Frage, die vielen Jugendlichen oder ihren Eltern schlaflose Nächte bereitet (den Ersten wegen der schwierigen Aufgabe, sich ein möglichst auffälliges Fahrzeug auszudenken, den Zweiten wegen der noch schwierigeren Aufgabe, die Finanzierung des gewünschten Wagens zu besorgen). In meiner Schule war das Exzessivste ein Mädchen in Unterwäsche auf einem Motorrad, aber ich gebe zu, wir waren damals eher langweilig. In den letzten Jahren artete das völlig aus, und Pferde, Privatflugzeuge, Traktoren, Lastwagen, Retroautos, Kutschen oder ganze Busse waren auf dem Weg zur Schule zu sehen.

Auf welche Art auch immer, irgendwie schaffen es alle, in die Schule zu kommen, wo sich alle Klassen und Lehrer treffen und gemeinsam Fotos machen. War die Wohnung für den breiten Familien- und Freundeskreis zu klein und schafft man es nicht in die engere Auswahl der Eingeladenen, bekommt man eine Einladung, das Kind im Schulhof zu beglückwünschen. Das ist auch die letzte Gelegenheit, die schön angezogenen jungen Menschen zu sehen. Ab hier geht es dann für die Abiturienten ins Restaurant, wo die Jugendlichen und ihre Lehrer unter sich bleiben. Dort werden Mehrere-Gänge-Menüs angeboten, die meist unberührt bleiben, da die Jugend mit Tanzen, Flirten und Partymachen beschäftigt ist. Gegen Mitternacht verlässt man das Restaurant und geht in eine Disco oder einen Nachtklub.

Viele bleiben bis zum nächsten Morgen, wenn man sich wieder in der alten Schule trifft. Die Mädchen mit Stöckelschuhen in der Hand und barfuß laufend, die Jungen mit offenem Hemd über der Hose. Erst danach geht man nach Hause, bereit, das »echte« Leben zu beginnen.

*102. Grund*

## Weil es in Bulgarien viele Festivals gibt

Vor allem im Sommer ist Bulgarien ein Land voller Festivals. Die einzige Schwierigkeit besteht darin, Informationen darüber zu erhalten. Zwecks Planung empfehle ich Ihnen, die spontane Art der Bulgaren zu berücksichtigen und sich eher kurzfristig umzuhören, was in der jeweiligen Umgebung stattfindet, bevor Sie ein Jahr davor im Veranstaltungskalender der Stadt nach einem Festival suchen (vermutlich werden Sie dort nichts finden).

Spitzenreiter bei den Festivals ist meiner Meinung nach Plowdiw. Vor allem im Sommer (aber nicht nur) finden dort ständig Feste und Festivals statt (und zwar nicht nur im Jahr der Europäischen Kulturhauptstadt – das war auch davor schon so): Food-Festival, Kapana-Fest, Rock-Festival, Ethno-Fest, Internationales Folklore-Fest, Theater-Festival, Licht-Fest, Wein- und Gourmet-Fest, Plowdiw-liest-Festival, GuitArt Fest, Kammermusik-Festival und so weiter.

Oft geht es darum, ein bestimmtes Essen, Getränk, Früchte oder Gemüse zu feiern. So findet in Trojan zum Beispiel jährlich das populäre Pflaumenschnaps-Fest statt, im Dorf Nikjup – das Fest der Wassermelone, in Kjustendil – das Kirsch-Fest, in Momtschilovtsi – das Festival des Joghurts, in Gorna Orjachowiza – das Festival der Sudzhuk-Wurst, in mehreren verschiedenen Orten – Wein- und Honig-Feste. Das Rosenfest im Kazanlak am ersten Wochenende im Juni hat längst eine internationale Bekanntschaft erreicht.

Andere Feste haben ihren Ursprung vor Jahrhunderten und werden heute noch mit teilweisen heidnischen Bräuchen gefeiert: so zum Beispiel Jordanovden, im Kalofer, das Kukeri-Fest, das große Feuer am Sirni Zagovezni in Hrabrino (mehr dazu Grund 52), oder das Surwa-Festival in Pernik.

Und natürlich gibt es etliche Musik-Festivals in Bulgarien. Manche davon finden mitten in der Natur, in wunderschöner Umgebung statt. Seit undenklichen Zeiten zum Beispiel kommen am ersten Wochenende im August die Dorffamilien und deren Nachfahren aus dem Rhodopen-Dorf Gela in den Hügeln ums Dorf zusammen, wo die Männer darum wetteifern, wer der beste Dudelsackspieler ist. Dabei handelt es sich um eine besondere Art des Dudelsacks – den Kaba-Dudelsack. Im Laufe der Jahre wurde das Fest immer bekannter und größer, und heute kommen 10.000 Leute aus ganz Bulgarien (und ein paar wenige aus dem Ausland) hierher. Am Abend ums Feuer herum oder tagsüber unterm Schatten alter Bäume – der Dudelsack und die Volksmusik sind überall zu hören, und kaum jemand bleibt sitzen. Hier sah ich die größten Horos und die schönsten bulgarischen Trachten. Um den 25. August findet in Scherawna ein traditionelles Fest statt – dort werden Sie nur dann hereingelassen, wenn Sie in Tracht kommen, moderne Bekleidung oder Technik ist verboten – keine Plastiktüten, kein Feuerzeug, selbst Handys dürfen Sie nicht mitnehmen, und Fotografieren ist nur den offiziellen Fotografen gestattet. Manche Feste haben das Ziel, bestimmte Regionen oder Gegenden wiederzubeleben, wie zum Beispiel das Fest der Brombeeren im Balkan-Gebirge. In Nordbulgarien feiern die Nachfahren der Banat-Bulgaren das traditionelle Karneval-Festival Farschangi. Im Sommer finden in den meisten Städten an der Schwarzmeerküste Schönheitswettbewerbe statt, die von Konzerten begleitet werden. In der Regel kann man sich recht kurzfristig dafür anmelden, sodass Ihnen nichts im Wege steht, aus Ihrem Urlaub in Bulgarien als Schönheitskönig/-königin nach Hause zu fahren.

Bis auf einige wenige große und kommerzielle Festivals sind alle Feste in Bulgarien regional und überschaubar. Da die Informationen darüber nicht immer leicht zu finden sind, kann es Ihnen passieren, dass Sie sich nichts ahnend mitten auf einem Fest wiederfinden. Kosten Sie die verschiedenen Leckereien, die verkauft werden, nehmen Sie ein kaltes Getränk, achten Sie nicht auf die Zeit und vergessen Sie alle Sorgen – so genießt man am besten jedes Fest in Bulgarien.

# 11. Kapitel

# Sehenswertes

*103. Grund*

## *Weil es ein Ufo auf dem Balkan-Gipfel gibt*

Im schönsten Land der Welt gibt es ein Ufo auf einem Berg. Es ist leicht, sich das Ding vorzustellen: Denken Sie an ein Ufo. Ja, genau, das ovale außerirdische Objekt. Jetzt stellen Sie sich einen Berg mit einem rundlichen Gipfel vor. Genau oben auf den Gipfel setzen Sie das Ufo – so sieht es in der Realität aus, wenn Sie von weitem in Richtung Chadschi-Dimitar-Gipfel (wie der Ort seit 1942 heißt und den alten Namen »Busludscha« ersetzt) blicken. Als Kind mochte ich diesen Anblick besonders gerne, weil es mir hier immer besonders leichtfiel, die Frage meines Vaters, welcher dieser Gipfel sei, zu beantworten – das große Denkmal kann man kilometerweit erkennen.

Reisen Sie mit mir zurück in das Jahr 1981 – ein wichtiges Jahr für meine Familie und für ganz Bulgarien. Meine Eltern bekamen ihr erstes Kind (mich), Bulgarien bekam etliche überdimensionale Denkmäler zur Feier von »1.300 Jahre Bulgarien«: den Nationalen Kulturpalast in Sofia, das Denkmal der Gründer Bulgariens bei Schumen, das Denkmal des unbekannten Soldaten in Sofia und das Sahnehäubchen – das Haus-Denkmal der Kommunistischen Partei auf dem Busludscha-Gipfel.

Der Ort für den Bau des Busludscha-Denkmals wurde nicht zufällig gewählt. Das Balkan-Gebirge (oder Stara Planina, wie die Bulgarien den Berg nennen) verläuft, wie Sie bereits wissen, durch ganz Bulgarien und teilt das Land in Nord und Süd. Relativ in der Mitte des Gebirges und somit recht mittig in Bulgarien liegt der Gipfel Chadschi Dimitar. 1868 (zehn Jahre vor der Befreiung Bulgariens von der türkischen Herrschaft) kämpften hier bulgarische Aufständische unter der Führung von Chadschi Dimitar gegen die osmanische Armee. Ein paar Jahrzehnte später (im Jahr 1891) versammelten sich am gleichen Ort Sozialisten zum ersten Kongress der Bulgarischen Sozialdemokratischen Arbeiterpartei. Zum Andenken an diese Ereignisse begann man im Jahr 1974 mit den Bauarbeiten des Haus-Denkmals der kommunistischen Partei. Über 6.000 Menschen waren an dem Bau beteiligt, darunter auch viele Freiwillige. Das kuppelförmige Gebäude hat einen runden Hauptsaal mit einem Durchmesser von 42 Metern und einer Höhe von 14,5 Metern. Ein 70 Meter hoher Betonpylon mit einem beleuchteten fünfzackigen Stern an der Spitze rundet das Gebäudeprofil ab. Nachts sollte man, so die Idee, den leuchtenden Stern von der Donau im Norden und vom Ägäischen Meer im Süden sehen können. Mehr als 60 Künstler arbeiteten 1,5 Jahre lang an der künstlerischen Gestaltung im Inneren des Gebäudes. Das Mosaik im Hauptsaal hatte eine Fläche von 550 $m^2$, 14 weitere Mosaiken im Flur zeigten Szenen aus der kommunistischen Geschichte Bulgariens. Hier wurden Parteitage gefeiert und ausländische Delegationen empfangen, der Eintritt war frei, und zu jeder vollen Stunde wurden bis zu 500 Leute hereingelassen. In den acht Jahren, in denen das Parteihaus im Betrieb war, besuchten 2 Millionen Menschen das Gebäude.

Nach dem Fall des kommunistischen Regimes wurde das Gebäude nicht mehr in Betrieb genommen, sondern verfiel. Wertvolles wurde gestohlen, das Dach fiel jedes Jahr etwas mehr auseinander, und Schnee und Eis trugen zur Zerstörung bei. Bis vor ein paar Jahren konnte man noch durch eine kleine Öffnung auf der Seite in das Gebäude hineinklettern. Als Kind habe ich das Busludscha-Denkmal nie von innen gesehen, als Erwachsene und vor allem als Reiseveranstalterin fühlte ich mich 30 Jahre später verpflichtet, durch das enge Loch hochzuklettern und mir selbst ein Bild von dem ehemaligen Vorzeige-Haus der Partei zu machen. Ich muss Ihnen sagen – drinnen herrscht eine wirklich beeindruckende Mischung aus Zerstörung und Pomp! Manche Mosaiken, wie das des damaligen Regierungschefs Todor Živkov, sind komplett zerstört, andere, wie die, die das kommunistische Arbeitsleben darstellen, sind noch fast vollständig erhalten. Auch die Decke ist größtenteils nicht mehr intakt (das Kupferdach wurde gestohlen), sodass der Sonnenschein direkt ins Herz des Saals dringt. Im Zentrum der Decke ist ein Bild von Hammer und Sichel, umringt von der Parole »Proletarier aller Länder, vereinigt euch!« erhalten. Auf dem Boden tritt man auf Mosaikstücken und Dachreste. Aus großen ovalen Öffnungen im Flur blickt man nach draußen auf ein herrliches Panorama nach Süd- und Nord-Bulgarien. »Das Volk hat es gebaut, das Volk hat es zerfallen lassen« – sagen heute manche.

Und dennoch gibt es Hoffnung für das außergewöhnliche Gebäude. Neun Jahre nach dem Bau des Denkmals und ein Jahr nach dem Mauerfall ist Dora Ivanova geboren. Wie einige Bulgaren studierte sie im Ausland – Architektur an der Technischen Uni in Berlin. Für ihre Diplomarbeit bekam sie 2014 die beste Note. Das Thema dieser Arbeit war das Denkmal Busludscha. Seitdem engagiert sich die junge Frau für den Erhalt des Ufos in seiner jetzigen Form und gründete 2015 die Stiftung »Buzludzha Project«[29]. Dabei ist ihr Ziel nicht, das alte Gebäude wiederherzustellen, sondern den heutigen Zustand zu konservieren und für die nachfolgenden Generationen zu erhalten. Aus der Bauruine soll nach dem Projekt ein Erinnerungsort entstehen, den auch Gegner des kommunistischen Regimes besuchen würden. Einen ersten großen Schritt in diese Richtung machte Dora bereits, als das Gebäude 2018 in der Liste der »7 Most Endangered« (»Die 7 Meistgefährdeten«) von Europa Nostra (einem europäischen

Denkmalschutzverband) aufgenommen wurde[30]. 2019 erhielt das Denkmal Fördergeld von einer amerikanischen Stiftung, mit dem ein Erhaltungs- und Managementplan erstellt werden soll. 2020 begannen die ersten Aufräumungs- und Konservierungsarbeiten. Jetzt bleibt die Hoffnung, dass Sie in ein paar Jahren auch einen Blick ins Innere des eigenartigen Gebäudes werfen können. Bis dahin müssen Sie sich mit dem äußeren Erscheinungsbild begnügen, das meiner Meinung nach dennoch so spektakulär ist, dass sich ein Besuch auf dem Gipfel auf jeden Fall lohnt.

*104. Grund*

## *Weil es eine Höhle gibt, die Gottesaugen hat*

Gehören Sie zu den Leuten, die sich ungern in engen, dunklen, kalten Räumen aufhalten und deshalb nur selten Höhlen besuchen? Ich auf jeden Fall, und deshalb war ich ganz verblüfft, als ich zum erstem Mal die Höhle Prohodna im Nordbulgarien besuchte. Zum Glück wusste ich nicht, dass es sich um eine Höhle handelt, ansonsten wäre ich vermutlich gar nicht erst hingefahren. Ich kannte Karlukowo – wie das Nachbardorf heißt – als ein Klettergebiet in Bulgarien, von dem meine bulgarischen Kletterfreunde immer wieder schwärmten. So kam es, dass sie mich eines Tages mitnahmen, und völlig ahnungslos machte ich eine der schönsten Naturentdeckungen meines Lebens. Als ich dieses wahre Wunder sah, vergaß ich das Klettern, das Sprechen und die restliche Welt – ich war überwältigt!

Die Höhle Prohodna ist keine normale Höhle. Sie ist hell, geräumig und im Sommer angenehm kühl. Sie ist ca. 260 Meter lang und hat Öffnungen an beiden Seiten – auf der einen Seite so hoch wie ein 15-stöckiges Haus (oder genauer gesagt 45 Meter), auf der anderen Seite etwas kleiner – 35 Meter hoch. Wenn Sie durch diesen eigenartigen Steintunnel gehen und nach oben sehen, blicken Sie in zwei riesige, mandelförmige Öffnungen, durch die das Sonnenlicht scheint, sodass Sie das Gefühl haben, dass die Augen Gottes Sie beobachten.

Einmal war ich abends hier. Mit Stirnlampen fanden wir unseren Weg ins Innere der Höhle, schalteten die Lichter aus und schauten nach oben. Ein sternenklarer Himmel zeigte sich durch die Augen der Höhle – ein einzigartiges und unvergessliches Bild.

Wäre die Prohodna-Höhle irgendwo in Westeuropa oder in den USA, dann müsste man davor Schlange stehen, einiges an Eintritt zahlen und solche nächtliche Spaziergänge vollkommen vergessen. Zum Glück haben die Touristenscharen das kleine Land am Rande Europas noch nicht für sich entdeckt. Sie werden deshalb unter der Woche kaum auf andere Touristen treffen, und selbst am Wochenende ist hier morgens und am späten Nachmittag wenig los. Fast zu jeder Tages- und Jahreszeit werden Sie vermutlich Kletterer treffen – manche der schönsten und schwersten Sportkletterrouten in Bulgarien befinden sich ausgerechnet hier, und die Kletterer haben schon längst die Höhle für sich entdeckt. So auch die Bungee-Jumper, die hier am Wochenende im Sommer ihre Attraktion anbieten.

Wenn Sie die Prohodna-Höhle gesehen haben, sollten Sie unbedingt auch die Dewetaschka-Höhle bei Lowetsch besuchen. Sie hat auch Öffnungen in der Decke, ist allerdings viel breiter, und auch die drei Lichtquellen von oben sind viel größer. Auf die Frage, welche der zwei Höhlen beeindruckender ist, habe ich keine Antwort – am besten besucht man beide .

Sollten Sie zu den Menschen gehören, die Höhlen besonders spannend finden, dann werden Sie Bulgarien lieben! In diesem kleinen Land gibt es über 6.000 Höhlen, ein ganz kleiner Teil davon ist elektrifiziert und für Touristen frei zugänglich. Jedem, der hier tiefer einsteigen möchte, empfehle ich, sich mit einem der vielen bulgarischen Höhlen-Vereine in Verbindung zu setzen. Und wo es viele Höhlen gibt, findet man natürlich auch Spuren der ersten Menschen in Europa. Auch Höhlenmalereien fehlen in Bulgarien nicht. Und wenn wir von Höhlen sprechen, möchte ich ihre Hauptbewohner nicht auslassen. Bei der Anzahl von Höhlen in Bulgarien ist es wenig verwunderlich, dass hierzulande 33 der 35 in Europa heimischen Fledermausarten leben.

*105. Grund*

## *Weil Bulgarien voller spannender Plattenbauten ist*

Es bedarf einer längeren Erklärung, warum die Plattenbauten zu den liebenswerten Dinge in Bulgarien gehören. Wir Bulgaren pflegen eher eine Hassliebe zu ihnen. Ich kann mich gut daran erinnern, wie ich mich für die hässlichen grauen Betonklötze schämte und ganz entsetzt war, als mich meine Ur-Münchner Freundin Katrin in Sofia besuchte und sofort Bilder von den Hochhäusern zu schießen begann. Es hat einige Zeit und einige Besuche gedauert, bis ich die Plattenbauten mit anderen Augen sehen konnte – nämlich bunt, anders und ungewöhnlich.

Ganz anders wiederum müssen sie in den Augen meiner Großeltern und ihrer Generation ausgesehen haben, als sie gebaut wurden. Ich kann es mir gut vorstellen – meine Oma Gina ist 1930 als sechstes Kind in einer armen Bauernfamilie in einem Dorf im Ost-Bulgarien geboren. Sie war eine leidenschaftliche Anhängerin des sozialistischen Regimes. »Die Partei hat uns ausgebildet und uns Wohnungen in der Großstadt gegeben. Wäre nicht die kommunistische Partei, wären wir immer noch arme Bauern in kleinen Lehmhäusern«, klärte sie uns Enkelkinder nach der Wende auf, als im ganzen Land Demos stattfanden und die neugegründete demokratische Partei den Sozialisten Vorwürfe machte. Nach dem Zweiten Weltkrieg ging es ca. 80 % der Bulgaren so wie meiner Oma – laut Statistik lebten damals nämlich nur ca. 20 % der bulgarischen Bevölkerung in der Stadt. Die kommunistische Partei sorgte in den 50er-Jahren dafür, dass Landbesitzer enteignet, das Eigentum der Bauern kollektiviert und landwirtschaftliche Produktionsgenossenschaften (ähnlich wie in der DDR, in Bulgarien allerdings TKZS genannt) in ganz Bulgarien errichtet wurden. Die Bauern, die früher ihr Land bearbeiteten, brauchten jetzt eine neue Beschäftigung und wurden in den neu gebauten Fabriken in den Städten eingesetzt. Um sie alle unterzubringen, wurde mit großer Hand Wohnungsbau betrieben. Die Plattenbauten waren für viele ein großer Aufstieg – vom kleinen Bauernhaus, wo mehrere Familienmitglieder in ein, zwei engen Räumen wohnten, ohne fließendes Wasser und nur mit Außentoilette, in eine Stadtwohnung mit Heizung und warmem Wasser. Der Kommunismus versprach eine »helle Zukunft« und zumindest beim Bau der Plattenwohnungen wurde meist darauf geachtet, dass diese schön hell waren und große Fenster hatten.

Ich staune immer wieder, wie gut geplant die Wohnungen in diesen Plattenbauten meistens sind. Manchmal sehe ich bei Touristen etwas erschrockene und mitleidige Blicke, wenn man an heruntergekommenen Plattenbauten vorbeifährt. Am liebsten würde ich sie dann gleich in ein solches Wohnhaus einladen und sie durch einige Wohnungen dort führen.

Ich würde die Plattenbauwohnungen in drei Gruppen aufteilen. Bei der ersten Gruppe werden Sie am meisten staunen, denn trotz des schäbigen Äußeren sehen die Wohnungen von innen kaum anders als die deutschen aus: großer Plasma-Fernseher, moderne Küche, Ikea-Möbel. Als ich vor einigen Jahren die Wohnung der Großmutter meines Ex-Freunds in Berchtesgaden sah, staunte ich, wie sehr sie der Wohnung meiner eigenen Großeltern ähnelte; sie gehört zu der zweiten Einrichtungsgruppe einer Plattenbauwohnung meiner Liste: 70er-Jahre-Möbel, die wohl im Westen und im Osten ähnlich aussahen, Tischdecken, ähnliche Kacheln in Bad und Küche. Die dritte Art von Wohnungen in einem Plattenbau entspricht meistens dem äußeren Erscheinungsbild – heruntergekommen und verlassen, weil die Kinder und Enkelkinder in die Großstadt oder ins Ausland gezogen sind.

Je nachdem, wo man sich geografisch befindet, überwiegt die Anzahl einer dieser drei Gruppen. In kleinen Städten weit weg von Sofia, wie Krumowgrad in dem Ost-Rhodopen-Gebirge zum Beispiel, ist die letzte Gruppe am häufigsten vertreten. Eine Oma erzählte mir, sie sei die Einzige auf dem Stockwerk mit sechs Wohnungen und sie hüte die ganze Etage. In Sofias Plattenbauviertel »Jugend« findet man dagegen meistens moderne Ikea-eingerichtete Wohnungen. Hauptverantwortlich dafür sind der neue Business-Park in unmittelbarer Nähe und die 2015 gebaute U-Bahn-Strecke.

In den letzten Jahrzehnten wurden die Plattenbauten auch von außen immer bunter und individueller: Viele Bulgaren haben ihre Wohnflächen dank Verglasung des Balkons vergrößert. Manche haben die Außenwände saniert, sodass man hier und da farbige Flecken in der alten Fassade sieht. Zum Teil fällt der Putz herunter, sodass eine tiefer liegende graue Farbe zum Vorschein kommt und das Gebäude noch bunter macht. Ganz neu sind die EU-subventionierten Sanierungsmaßnahmen – viele Wohnhäuser sehen jetzt einheitlicher und modern aus. Wenn Sie Ihre Augen für das Besondere und Individuelle aufmachen, dann können Sie stundenlang die nur auf den ersten Blick grauen Plattenbauten betrachten und ich verspreche Ihnen, Sie werden immer wieder etwas Neues und Überraschendes entdecken – manchmal ganz niedlich, manchmal eher skurril.

Und damit Sie sehen, wie viel Wärme und Herzlichkeit sich in einem kühlen Wohnblock versteckt, möchte ich Ihnen meine eigene Plattenbau-Geschichte erzählen. Ich habe die ersten zehn Jahre meines Lebens im Plattenbauviertel »Jugend II« in Sofia verbracht, in einem achtstöckigen Wohnblock mit fünf Eingängen. Wir wohnten im zweiten Stock. An unserem Wohnzimmerfenster entlang wuchsen Weinreben, sodass ich im Herbst nur das Fenster öffnen musste, um die Trauben zu pflücken und gleich zu essen (alles bio natürlich). Zwischen den Wohnblocks gab es große grüne Flächen, die größtenteils bis heute erhalten sind, sodass dieses Plattenbauviertel heute immer angesagter wird. Der Plattenblock war voller Kinder, und wir spielten bis spät in der Nacht zusammen – geteilt nach Wohneingängen (Vhod): Kinder von Vhod 5 gegen Kinder von Vhod 3. Unsere Eltern wurden beste Freunde und tranken abends ihr Rakijachen zusammen. Selbst heute gehören unsere Nachbarn von damals zu den engsten Familienfreunden. Danach sind wir in ein anderes Plattenbauviertel umgezogen – diesmal im zehnten Stock eines 14-stöckigen Plattenbaus. Unsere dortige Wohnung gehört auch heute noch zu den bestgeschnittenen Wohnungen, die ich je gesehen habe. Traumblick auf Witoscha und die ganze Stadt inklusive.

Mimi, eine Schulfreundin von mir, die in die USA auswanderte und in einem Haus mit Garten in einer kleinen Stadt im Bundesstaat New York lebt, erzählte mir einmal, dass sie manchmal in die nächstgelegene Großstadt fährt, damit sie sich dort die Hochhäuser ansieht. »Sie erinnern mich an unsere Plattenbauwohnung im Viertel ›Freundschaft II‹ in Sofia«, beichtete sie mir. »Erst jetzt, da ich in einem Einfamilienhaus wohne, merke ich, wie toll es war, im 14-stöckigen Plattenbau aufzuwachsen. In so einem Gebäude entwickelt man ein Gefühl der Zugehörigkeit. Man lebt so nah aneinander – man hört den Hund der Nachbarn von oben, den Staubsauger von unten, die Wasserleitung von links oder das Babygeschrei von rechts – es ist so lebendig, und man ist nie allein. Die Gemeinschaft ist um dich herum, und du bist ein Teil davon, Einsamkeit fühle ich nur hier in unserem Einfamilienhaus.«

Eine andere Freundin berichtete mir von einem anderen Vorteil der Plattenbauwohnungen. Als ihr Opa krank wurde, vereinbarte er ein geheimes Signal mit seinem besten Freund und gleichzeitig Nachbarn von unten. Klopfte der Opa mit dem Besenstock auf den Boden, kam der Nachbar von unten hoch und schaute nach dem Rechten.

Hinter jedem Hochhaus stecken viele menschliche und schöne Geschichten, sodass ich heute stundenlang damit verbringen kann, die Plattenbauwohnungen zu betrachten und ihre Geheimnisse zu entdecken.

*106. Grund*

## *Weil jeder Liebhaber alter Fabriken hier fündig wird*

Ich habe Ihnen bereits erklärt, dass in Bulgarien nicht alles perfekt sein muss. Genauso wenig muss alles schön sein. In München, wo ich mein halbes Leben verbrachte, ist es fast unmöglich, ein hässliches, geschweige denn marodes oder verfallenes Gebäude zu finden. Ich erinnere mich daran, als in Schwabing ein großes, mehrstöckiges Uni-Gebäude wegen Asbest abgerissen wurde. Zu dieser Zeit lernte ich fürs Staatsexamen und machte die naheliegende Staatsbibliothek zu meinem Wohnzimmer. So kam es, dass ich täglich mit dem Fahrrad an dem Asbest-Gebäude vorbeifuhr. Jeden Tag wurde ein weiteres Stockwerk abgerissen. Und immer sah ich Menschen an der Kreuzung, die Fotos davon machten. So ist es hier, dachte ich mir, in München wird man so selten mit dem Verfall konfrontiert, dass die Bürger Bilder davon festhalten wollen.

Ganz anders ist es in Bulgarien. Hier sieht man die Spuren der Zeit an jeder Ecke. Zugegeben, das ist meist nicht so hübsch, aber eins muss man sagen – es ist ehrlich und ungeschönt. Für alle Liebhaber alter verfallener Gebäude ist Bulgarien ein Paradies. Wer von hübschen, tadellosen Häusern in Deutschland übersättigt ist, der wird sich auf die erfrischenden Bauruinen in Bulgarien freuen. Mir ging es mit ihnen früher übrigens so wie mit den Plattenbauten – eine Mischung aus Scham und Traurigkeit erfüllte mich. Heute machen mich solche Gebäude aber eher neugierig. Ich möchte sofort ihre Geschichte erfahren, google im Internet, stelle sie mir voller Leben vor und, was für tolle Fotos man dort heute machen kann. Ich sehe viele kleine Details und überlege, welches neue Leben man ihnen einflößen könnte. Mancherorts ist das bereits geschehen.

Die alten Tabaklagerhallen in Plowdiw sind teilweise noch wegen Einsturzgefahr abgeriegelt und nicht zugänglich (dubiose Brände in den letzten Jahren unterstützen zufälligerweise den neuen Investor bei seinem Wunsch, das marode Gebäude in zentraler Lage zum Einsturz zu bringen). Teilweise schreiben sie aber bereits eine neue Geschichte: »Sklad«, also »Halle«, heißt eines der renovierten Tabaklagergebäude, beherbergte Galerien, Theater, Ausstellungen und ausgefallene Partys.

Nicht nur Plovdiv, das im Jahr 2019 europäische Kulturhauptstadt war, sondern auch die Hauptstadt Bulgariens erfüllte einige alte Fabriken mit neuem Leben. Fabrik 126 war ab den 20er-Jahren des letzten Jahrhunderts lange Zeit die Hauptmühle der Stadt, heute finden hier Konzerte, Filmproduktionen und sogar mein 20-jähriges Abiball-Jubiläum statt.

Oft werde ich von meinen deutschen Freunden gefragt, warum so viele alte, verfallene Fabrikgebäude überall herumstehen. Ich erzähle ihnen von dem Rat für Gegenseitige Wirtschaftshilfe, dem RGW, der Organisation der Ostblock-Staaten, die die sowjetische Antwort auf Marshallplan war. Der Rat bestimmte, welches Land sich worauf spezialisiert. In der DDR wurden zum Beispiel Fischverarbeitungsschiffe produziert, in Ungarn – Omnibusse und in Bulgarien – Gabelstapler. Die Ostblock-Länder kauften untereinander die hergestellten Produkte, sodass der Markt immer sicher war. Im Fall von Bulgarien wurde bei einigen Betrieben die Herstellung erst dank billigerer Rohstoffe aus der UdSSR möglich gemacht. Die Wende kam, und auf einmal konkurrierten die bulgarischen Waren mit Artikeln aus der ganzen Welt. Was viele Fabriken in die Insolvenz führte. Es gibt manche Erfolgsgeschichten über Betriebe, die sich auch nach dem Kommunismus behaupten konnten und heute immer noch erfolgreich produzieren. Sie sind allerdings die Ausnahme. Die Mehrheit der Betriebe ging aus verschiedenen Gründen bankrott. Bei manchen, wie dem Metallkombinat Kremikowzi bei Sofia zum Beispiel, war der Betrieb bereits bei Eröffnung unwirtschaftlich. Nur weil der damalige Regierungschef Todor Živkov unbedingt ein großes Stahlwerk im Land haben wollte, wurde es am Leben erhalten. Als die Rohstoffe, die von der UdSSR zu einem Preis unter dem Marktwert gekauft wurden, nicht mehr zur Verfügung standen, musste Kremikowzi schließen.

Bei anderen Fabriken war die Führung schuld am Bankrott – den Geschäftsführern, die nur eine Planwirtschaft kannten, wo man sichere Käufer für seine Waren hatte, gelang es nicht, die Prinzipien der freien Marktwirtschaft in ihrem Betrieb einzuführen. Dritte Betriebe wiederum wurden ganz bewusst unter Ausgewählten für wenige Cents verkauft. Die Neueigentümer verkauften alle wertvollen Maschinen und machten ein kleines oder größeres Vermögen damit. Neben diesen drei Möglichkeiten misslungener Umgestaltung gibt es noch viele weitere. Das Ergebnis ist heute vielerorts eindeutig zu sehen und eignet sich bestens als spannende Foto- oder Hollywood-Kulisse. Wundern Sie sich deshalb nicht, wenn Ihnen Bulgaren von der glorreichen Zeit des Kommunismus erzählen, als es Arbeit und Essen für alle gab. »Bai Tosho (so nennt man liebevoll den ehemaligen kommunistischen Staatschef Todor Živkov) baute uns Fabriken und Wohnungen. Bulgarien war der größte Hersteller von Gabelstaplern weltweit«, erzählen vor allem ältere Bulgaren, »und als die große Demokratie kam, haben sie alles zerstört« (hier wird im Plural gesprochen, und wer die bösen »sie« sind, bleibt fraglich). Dass der bulgarische Staat während des Kommunismus mehrmals Staatsbankrott erklärte und wirtschaftliche Probleme hatte, halten viele Bulgaren für eine reine Lüge und Verschwörungstheorie.

Wie Sie bereits wissen, ist in Bulgarien alles Schlechte für etwas gut (siehe Grund 16), so auch die Stilllegung vieler Fabriken. In der kleinen Stadt Wraza, die mitten im Nationalpark liegt, wurde in den 60er-Jahren die Düngemittelfabrik Chimko gebaut – der größte Arbeitgeber und Umweltverschmutzer in der Region. Seit die Fabrik stillgelegt wurde, sind die grauen Wolken über der Stadt verschwunden, und Luft und Wasser werden nicht mehr verpestet. Heute setzt die Stadt eher auf Tourismus und Öko-Wirtschaft.

*107. Grund*

## *Weil es alte Städte mit Wiedergeburtshäusern gibt*

Ich mag Altstädte. Die kleinen Gassen, die alten Häuser, die Kopfsteinpflaster, der Geruch nach Vergangenheit und Unvergänglichkeit. Ich genoss es jedes Mal sehr, durch die Altstadt von Augsburg, Regensburg, Basel oder Salzburg zu schlendern. So schön sie alle sind, merkte ich aber schnell, dass ich manchmal die bulgarischen Altstädte vermisste. Sie sind nämlich ganz anders als die alten Stadtkerne im deutschsprachigen Raum. Auf Bulgarisch nennt man die alten Häuser »Vazrozhdenski« (Renaissance). Da die bulgarische Renaissance aber etwas ganz anderes als die Renaissance in Westeuropa ist, nutzt man für die deutsche Übersetzung das Wort »Wiedergeburt«. In Bulgarien werden Sie sehr oft und sehr viel von der bulgarischen Wiedergeburt hören und sehen.

Bulgarien ist voller Spuren aus thrakischer und römischer Zeit. Was das Architektur-Erbe in den Jahrhunderten danach betrifft, wird es etwas dünner. Die mittelalterlichen Gebäude und Festungen haben den Kriegszerstörungen im Laufe der Jahrhunderte bis auf wenige Ausnahmen nicht standhalten können und wurden vernichtet. In den ersten Jahrhunderten der 500 Jahre dauernden osmanischen Herrschaft entstanden nur wenig neue nennenswerte Bauten. Die Bulgaren lebten überwiegend in einfachen Holz- und Strohhütten. Die reichen Paschas bauten große Moscheen oder Kerawansarai (das waren die damaligen Herbergen), die aber im Laufe der Jahrhunderte im Befreiungskrieg und danach zerstört oder zweckentfremdet wurden. Nur ganz wenige Gebäude aus dieser Zeit sind heute noch in Bulgarien zu finden. Und dann kommen wir ins 18., 19. Jh. – die sogenannte Wiedergeburtszeit, auf die die Bulgaren so stolz sind.

Mit etwas Verspätung erreichte die westeuropäische Renaissance auch Bulgarien. In den letzten Jahrhunderten der osmanischen Herrschaft änderte sich die Stellung der Bulgaren im Imperium. Sie konnten immer mehr Reichtum ansammeln. Vor allem in Gebirgsregionen waren die Bulgaren die absolute Mehrheit und lebten recht autonom. Die reichen Bulgaren schickten ihre Söhne nach Westen zum Studieren, die bulgarischen Geschäftsleute handelten mit der ganzen Welt. Währenddessen steckte das Osmanische Reich in einer tiefen Krise, die Korruption in der osmanischen Verwaltung war weit verbreitet, Bildung fehlte fast vollkommen auf dem bulgarischen Boden (die Kloster- und sog. Keller-Schulen ausgenommen). Zu dieser Zeit schrieb der Mönch Païssi von Hilandar die *Slawo-bulgarische Geschichte*, das erste bulgarische Geschichtsbuch, das, voller Pathos, das Herz der Bulgaren wie ein Donner traf. Kein Wunder, dass dies zu einem wahren Erwachen der bulgarischen Gesellschaft führte. Den Ausdruck des Erwachens in der Architektur nennt man Wiedergeburtsstil, und damit sind meistens die Wohnhäuser der Bulgaren aus dieser osmanischen Periode gemeint. Ähnliche Gebäude können Sie auch in anderen Teilen des ehemaligen osmanischen Reiches sehen, auch außerhalb Bulgariens, jedoch haben die Bulgaren ihren eigenen Baustil mit einfließen lassen.

Wenn Sie in die Zeit der Wiedergeburt eintauchen möchten, machen Sie bitte einen Spaziergang in den Altstädten von Plowdiw, Weliko Tarnowo, Trjawna, Lowetsch, Karlowo, Nessebar, Sosopol oder besuchen Sie Kopriwschtiza, Scherawna, Melnik. Diese Aufzählung ist natürlich nicht vollständig. Es gibt noch viel mehr Städte und Dörfer, in denen sich die schönen Wiedergeburtshäuser verstecken.

*108. Grund*

## *Weil Bulgarien voller schöner Graffiti ist*

In Bulgarien sollten Sie mit weit geöffneten Augen umherlaufen, denn es gibt viele kleine, versteckte Dinge zu entdecken, die Sie zum Lächeln bringen. Im Zentrum von Sofia sah ich zum Beispiel einen alten Blumentopf aus Beton, der seit langer Zeit nicht mehr der Verschönerung der Umgebung dient, sondern voller Erde und Plastikbecher ein trostloses Schicksal am Straßenrand führt. Daneben lagen ein paar Brotreste auf der Straße. Fast wäre ich achtlos weitergegangen, als ich die Entdeckung machte. Auf die Außenseite des Betonblocks hatte jemand eine schwarze Maus gemalt, die auf dem Weg zu ihrem Essen zu sein scheint. Nur wenige Zentimeter von diesem Bild entfernt, diesmal aber ganz real, lagen die Brotscheiben auf der Straße. Das nenne ich moderne Kunst im Herzen der Hauptstadt!

Die Graffiti-Kultur ist in Bulgarien allgegenwärtig. Die Hauptstadt versteckt so viele schöne Überraschungen, dass dort mittlerweile täglich eine Graffiti-Tour stattfindet. Aber auch der Rest von Bulgarien bleibt nicht hinterher. In Plowdiw werden jedes Jahr bekannte Graffiti-Künstler zum Kapana-Fest eingeladen, damit sie weitere Ecken in der Stadt verschönern. Im Dorf Staro Zhelezare können Sie beim Spaziergang durch das Dorf eine ganze Graffiti-Galerie auf den Mauern der Dorfhäuser bewundern (mehr dazu und über die Kreativität der Bulgaren bei Grund 38). In Weliko Tarnowo sind viele Stromkästen als solche kaum noch zu erkennen, da sie bemalt wurden und eher ein Kunstwerk darstellen: Gesichter, Vögel oder Geister schauen Sie an und bringen mehr Farbe auf die Straße. Selbst viele der Müllcontainer in dieser Stadt kann man nicht unfotografiert lassen, so schön bunt sind sie!

*109. Grund*

## *Weil es gigantische Monumente gibt*

Wenn Sie sich für kommunistische Denkmäler begeistern, dann verspreche ich Ihnen – Ihr Herz wird in Bulgarien vor Freude springen. Und zwar mehrmals! Denn das Land ist buchstäblich überflutet von kleinen und großen Denkmälern und Monumenten aus der Zeit des kommunistischen Regimes. Viele davon stehen ganz unauffällig am Straßenrand – als Erinnerung an Partisanenkämpfe während des Zweiten Weltkriegs. Erwarten Sie bitte keine zu großen künstlerischen Leistungen – damals ging es wohl eher um die Würdigung der Verstorbenen als um künstlerischen Ausdruck. Andere wiederum sind so imposant und einzigartig, dass sich eine mehrstündige Autofahrt lohnt, um diese zu besichtigen. Größte internationale Bekanntheit hat das Busludscha-Denkmal auf dem Gipfel Chadschi Dimitar im Balkan-Gebirge erreicht (siehe dazu Grund 103). Nicht verpassen sollten Sie aber auch das Denkmal »1300 Jahre bulgarischer Staat«, das recht günstig auf der Fahrt von Weliko Tarnowo nach Warna in der Stadt Schumen liegt. Eine Unmenge von Beton (50.000 Kubikmeter, um genauer zu sein) erwartet Sie hier, sowie 1.300 Treppen bis zum Monument und einen Abschnitt der bulgarischen Geschichte von der Gründung des Staates im Jahr 681 bis zum 10. Jahrhundert. Im Gegensatz zu vielen anderen sozialistischen Monumenten ist das Denkmal in Schumen relativ gut erhalten: Es wird abends beleuchtet und überwacht, und hier zahlen Sie einen kleinen Eintritt.

Etwas abenteuerlicher, da heruntergekommener, sind andere Denkmäler aus dieser Zeit, um die sich nach dem Zusammenbruch des kommunistischen Regimes niemand mehr kümmert, wie zum Beispiel das Denkmal der bulgarisch-sowjetischen Freundschaft aus dem Jahr 1978 in Warna. Hier reichten 10.000 Tonnen Beton für den Bau aus, und die gigantischen Figuren dreier Bulgarinnen und vier sowjetischer Soldaten erheben sich über die Stadt. Anstatt Pioniere mit roten Fähnchen treffen Sie hier heutzutage Sportbegeisterte, die die 301 Treppen für ihr Outdoor-Training nutzen; im Hintergrund sind die Wände voller Graffiti.

Sehr imposant ist auch das Aljoscha-Denkmal in Plowdiw, wie die Einheimischen das Denkmal der Sowjetischen Armee nennen. Auf dem zweitgrößten der sieben Hügel der Stadt, wo in römischer Zeit eine große Herkules-Figur stand, erhebt sich heute die riesige Figur

(10,5 Meter hoch) eines sowjetischen Soldaten. Sein Blick ist nach Osten gerichtet, in der rechten Hand hält er eine Maschinenpistole. »Ruhm sei der unbesiegbaren sowjetischen Armee Befreierin« ist zu seinen Füßen unter einem roten Stern eingraviert. Der Prototyp für das Denkmal war ein russischer Soldat, der 1944 in Plowdiw an der Wiederherstellung der Telefonleitung zwischen Sofia und Plowdiw arbeitete und erst Jahrzehnte später davon erfuhr, dass er als Sinnbild der sowjetischen Armee in einer der ältesten Städte Europas verewigt wurde. Das Schicksal des Denkmals wird allerdings immer wieder diskutiert, und so wie alle anderen kommunistischen Denkmäler in Bulgarien ist auch er ein Dorn in den Augen vieler Bürger. Die einen wollen ihn vernichten oder zumindest entfernen, die anderen finden, er sollte als Teil der bulgarischen Geschichte bewahrt werden.

Wie viele kommunistische Denkmäler in Bulgarien noch stehen, weiß man nicht genau. Sicher ist, dass vor allem die meisten Lenin-Denkmäler gleich nach der Wende entfernt wurden. Manche von ihnen sind heute teilweise im Museum für Sozialistische Kunst in Sofia zu sehen. Fünf Lenin-Statuen sind aber noch an ihrem ursprünglichen Ort zu finden, eins davon in dem kleinen Städtchen Banja neben dem größten Skigebiet Bansko (hier können Sie ein Foto von Lenin vor dem Pirin-Gebirge machen). Die anderen Lenins sind alle in kleinen Ortschaften in Bulgarien verstreut.

Andere kommunistische Denkmäler wollte das Volk wohl einfach vergessen und hat sie der natürlichen Zerstörung überlassen. Dritte wiederum entwickelten sich (unabsichtlich) zu polemischen Orten – so geschah es mit dem Denkmal der Sowjetischen Armee in Sofia. Dieses künstlerisch wenig beeindruckende Denkmal liegt mitten im Zentrum der Hauptstadt, und seine Vernichtung wurde mehrmals beschlossen. Dazu kam es aber nie, stattdessen wurde das Denkmal 2011weltweit bekannt, als begabte Graffiti-Künstler die Bronzefiguren sowjetischer Soldaten in amerikanische Superhelden verwandelten, unter anderem in Captain America, Ronald McDonald und Superman. Am 21. August 2013 waren die Figuren in Rosa gekleidet dazu folgender Schriftzug auf Tschechisch und auf Bulgarisch: »Bulgarien bittet um Verzeihung« (neben sowjetischen, ungarischen und polnischen nahmen auch bulgarische Soldaten am 21. August 1968 am Einmarsch in die Tschechoslowakei teil). Während der Antiregierungsproteste in der Ukraine 2014 wurde einer der Bronzesoldaten in den Farben der Ukraine bemalt. Das Denkmal der Sowjetischen Armee ist aber auch ein beliebter Ort junger Sofioter im Sommer – viele trinken abends auf den Treppen ein kühles Bier, andere haben schon gleich nach der Wende den glatten Boden vor dem Denkmal zum Skateboarden für sich reserviert. Machen Sie am besten einen Spaziergang hierher – das ist sicherlich eines der belebtesten kommunistischen Denkmäler im ganzen Land. Und wer weiß, vielleicht erleben Sie eine weitere politische Aktion.

*110. Grund*

## *Weil jeder Brunnen seine Geschichte hat*

Ich persönlich kenne kein anderes Land mit so vielen Brunnen wie Bulgarien. Sie werden überrascht sein, wie oft Sie hierzulande an kühlen Quellen vorbeikommen. In den Städten finden Sie Wasserspender an jeder Ecke, was vor allem an heißen Sommertagen eine wahrhafte Rettung ist. Manche Ortschaften haben dabei mehr Glück als andere – in Welingrad, Chissarja und Sofia fließt aus vielen Brunnen kein Leitungs-, sondern gleich Mineralwasser. Selbst wenn Sie aber die Städte verlassen und durch das Land reisen, werden Sie auf Schritt und Tritt Brunnen begegnen und Ihren Durst löschen können. Am Straßenrand, an einem kaum erkennbaren Wanderweg tief in den Bergen oder mitten auf einem Feld – die Brunnen sind in Bulgarien überall verstreut.

Auf einer Jagd fand sich der bulgarische Schriftsteller Elin Pelin (1877–1949) mitten in einem Buchenwald, dort, »wo es keine Wege gab und wo vermutlich kein Menschenfuß jemals getreten ist«, wie er in seiner Kurzgeschichte *Der nutzlose Brunnen* erzählte[31]. In der verstecktesten Ecke dieses Waldes sah er plötzlich einen Brunnen. Die Pointe seiner Geschichte ist, dass der Brunnen von einem Poeten gebaut sein sollte, denn nur ein Poet könne etwas Schönes und Nutzloses schaffen. Ob Sie der gleichen Meinung sind, bleibt dahingestellt, aber wenn Sie durch die bulgarischen Berge wandern (was ich Ihnen sehr empfehle), dann versichere ich Ihnen, dass Sie immer wieder ähnliche Entdeckungen machen werden. Wie oft ich schon erschöpft und durstig einen kühlen Brunnen erblickte und das beste Wasser der Welt trank!

Der Brunnenbau in Bulgarien hat eine eigene Geschichte. Als Ende des 14. Jh. die Osmanen das Bulgarische Reich besiegten und dieses Territorium für die nächsten Jahrhunderte zu ihrem machten, brachten sie die muslimische Tradition des Brunnenbaus mit. Im Islam kann man seine Seele retten, wenn man entweder etwas für das Allgemeingut baut, oder geschriebenes Wissen hinterlässt, oder gute Kinder erzieht, die später um einen beten. So war es üblich, dass die reichsten Muslime, Sultane und Wesire, große Bauwerke hinterließen – Brücken, Karawansereien (die damaligen Unterkünfte), Straßen, Moscheen. Wenn Sie zum Beispiel nach Swilengrad in Südost-Bulgarien fahren, werden Sie über die Brücke von Mustafa Pascha staunen, die im 16. Jh. gebaut wurde und eine der schönsten aus dieser Epoche in Südosteuropa ist. Wer nicht über das Vermögen eines Paschas verfügte, baute kleinere Bauwerke – meistens Brunnen. Sie wurden nicht nur als Wohltat errichtet, sondern auch um Sühne zu leisten. Dzidzi Pasha, ein türkischer Bey aus der Gegend von Dobritsch im Nordost-Bulgarien, hatte eine einzige Tochter, erzählt die Legende, wunderschön wie die Sonne und weiß wie der Schnee. Sie sollte einen reichen osmanischen Offizier heiraten, und der Vater zahlte viel Geld für die Mitgift. Doch das Mädchen war in einen armen Bauern verliebt. Aus Kummer erkrankte die hübsche Frau und starb. Erst dann begriff der unglückliche Vater seinen Fehler, verkaufte die Mitgift und baute mit dem Geld einen Brunnen – schön und weiß wie seine Tochter. Dieser Brunnen steht heute immer noch im Dobrudscha-Tal und spendet Durstigen kühles Wasser. Die meisten Brunnen aus der osmanischen Zeit gehen auf ähnliche Geschichten zurück – von Menschen, die Sühne leisteten, gesund oder gerettet wurden und den Brunnen aus Dankbarkeit bauten. Viele der Geschichten sind vergessen, andere sind zu Legenden geworden. Was übrig geblieben ist, sind die Brunnen. Halten Sie dort kurz still, und Sie werden die Magie solcher Orte spüren.

Wie verzaubert sind auch die Klosterbrunnen in Bulgarien. Sie werden schnell merken – es gibt kein Kloster in diesem Land ohne einen Brunnen im Innenhof. Trinken Sie das kühle Wasser und waschen Sie sich die Augen – den meisten dieser Quellen werden heilende Kräfte zugesprochen.

*111. Grund*

## *Weil es in Bulgarien 111.000 Quadratkilometer liebenswertes Land gibt*

Bulgarien hat eine Fläche von 110.994 Quadratkilometern, also ca. 111.000 Quadratkilometer. 111 Gründe, wie das Format dieser Reihe ist, reichen nicht, um Ihnen zu erzählen, warum ich diese 111 Tausend Quadratkilometer so sehr liebe. An dieser Stelle möchte ich ganz ehrlich zu Ihnen sein, ich musste viele Gründe streichen: die Wiesen mit duftenden Blumen, die Freigeistigkeit der Bulgaren, die vier ausgeprägten Jahreszeiten, die Musik und Lebensfröhlichkeit der Roma, die Grenze zwischen Asien und Europa, die Wölfe, die Bären, die Naturparks an der Donau, die römischen Mosaiken, die Bistritsa Babi, Belintasch, die Steinnischen im Rhodopen-Gebirge und noch vieles mehr.

Sie merken bereits – Bulgarien hat viel mehr zu bieten, als es mir hier zu beschreiben gelungen ist. Zugegeben, das Buch ist mit einer rosaroten Brille geschrieben und hinter vielen Vorteilen des Lebens in Bulgarien verstecken sich Probleme, die noch zu lösen sind. Bulgarien hat, wie die Münze, zwei Seiten. Wer will, sieht das Klischee des »ärmsten Lands Europas« in Bulgarien bestätigt, alle Möglichkeiten und Potenziale, die daraus entstehen, sind allerdings das, worüber man seltener liest und hört. Ich hoffe, mit dem Buch diese Tür etwas weiter geöffnet und Sie auf dem Geschmack gebracht zu haben, Bulgarien zu entdecken und zu verstehen. Die Reise wird abenteuerlich sein, das verspreche ich Ihnen, aber auch bereichernd, erholsam, zum Nachdenken anregend, gesellig und spannend. Ich wünsche Ihnen viel Spaß dabei!

# Anhang

## *Print-Quellen*

*Kanitz, Felix Philipp: Donau-Bulgarien und der Balkan: Historisch-geographisch-ethnographische Reisestudien aus den Jahren 1860–1875, I. Band, Leipzig, 1875*

*Kanitz, Felix Philipp: Donau-Bulgarien und der Balkan: Historisch-geographisch-ethnographische Reisestudien aus den Jahren 1860–1876, II. Band, Leipzig, 1877*

*Knaus, Gerald: Bulgarien, München 1997, S. 70*

*Liebenau, Reinhold in Nemski i avstriiski patepisi za Bulgaria, XV–XVI Jh., Tom 3, (Deutsche und österreichische Reiseberichte über Bulgarien, 15.–16. Jh., Band 3) Sofia, 1979*

*Palazova, Marina / Saure, Ina Kristin / Thomas, Alexander (Hrsg.): Beruflich in Bulgarien, Trainingsprogramm für Manager, Fach- und Führungskräfte, Göttingen, 2010*

*Pelin, Elin: Sachinenia, 3. Tom, Bezpoleznata cheshma (Der nutzlose Brunnen), Sofia, 1972*

*Shkodrova, Albena: Soz Gourmet (Шкодрова, Албена: Соцгурме), Plovdiv, 2015*

*Spezial Eurobarometer 465: »Gleichstellung der Geschlechter 2017: Gleichstellung der Geschlechter, Stereotypen und Frauen in der Politik«, Befragung Juni 2017, Stand: November 2017*

## *Online-Quellen*

*»Biohonig«, In: Bioaktuell.ch. Stand: 01.02.2017, URL: www.bioaktuell.ch/markt/biomarkt/honig.html (abgerufen am 19.03.2021)*

*Bräse, Veronika: »Ältestes intaktes Schiffswrack in Bulgarien entdeckt«. In: Bayerischer Rundfunk. Stand: 26.10.2018. www.br.de/nachrichten/wissen/aeltestes-intaktes-schiffswrack-in-bulgarien-entdeckt,R7a2ztF (abgerufen am 19.03.2021)*

*https://buzludzha-monument.com (abgerufen am 19.03.2021)*

*Georgiev, Yasen / Trifonova, Mariana / Belchev, Dragomir: »Deutsch-Bulgarische Handelsbeziehungen 2001–2018«. In: Deutsch-Bulgarische Industrie- und Handelskammer. Stand: 03.2019. https://bulgarien.ahk.de/fileadmin/AHK_Bulgarien/Broschueren/German-Bulgarian_Trade_Relations__2001-2018.pdf, (abgerufen am 19.03.2021)*

*Martens, Michael: »Holocaust Romantische Lüge oder Heldentat?«. In: Frankfurter Allgemeine Zeitung. Stand: 27.04.2005, URL: www.faz.net/aktuell/politik/aus-*

*land/holocaust-romantische-luege-oder-heldentat-1228323-p2.html (abgerufen 19.03.2021)*

*Europa Nostra: »Sites: Selected 2018«, http://7mostendangered.eu/sites_list/selected-2018/ (abgerufen am 19.03.2021)*

*Europäische Kommission: Natur 2000 Barometer, Stand: 22.05.2018, www.eea.europa.eu/data-and-maps/dashboards/natura-2000-barometer (abgerufen am 19.03.2021)*

*Eurostat, http://appsso.eurostat.ec.europa.eu/nui/submitViewTableAction.do (abgerufen am 30.06.2019)*

*Eurostat: »Estimated average age of young people leaving the parental household by sex«. http://appsso.eurostat.ec.europa.eu/nui/show.do?query=BOOKMARK_DS-344495_QID_-50DAB6C1_UID_-3F171EB0&layout=SEX,L,X,0;GEO,L,Y,0;UNIT,L,Z,0;TIME,C,Z,1;INDICATORS,C,Z,2;&zSelection=DS-344495UNIT-,AVG;DS-344495INDICATORS,OBS_FLAG;DS-344495TIME,2017;&rankName1=UNIT_1_2_-1_2&rankName2=INDICATORS_1_2_-1_2&rankName3=TIME_1_0_0_0&rankName4=SEX_1_2_0_0&rankName5=GEO_1_2_0_1&rStp=&cStp=&rDCh=&cDCh=&rDM=true&cDM=true&footnes=false&empty=false&wai=false&time_mode=ROLLING&time_most_recent=true&lang=EN&cfo=%23%23%23%2C%23%23%23.%23%23%23 (abgerufen am 30.06.2019)*

*Eurostat Pressemitteilung: »Nur jede dritte Führungskraft in der EU ist eine Frau«. Stand: 07.03.2019 https://ec.europa.eu/eurostat/documents/2995521/9643478/3-07032019-BP-DE.pdf/2a121118-e5e8-4b24-8c3e-4e803f270566 (abgerufen am 19.03.2021)*

*Radio Bulgarien: Heim und Freizeit: der Knoblauch. In: bnr.bg (28.05.2010), http://bnr.bg/de/post/100107192/heim-und-freizeit-der-knoblauch (abgerufen am 19.03.2021)*

*Stoyanova, Petja: »За българите ръстът на заплатите е най-важен за увереността им в бъдещето«. In: Investor.bg, Stand: 20.06.2017, www.investor.bg/biudjet-i-finansi/333/a/za-bylgarite-rystyt-na-zaplatite-e-nai-vajen-za-uverenostta-im-v-bydeshteto-241536/ (abgerufen am 19.03.2021)*

## *Anmerkungen*

*1 Tschalga nennt man eine Musikrichtung in Bulgarien, die dem Popfolk entspricht.*

*2 Georgiev, Yasen / Trifonova, Mariana / Belchev, Dragomir: »Deutsch-Bulgarische Handelsbeziehungen 2001–2018«. In: Deutsch-Bulgarische Industrie- und Handelskammer. Stand: 03.2019. https://bulgarien.ahk.de/fileadmin/AHK_Bulgarien/Broschueren/German-Bulgarian_Trade_Relations__2001-2018.pdf, (abgerufen am 19.03.2021)*

*3 Knaus, Gerald: Bulgarien, München 1997, S. 70*

*4 Calvet, Carlos: Versunkene Kulturen der Welt bis 13.000 v. Chr.: Tibet, die erste echte Kultur, Notderstedt, 2007*

*5 Bräse, Veronika: »Ältestes intaktes Schiffwrack in in Bulgarien entdeckt«. In: Bayerischer Rundfunk. Stand: 26.10.2018. www.br.de/nachrichten/wissen/aeltestes-intaktes-schiffswrack-in-bulgarien-entdeckt,R7a2ztF (abgerufen am 19.03.2021)*

*6 Martens, Michael: »Holocaust Romantische Lüge oder Heldentat?«. In: Frankfurter Allgemeine Zeitung. Stand: 27.04.2005. www.faz.net/aktuell/politik/ausland/holocaust-romantische-luege-oder-heldentat-1228323-p2.html (abgerufen am 19.03.2021)*

*7 Im Osmanischen Reich wurden die Steuern nicht direkt von den Bulgaren, sondern von dem jeweils Mächtigen vor Ort an den Staat bezahlt. Dieser wiederum erhielt sie von seinen Untertanen (meist erhöht). So kam es vor, dass die Steuern durch vier bis fünf Vermittler gezahlt wurden, sodass die Steuerlast auf die Bevölkerung erheblich erhöht wurde.*

*8 Kanitz, Felix Philipp: Donau-Bulgarien und der Balkan: Historisch-geographisch-ethnographische Reisestudien aus den Jahren 1860–1876, II. Band, Leipzig, 1877, S. 237*

*9 Kanitz, Felix Philipp: Donau-Bulgarien und der Balkan: Historisch-geographisch-ethnographische Reisestudien aus den Jahren 1860–1875, I. Band, Leipzig, 1875, S. 49*

*10 Nevolja – auf Bulgarisch »Unglück, Not, Elend«*

*11 Shkodrova, Albena: Soz Gourmet (Шкодрова, Албена: Соцгурме), Plowdiw, 2015, S. 32,*

*12 Shkodrova, Albena: Soz Gourmet (Шкодрова, Албена: Соцгурме), Plowdiw, 2015, S. 39*

*13 Eurostat, http://appsso.eurostat.ec.europa.eu/nui/submitViewTableAction.do (abgerufen am 30.06.2019)*

*14 Eurostat: »Estimated average age of young people leaving the parental household by sex«. http://appsso.eurostat.ec.europa.eu/nui/show.do*

*15 Stoyanova, Petja: »За българите ръстът на заплатите е най-важен за увереността им в бъдещето«. In: Investor.bg, Stand: 20.06.2017, www.investor.bg/biudjet-i-finansi/333/a/za-bylgarite-rystyt-na-zaplatite-e-nai-vajen-za-uverenostta-im-v-bydeshteto-241536/ (abgerufen am 19.03.2021)*

[16] *Eurostat Pressemitteilung: »Nur jede dritte Führungskraft in der EU ist eine Frau«. Stand: 07.03.2019 https://ec.europa.eu/eurostat/documents/2995521/9643478/3-07032019-BP-DE.pdf/2a121118-e5e8-4b24-8c3e-4e803f270566 (abgerufen am 19.03.2021)*

[17] *Spezial Eurobarometer 465: »Gleichstellung der Geschlechter 2017: Gleichstellung der Geschlechter, Stereotypen und Frauen in der Politik«, Befragung Juni 2017, Stand: November 2017*

[18] *Spezial Eurobarometer 465: »Gleichstellung der Geschlechter 2017: Gleichstellung der Geschlechter, Stereotypen und Frauen in der Politik«, Befragung Juni 2017, Stand: November 2017, S. 7*

[19] *Kanitz, Felix Philipp: Donau-Bulgarien und der Balkan: Historisch-geographisch-ethnographische Reisestudien aus den Jahren 1860–1875, I. Band, Leipzig, 1875 S. 371*

[20] *Liebenau, Reinhold in Nemski i avstriiski patepisi za Bulgaria, XV-XVI Jh., Tom 3, (Deutsche und österreichische Reiseberichte über Bulgarien, 15.–16. Jh., Band 3) Sofia, 1979, S. 460*

[21] *Iwanow, Iwan / Landzew, Ilia / Neschew, Geo: Bilkite v Bulgaria i izpolzvaneto im (Die Kräuter in Bulgarien und deren Nutzung)*

[22] *Europäische Kommission: Natur 2000 Barometer, Stand: 22.05.2018, www.eea.europa.eu/data-and-maps/dashboards/natura-2000-barometer (abgerufen am 19.03.2021)*

[23] *Kanitz, Felix Philipp: Donau-Bulgarien und der Balkan: Historisch-geographisch-ethnographische Reisestudien aus den Jahren 1860–1876, II. Band, Leipzig, 1877, S. 324*

[24] *»Biohonig«, In: Bioaktuell.ch. Stand: 01.02.2017, URL: www.bioaktuell.ch/markt/biomarkt/honig.html (abgerufen am 19.03.2021)*

[25] *Bis auf drei Buchstaben, die im modernen Bulgarischen fehlen.*

[26] *Palazova, Marina / Saure, Ina Kristin / Thomas, Alexander (Hrsg.): Beruflich in Bulgarien, Trainingsprogramm für Manager, Fach- und Führungskräfte, S. 72 ff.*

[27] *Kanitz, Felix Philipp: Donau-Bulgarien und der Balkan: Historisch-geographisch-ethnographische Reisestudien aus den Jahren 1860–1876, II. Band, Leipzig, 1877, S. 161*

[28] *Radio Bulgarien: Heim und Freizeit: der Knoblauch. In: bnr.bg (28.05.2010), http://bnr.bg/de/post/100107192/heim-und-freizeit-der-knoblauch (abgerufen am 19.03.2021)*

[29] *https://buzludzha-monument.com (abgerufen am 19.03.2021)*

[30] *Europa Nostra: »Sites: Selected 2018«, http://7mostendangered.eu/sites_list/selected-2018/ (abgerufen am 19.03.2021)*

[31] *Pelin, Elin: Sachinenia, 3. Tom, (Erzählungen, Band 3), Bezpoleznata cheshma (Der nutzlose Brunnen), Sofia, 1972, S. 224*

## *Bildnachweis*

**Cover-Titelfoto:** © dudlajzov - stock.adobe.com, **Bildleiste links von oben:** © Silvan - stock.adobe.com • © jessivanova - stock.adobe.com • © jessivanova - stock.adobe.com • © Nickolay Stanev - stock.adobe.com • © Posztos Janos - depostiphotos.com • © nikolay100imenov - stock.adobe.com • © Nadia Djevelekova - stock.adobe.com

**Bildteil 1 (von oben nach unten):** Seite I: © Silvan - stock.adobe.com • S. I: © Emil - stock.adobe.com • S. II–III: © Alexander - stock.adobe.com • S. IV: © Boyan Georgiev - stock.adobe.com • S. IV: © VILevi - stock.adobe.com • S. V: © dudlajzov - stock.adobe.com • S. V: © ValentinValkov - stock.adobe.com • S. VI–VII: © AlenKadr - stock.adobe.com • S. VIII: © Kostadin Madzharov - stock.adobe.com • S. VIII_ © xpp495 - stock.adobe.com • S. IX: © georgidimitrov70 - stock.adobe.com • S. IX: © ecobo - stock.adobe.com • S. X: © rustamank - stock.adobe.com • S. X: © Andrey Bandurenko - stock.adobe.com • S. XI: © rustamank - stock.adobe.com • S. XI: © Liz - stock.adobe.com • S. XII–XIII: © Stoyan Haytov - stock.adobe.com • S. XIV: © Nickolay Stanev - stock.adobe.com • S. XIV: © rh2010 - stock.adobe.com • S. XV: © Milen Dobrev - stock.adobe.com • S. XV: © AlbenaIvanovaPhotography - stock.adobe.com • S. XVI: © jessivanova - stock.adobe.com • S. XVI: © Tino - stock.adobe.com

**Bildteil 2 (von oben nach unten):** Seite I: © Sibila Tasheva • S. II–III: © jessivanova - stock.adobe.com • S. IV: © Kisa_Markiza - stock.adobe.com • S. IV: © Sibila Tasheva • S. V: © lucky_marinka - stock.adobe.com • S. V: © Sibila Tasheva • S. VI: © Sibila Tasheva • S. VI: © Sibila Tasheva • S. VII: © Sibila Tasheva • S. VII: © Sibila Tasheva • S. VIII: © Sibila Tasheva • S. VIII: © vili45 - stock.adobe.com • S. IX: © Sibila Tasheva • S. IX: © Sibila Tasheva • S. X-XI: © Nickolay Stanev - stock.adobe.com • S. XII: © Velizar Gordeev - stock.adobe.com • S. XII: © Nadia Djevelekova - stock.adobe.com • S. XIII: © Sibila Tasheva • S. XIII: © Sibila Tasheva • S. XIV-XV: © miladrumeva - stock.adobe.com • S. XVI: © Nadia Djevelekova - stock.adobe.com • S. XVI_ © Petar - stock.adobe.com

# 111 GRÜNDE:

**REISE INTERNATIONAL:** 111 GRÜNDE, GEORGIEN ZU LIEBEN • 111 GRÜNDE, DIE SCHWEIZ ZU LIEBEN • 111 GRÜNDE, ALBANIEN ZU LIEBEN • 111 GRÜNDE, CHINA ZU LIEBEN • 111 GRÜNDE, BULGARIEN ZU LIEBEN • 111 GRÜNDE, COSTA RICA ZU LIEBEN • 111 GRÜNDE, DIE SLOWAKEI ZU LIEBEN • 111 GRÜNDE, SINGAPUR ZU LIEBEN • 111 GRÜNDE, TSCHECHIEN ZU LIEBEN • 111 GRÜNDE, ARMENIEN ZU LIEBEN • 111 GRÜNDE, DUBLIN ZU LIEBEN • 111 GRÜNDE, ÄGYPTEN ZU LIEBEN • 111 GRÜNDE, DIE NIEDERLANDE ZU LIEBEN • 111 GRÜNDE, DIE UKRAINE ZU LIEBEN • 111 GRÜNDE, ARGENTINIEN ZU LIEBEN • 111 GRÜNDE, DIE TÜRKEI ZU LIEBEN • 111 GRÜNDE, SÜDAFRIKA ZU LIEBEN • 111 GRÜNDE, LONDON ZU LIEBEN • 111 GRÜNDE, NEW YORK ZU LIEBEN • 111 GRÜNDE, MALLORCA ZU LIEBEN • 111 GRÜNDE, DÄNEMARK ZU LIEBEN • 111 GRÜNDE, SCHWEDEN ZU LIEBEN • 111 GRÜNDE, FINNLAND ZU LIEBEN • 111 GRÜNDE, IRLAND ZU LIEBEN • 111 GRÜNDE, ISLAND ZU LIEBEN • 111 GRÜNDE, SCHOTTLAND ZU LIEBEN • 111 GRÜNDE, POLEN ZU LIEBEN • 111 GRÜNDE, PORTUGAL ZU LIEBEN • 111 GRÜNDE, AUSTRALIEN ZU LIEBEN • 111 GRÜNDE, NEUSEELAND ZU LIEBEN • 111 GRÜNDE, INDIEN ZU LIEBEN • 111 GRÜNDE, KUBA ZU LIEBEN • 111 GRÜNDE, RUSSLAND ZU LIEBEN • 111 GRÜNDE, FRANKREICH ZU LIEBEN • 111 GRÜNDE, ROM ZU LIEBEN • 111 GRÜNDE, ENGLAND ZU LIEBEN • 111 GRÜNDE, BRASILIEN ZU LIEBEN • 111 GRÜNDE, JAPAN ZU LIEBEN • 111 GRÜNDE, WALES ZU LIEBEN • 111 GRÜNDE, KANADA ZU LIEBEN • 111 GRÜNDE, ITALIEN ZU LIEBEN • 111 GRÜNDE, NORWEGEN ZU LIEBEN • **REISE DEUTSCHLAND:** 111 GRÜNDE, DEN RUHRPOTT ZU LIEBEN • 111 GRÜNDE, DIE NORDSEE ZU LIEBEN • 111 GRÜNDE, KÖLN ZU LIEBEN • 111 GRÜNDE, DAS RHEINLAND ZU LIEBEN • 111 GRÜNDE, THÜRINGEN ZU LIEBEN • 111 GRÜNDE, FRANKEN ZU LIEBEN • 111 GRÜNDE, BADEN ZU LIEBEN • 111 GRÜNDE, BAYERN ZU LIEBEN • 111 GRÜNDE, SACHSEN ZU LIEBEN • 111 GRÜNDE, HAMBURG ZU LIEBEN • 111 GRÜNDE, DIE PFALZ ZU LIEBEN • 111 GRÜNDE, SYLT ZU LIEBEN • 111 GRÜNDE, SCHWABEN ZU LIEBEN • **MUSIK:** 111 GRÜNDE, HIPHOP ZU LIEBEN • 111 GRÜNDE, HEAVY METAL ZU LIEBEN • 111 GRÜNDE, KLASSISCHE MUSIK ZU LIEBEN • 111 GRÜNDE, JAZZ ZU LIEBEN • **EROTIK:** 111 GRÜNDE, SM ZU LIEBEN • 111 GRÜNDE, OFFEN ZU LIEBEN • **HOBBY & FREIZEIT:** 111 GRÜNDE, SELBST ZU KOCHEN • 111 GRÜNDE, POKER ZU LIEBEN • 111 GRÜNDE, SCHACH ZU LIEBEN • 111 GRÜNDE, BÜCHER ZU LIEBEN • 111 GRÜNDE, DAS BÖSE ZU LIEBEN • 111 GRÜNDE, COMPUTERSPIELE ZU LIEBEN • 111 GRÜNDE, DIE EISENBAHN

SIBILA TASHEVA, geboren 1981 in Sofia, ist Reiseveranstalterin. In Bulgarien groß geworden, ging sie mit 18 zum Studieren nach Deutschland. Nach Abschluss ihres Jura-Studiums und ihrer Promotion arbeitete sie einige Jahre als Anwältin in München. 2011 gründete sie die Firma *Take a Chance to Travel* für Reisen nach Bulgarien. Einige Jahre später kehrte sie nach Bulgarien zurück, um ihre Heimat aufs Neue zu entdecken.

Sibila Tasheva
111 GRÜNDE, BULGARIEN ZU LIEBEN
*Eine Liebeserklärung an das schönste Land der Welt*

ISBN 978-3-86265-790-2


VERLAG
Schwarzkopf & Schwarzkopf Verlag GmbH
Kastanienallee 32, 10435 Berlin

INTERNET | E-MAIL
www.schwarzkopf-schwarzkopf.de
www.facebook.com/schwarzkopfverlag
info@schwarzkopf-schwarzkopf.de